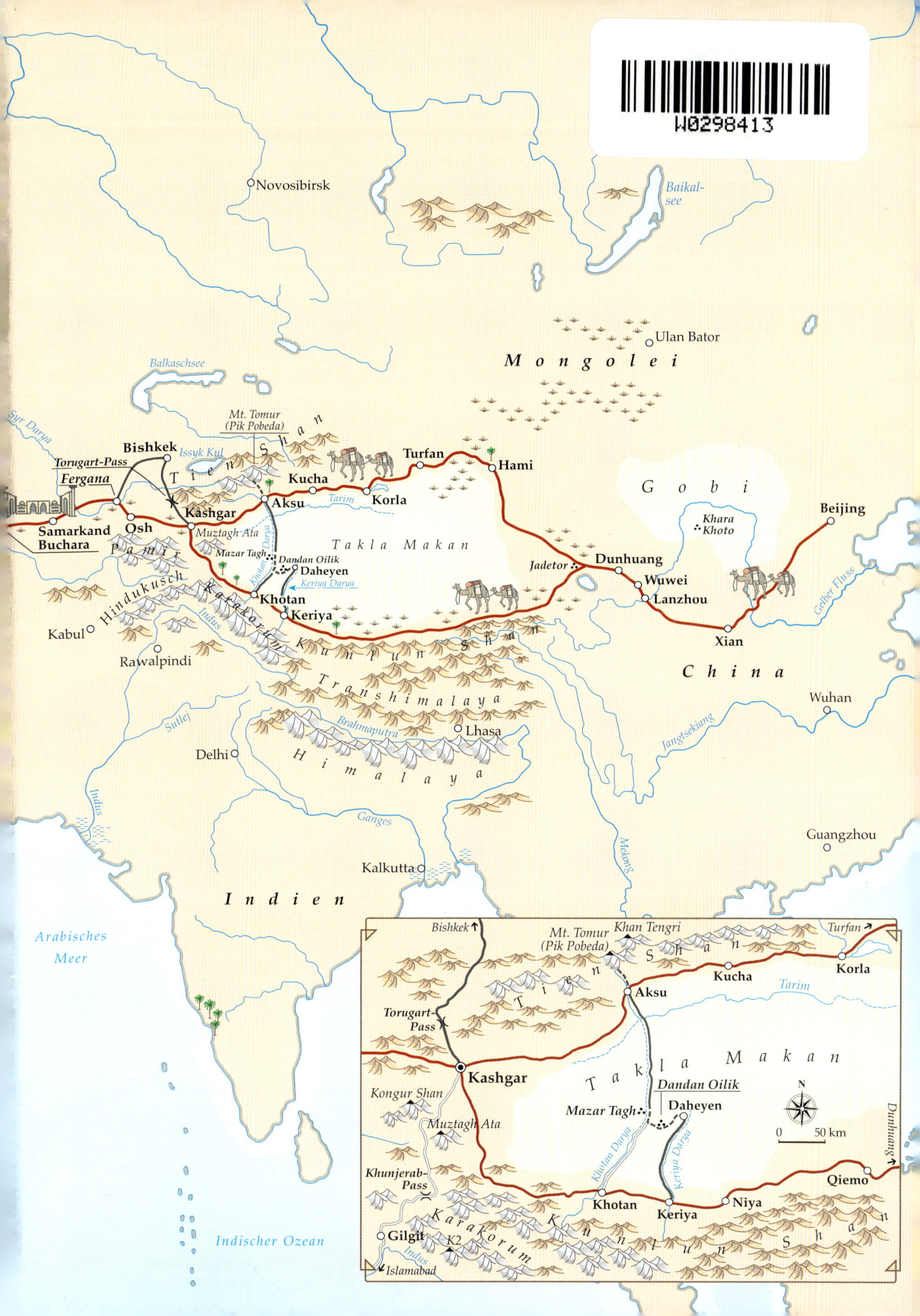
Novosibirsk
Baikalsee
Ulan Bator
Mongolei
Balkaschsee
Syr Darya
Mt. Tomur
(Pik Pobeda)
Tien Shan
Bishkek
Issyk Kul
Torugart-Pass
Fergana
Turfan
Hami
Kucha
Korla
Aksu
Tarim
Kashgar
Samarkand
Buchara
Osh
Muztagh Ata
Pamir
Mazar Tagh
Dandan Oilik
Daheyen
Takla Makan
Khotan Darya
Keriya Darya
Gobi
Khara Khoto
Beijing
Jadetor
Dunhuang
Wuwei
Lanzhou
Gelber Fluss
Hindukusch
Karakorum
Khotan
Keriya
Kunlun Shan
Kabul
Indus
Rawalpindi
Xian
China
Transhimalaya
Wuhan
Sutlej
Brahmaputra
Lhasa
Jangtsekiang
Delhi
Himalaya
Ganges
Mekong
Guangzhou
Kalkutta
Indien
Arabisches Meer
Indischer Ozean
Bishkek
Mt. Tomur
(Pik Pobeda)
Khan Tengri
Turfan
Kucha
Korla
Tarim
Torugart-Pass
Kashgar
Takla Makan
Kongur Shan
Dandan Oilik
Mazar Tagh
Daheyen
Muztagh Ata
N
0
50 km
Dunhuang
Khunjerab-Pass
Khotan Darya
Keriya Darya
Qiemo
Khotan
Keriya
Niya
Gilgit
K2
Karakorum
Kunlun Shan
Indus
Islamabad

Bruno Baumann

Die Seidenstraße

GLTA 5266

Bruno Baumann

Die Seidenstraße

Auf der legendären Route nach Asien

Mit 122 Fotos

terra magica

Die Zeit geht nicht,
sie stehet still,
wir ziehen durch sie hin;
sie ist die Karawanserei,
wir sind die Pilger drin.
GOTTFRIED KELLER

MIX
Papier aus verantwortungsvollen Quellen
FSC® C084279

Schutzumschlaggestaltung: Wolfgang Heinzel
unter Verwendung eines Entwurfs von Simon Wendler
Karte: Eckehard Radehose, Schliersee
Gesetzt aus: Minion Pro 11/15pt
Satz, Layout und Reproduktionen:
EDV-Fotosatz Huber/Verlagsservice G. Pfeifer, Germering
Druck und Binden: Findir s.r.o.
Printed in the EU
ISBN 978-3-7243-1051-8
Auch als ebook

Terra magica ist seit 1948 eine international geschützte
Handelsmarke des Belser Reich Verlags AG.

Besuchen Sie uns im Internet unter www.terramagica.de

Inhalt

Mythos und Gegenwart

Die Seidenstraße ist das bedeutendste Band, das es je auf Erden zwischen Völkern und Kontinenten gab.
SVEN HEDIN

Es ist nirgendwo überliefert, wann und wo sich in China die erste Handelskarawane formierte, um in Richtung Westen aufzubrechen. Genauso wenig wissen wir über die Frequenz von Karawanen entlang der Seidenstraße. Nur die Wege, die sie nahmen, kennen wir, die verschiedenen Routen und Zweige, die sich über Tausende Kilometer erstreckten. Eigentlich müsste man den Begriff in der Mehrzahl gebrauchen – Seidenstraßen –, denn was wir heute als Seidenstraße bezeichnen, war in Wirklichkeit ein komplexes Netzwerk von uralten Karawanen- und Völkerwanderungswegen, die dafür sorgten, die oft gefährdete, doch nie ganz unterbrochene Verbindung zweier unterschiedlicher Kontinente – Europa und Asien – aufrechtzuerhalten. Es gibt auch keinen Erfinder der Seidenstraße. Niemand ist auf die innovative Idee gekommen, einen solchen antiken »Superhighway« zu begründen, sondern es gab bestimmte Voraussetzungen, die zur Entstehung der Seidenstraße führten – und diese Voraussetzungen wurden schon früh in China geschaffen. Bereits der erste große Kaiser Chinas, der legendäre Qin Shihuangdi, der im dritten vorchristlichen Jahrhundert die verschiedenen kleinen Reiche zu einem einzigen großen Reich vereinte, ergriff Maßnahmen, die zur Entwicklung der Seidenstraße führten. Er ließ in seinem Reich Wege mit genormter Spurbreite anlegen und bereits bestehende Befestigungsanlagen im Norden nach und nach zu einem einzigen Wall verbinden.

Noch viel früher hatte man im Osten Chinas das Geheimnis der Seide entdeckt. So, wie viele andere Erfindungen im Reich der Mitte den jeweils regierenden Herrschern zugerechnet wurden, brachte man auch die Technologie der Seidenherstellung mit der damaligen Kaiserin in Verbindung. Die Wirklichkeit dürfte freilich weniger glamourös gewesen sein. Vermutlich war es eine unbekannte Bäuerin, die vielleicht durch Zufall, indem ihr der Kokon eines Seidenspinners in heißes Wasser fiel, erkannte, dass sich daraus ein Faden abhaspeln lässt – eben wenn man ihn in kochendes Wasser taucht, bevor die Raupe darin sich in einen Schmetterling verwandelt und aus dem Kokon entschlüpft.

Chinesische Seide zählte im fernen Rom zu den begehrtesten Luxusgütern und wurde fast mit Gold aufgewogen. Die Nachfrage nach Seide bei den alten Römern war so groß, dass der Senat den Männern sogar das Tragen von Seidenkleidern verbot; vorgeblich aus moralischen Gründen, aber in Wirklichkeit, weil der Import der Seide die Staatskassen

Seidenhändler in Kashgar. Das Geheimnis der Seidenherstellung gelangte angeblich durch eine kaiserliche chinesische Prinzessin in die Oasenwelt am Rande der Takla Makan.

Ohne Kamele hätte es keine Seidenstraße gegeben, wären die Wüstenpassagen für den Fernhandel unüberwindbar gewesen. Heute werden die Tiere nur noch wegen der Wolle gezüchtet oder für touristische Zwecke wie hier im Dünen-Disneyland von Dunhuang.

leerte und Rom kein auch nur annähernd so wertvolles Exportgut besaß, um dieses Defizit zu kompensieren. China hingegen verdiente sich mit der Seide eine goldene Nase und setzte alles daran, das Geheimnis der Seide zu hüten und damit seine Monopolstellung zu bewahren. Kein Wunder also, dass auf Ausfuhr von Seidenraupeneiern und Maulbeersamen die Todesstrafe stand.

Ausgerechnet eine kaiserliche Prinzessin soll den Frevel des Technologietransfers begangen und dafür gesorgt haben, dass das wertvolle Wissen Khotan erreichte, von wo es später durch Anhänger einer christlichen Sekte weiter nach Westen geschmuggelt wurde. Trotzdem blühte der Handel mit chinesischer Seide weiter, selbst dann noch, als es im Europa des Mittelalters längst eine eigene Produktion gab, weil chinesische Seide trotz des langen Transportwegs billiger war.

Im chinesischen Kernland reisten die Händler im Schutz der militärischen Macht des Reichs der Mitte, die freilich von der Befindlichkeit der jeweils herrschenden Dynastie abhing. In Kriegszeiten und Wirren, die den Untergang von Dynastien einläuteten, brach auch der Handel zu-

sammen; sobald sich eine neue Dynastie etabliert hatte und das Reich zentral beherrschte, florierte der Handel wieder.

Seit der Han-Dynastie (206 v. Chr.–220 n. Chr.) existierte ein geschlossener Wall, der das Reich im Norden vor den Einfällen der Steppennomaden schützen sollte und sich westwärts bis nach Dunhuang erstreckte. Freilich hatte dieser Han-Limes noch wenig mit jenem beeindruckenden Bauwerk aus Steinquadern zu tun, das heute als Große Mauer zum touristischen Standard-Besuchsprogramm gehört – diese stammt aus viel späterer Zeit –, sondern war nur ein einfacher Wall aus Lehm. Dennoch schützte er auch die Seidenstraße und trug dazu bei, den interkontinentalen Fernhandelsweg offen zu halten. Die alten Chinesen setzten die Große Mauer sogar noch weiter nach Westen, bis ins Tarimbecken hinein, fort, allerdings nicht mehr in Form eines geschlossenen Walls, sondern nur noch durch einzelne Wachtürme, antike Feuertelegrafen, die bis heute in regelmäßigen Abständen mehr oder weniger verfallen aus dem Wüstenboden ragen. Diese endeten am Yumenguan, der Festung am Jadetor-Pass. Danach gab es nur noch Wüste, insbesondere die als Todes-

Haben früher aufgestellte Kamelgerippe den Karawanen den Weg gewiesen, so sind die Wegzeichen entlang der neuen Seidenstraße zwar anders, aber nicht weniger abschreckend.

wüste gefürchtete Takla Makan: weite menschenleere Räume, Irrgärten aus Sanddünen, weglos und trostlos. Die einzigen Wegweiser, so überliefern es die Quellen einhellig, sollen die Überreste früherer Reisender oder die Skelette toter Tiere gewesen sein.

Hier übernahmen die Kamele den Lastentransport. Die Händler taten sich zusammen, um sich gegen die Gefahren der Wüste zu wappnen. Hundert, fünfhundert, ja bis zu tausend Tiere formten einen Karawanenzug. Ohne die einzigartigen Fähigkeiten des Kamels hätte es keine Seidenstraße gegeben, wären derartige Wüstenpassagen für die Menschen unüberwindbar gewesen. In der brütenden Hitze des Sommers, wenn sich die Sandoberfläche bis auf siebzig Grad aufheizt, reisten die Karawanen nachts. Wie die Seefahrer orientierten sich die Führer an den Gestirnen. Sie suchten nie den kürzesten Weg durch die Wüste, sondern folgten stets der sichersten Route. Diese führte an den Rändern entlang, von einer Oase zur anderen, von einem Brunnen zum nächsten. So entstanden Nord- und Südroute der Seidenstraße, die die Takla Makan wie ein Ring umgingen. Aus den Halteplätzen, den Oasen, wurden im Lauf der Zeit Karawansereien mit Märkten und kulturellem Leben. Keine Karawane legte die gesamte Strecke von China bis Europa zurück. Die Waren wurden weitergereicht von Völkern, die zwischen den Chinesen und Römern lebten und als Zwischenhändler fungierten.

Mit Vollgas über die Steppe, lautet die Devise der Viehhirten von heute, die in jenen wüstenartigen Gebieten Zentralasiens leben, durch die einst die Karawanen der Seidenstraße zogen.

Hatten die Karawanen die Durststrecke der Wüste hinter sich, dann bauten sich vor ihnen die Berge zu schwindelerregender Höhe auf. Über mehrere der höchsten Gebirge der Welt – Karakorum, Tien Shan und Hoher Pamir – führten Routen und Zweige der Seidenstraße. Hier beförderten zottelige Yaks oder balancierten Maultiere die Lasten über schmale Saumpfade. Wurde das Gelände so unwegsam, dass auch die Tiere nicht mehr vorankamen, bürdeten sich die Männer die Lasten selbst auf. So oder so ähnlich dürfte der Handelsverkehr stattgefunden haben vor zweitausend Jahren, auf dem Herzstück der Seidenstraße durch China und Zentralasien.

Im Vergleich zum hehren Alter dieser Karawanenstraßen ist der Begriff »Seidenstraße« sehr jung. Der Geograf Ferdinand von Richthofen (1833–1905) hat ihn erst im vorletzten Jahrhundert in die Wissenschaft eingeführt. Er benannte das Geflecht von uralten Karawanen- und Völkerwanderungswegen nach dem wertvollsten Gut, das man dort aus-

In den ariden Zonen Mittel- und Zentralasiens wird zunehmend die Sonne als Energiequelle genutzt. Mithilfe von kleinen Fotovoltaikanlagen können Wüstenbewohner ihren Strombedarf decken.

tauschte: der chinesischen Seide. Aber Seide war nur eines von vielen Gütern, die auf dem ältesten interkontinentalen Fernhandelsweg der Menschheit gehandelt wurden. Aus China kamen auch Porzellan, Teppiche, Jade, Gewürze und Tee nebst den Erfindungen, die im Reich der Mitte gemacht wurden, wie Kompass, Papier oder Drucktechnik. Der Westen hatte vergleichsweise wenig zu bieten. Von den Römern holten sich die Chinesen lediglich Rüstungstechnik.

Trotzdem war die Seidenstraße keine Einbahnstraße, denn auf ihr wurden nicht nur Waren befördert, sondern auch Religionen, kulturelles Gedankengut und Kunststile verbreitet. Im Gefolge der Kaufleute reisten Künstler, Architekten, Mönche und Priester. Zwei Weltreligionen verbreiteten sich entlang der Seidenstraße: zuerst der Buddhismus, dann der Islam. Hinzu kamen noch Einflüsse der persischen Lichtreligion des Mani und christlicher Nestorianer, die sich der Verfolgung im Oströmi-

schen Reich entzogen und entlang der Seidenstraße bis in die Oasenwelt des Tarimbeckens gelangten, um dort Gemeinden zu gründen.
Mit der Entwicklung des Seewegs, der Seidenstraße der Meere, entstand eine Alternative zum Landweg, der immer wieder durch kriegerische Ereignisse vorübergehend blockiert war. Den Todesstoß versetzte der Seidenstraße als Landverbindung erst die Entdeckung des Seewegs von Europa nach Indien durch Vasco da Gama (1468 oder 1469–1524). Dieser wurde bald bis nach China hin ausgedehnt. Damit wurde Zentralasien als Dreh- und Angelpunkt des Handels bedeutungslos. Die Verlagerung auf den sicheren Seeweg bedeutete das Ende des Karawanenhandels und damit der Seidenstraße und den Niedergang des Reichtums und der Macht der Reiche, die entlang ihrer Routen lagen. Exponierte Oasenorte, einst des Handels wegen gegründet, wurden im Lauf der Zeit von den Menschen verlassen und fielen der Wüste anheim. Dort schlummerten die Überreste jahrhundertelang, wurden allmählich vom Sand verweht und gerieten in Vergessenheit – bis sie Kinder einer anderen Zeit wiederentdeckten.
Es war jener Ferdinand von Richthofen, der Namensgeber der Seidenstraße, bei dem ein junger Schwede studierte, der durch seine spektakulären Expeditionen durch Asiens Wüsten für Furore sorgte – sein Name: Sven Hedin (1865–1952). Er läutete ein »internationales Wettrennen« um die Schätze der Seidenstraße ein, an dem sich Briten, Deutsche, Franzosen und Japaner beteiligten, bis dann zur Mitte des letzten Jahrhunderts die Chinesen die Tür zuschlugen.
Doch die Seidenstraße ist nicht nur »Schnee von gestern«, nicht bloß eine nostalgische Reiseroute oder ein Betätigungsfeld für Archäologen, Kunsthistoriker oder Religionswissenschaftler. Seit dem Zerfall der Sowjetunion und dem Entstehen unabhängiger Turkstaaten in Zentralasien gibt es die Vision einer neuen Seidenstraße. Vordenker wie der kirgisische Schriftsteller und Politiker Chinghis Aitmatov haben sie formuliert. Die »Neue Seidenstraße« ist seitdem ein Zauberwort, das die Fantasie von Politikern unterschiedlichster Couleur von Beijing bis zum Kaspischen Meer anregt.

Dahinter stecken weniger nostalgische Sehnsüchte als vielmehr handfeste wirtschaftliche Interessen. Man plant auf den Spuren der antiken Seidenstraße den Ausbau der Infrastruktur in Form moderner Straßen, Schienenstränge, Ölpipelines und Datenhighways. Damit erhofft man sich jene wirtschaftlich blühenden Landschaften, die die politischen Führer ihren Völkern gebetsmühlenartig versprechen. Doch ein Austausch, der allein auf wirtschaftlichen Interessen beruht, reicht nicht aus, um ein konfliktfreies Miteinander zu gewährleisten. Der Dialog – genau das lehrt uns das Beispiel der historischen Seidenstraße – muss auf einer viel breiteren Basis geführt werden, die alle relevanten Ebenen menschlichen Zusammenlebens einschließt. Dazu gehört die kulturelle Ebene genauso wie die religiöse. Mehr und schnellere Kommunikation sowie unbegrenzter Warenaustausch bedeuten nicht automatisch größere Toleranz und besseres Verstehen.

Diese Erkenntnis stand am Anfang von »Roads of Dialogue« (www.silkroadexperiences.org), einem Projekt, das ein Zeichen setzen will in Form einer modernen Kultur- und Wertekarawane. Ein multikulturell besetztes Team aus Musikern, Künstlern, Sportlern und Querdenkern begibt sich auf die Reise entlang der Seidenstraße, um an ausgewählten Orten haltzumachen und gemeinsam mit Vertretern der jeweiligen Städte und Länder ein dialogorientiertes Programm durchzuführen. Das Projekt ist langfristig angelegt mit jährlich stattfindenden Aktionen, die das Ziel verfolgen, den interkulturellen Dialog als Chance und Herausforderung der Gegenwart zu fördern und damit den Geist der Seidenstraße wiederzubeleben. Darüber hinaus sollen relevante Themen wie Wasser, zukunftsweisende Mobilität oder Energie in den Fokus gerückt werden. Bisher hat uns die Kulturkarawane bis an den Rand Asiens geführt. Weitere Stationen und Aktionen sind in Planung.

»Roads of Dialogue« ist die Quintessenz meiner Beschäftigung mit der Seidenstraße, die mich schon seit meiner Jugend faszinierte und zu einer Vielzahl von Reisen inspirierte. Am Anfang stand wie so oft die Neugier, die Möglichkeit, im Zeitalter von Google Earth einen Weg zu beschreiten, den man stellenweise erst freilegen muss wie einen vom Dschungel

Stolz präsentieren diese mongolischen Jurtenbewohner ihr neues Statussymbol. Wenn draußen der schönste Sternenhimmel glitzert und funkelt, versammeln sie sich vor dem Fernsehschirm, über den bunte Bilder aus einer anderen Welt flimmern.

überwucherten Pfad. Auch die Sehnsucht, einem Mythos nachzuspüren, trieb mich an. Später, als ich begann, die großen Wüsten Asiens zu Fuß zu durchmessen, kreuzte ich immer wieder Spuren der Seidenstraße, wenn ich plötzlich vor halb verwehten Ruinen stand, die wie Masten eines Schiffs aus dem Sandmeer ragten. Von diesen Reisen – den Stationen unserer Kulturkarawane und davon unabhängigen Abenteuern – will ich hier erzählen, so als wären sie eine einzige gewesen.

Die meisten Menschen, die den Begriff Seidenstraße hören, denken sofort an Marco Polo, den berühmtesten europäischen Reisenden entlang der Seidenstraße, dessen Reisebericht zu einem Bestseller des Mittelalters wurde. Grund genug, auch unsere Reise dort zu beginnen, wo einst der Kaufmannssohn zu seinem Abenteuer aufbrach: in Venedig.

Auf Marco Polos Spuren

Die erste und einzige Route, die ich dir empfehlen möchte,
hat einen Namen. Sie heißt: Zufall. Untertitel: Ohne Ziel.
Sichverirren ist der einzige Ort, den anzusteuern es sich lohnt.
TIZIANO SCARPA

Ich bin wieder einmal in Venetien, genauer gesagt in Bassano del Grappa, dort, wo die Brenta in die Ebene tritt – jener Fluss, der einstmals Venedig wie eine Nabelschnur mit dem Hinterland verband. Hier habe ich mich mit zwei Einheimischen – Nicola und Moreno – zum Cappuccino verabredet. Wir sitzen am langen Tresen einer Bar und blicken durch die Fenster nach draußen in ein milchig-weißes Nichts.

»Heute ist wieder einmal ein Tag, an dem der Nebel bis in die Kaffeetassen kriecht«, sagt Nicola. »Absolut«, assistiert Moreno. Die beiden sind Charaktere, die unterschiedlicher nicht sein könnten. Nicola ist ein Freigeist, der sich als Querdenker versteht. Er sprüht vor Ideen, führt meist das Wort, während Moreno, ein Zahnarzt, an seinen Lippen hängt und jedem noch so verrückten Einfall begeistert applaudiert. Zwischen den beiden hat sich so etwas wie ein ritualisierter Dialog entwickelt. Das geht so: Nicola verkündet, dass er einen alten verlassenen Leuchtturm auf Sardinien in eine Denkschmiede umwandeln will, also zu einer Art geistigem Leuchtturm für junge innovative Köpfe aus ganz Europa. Moreno sagt darauf: »Warum nicht?« Die Mittel dazu, so ist Nicola überzeugt, würden aus EU-Töpfen sprießen. »Absolut«, versichert Moreno, als wäre das so sicher wie das Amen im Gebet.

Ich lenke das Gespräch auf den eigentlichen Grund unserer Zusammenkunft. Es geht um die Möglichkeiten, wie sich Venedig in mein Projekt

»Roads of Dialogue« einbinden ließe. Um diese zu erkunden, will ich mit Nicola und Moreno die Touristenmetropole besuchen.
»Wie wollen wir morgen nach Venedig fahren?«, will ich wissen. »Mit dem Boot«, antwortet Nicola, ohne zu zögern. »Also mit dem Auto bis Tronchetto und dann mit dem Vaporetto bis zur Ponte di Rialto?« »Nein! Mit dem Boot von Treviso«, sagt Nicola in einer Bestimmtheit, als wäre das der einfachste Weg, nach Venedig zu kommen.
Moreno blickt ihn fragend an, und es dauert etwas länger, bis ihm das »Warum nicht« über die Lippen kommt. Man merkt ihm an, dass er vom Vorschlag seines Freundes überrumpelt wurde, denn Nicola besitzt weder Boot noch Führerschein. Die Aktion kann daher nur stattfinden, wenn uns Moreno mit seinem Privatboot fährt. Nach ein paar hektischen Telefonaten hat Moreno die Termine in seiner Praxis umdisponiert, und wir verabreden uns für den nächsten Tag in aller Frühe am Jachthafen von Treviso.

Auf dem Wasserweg zur »Serenissima«

Die Morgendämmerung hat gerade eingesetzt, als wir uns vor dem Bootshaus treffen. Der Nebel ist zwar verschwunden, aber der Himmel ist mit dunklen, regenschweren Wolken behangen. »Der Wetterbericht hat eine Sturmwarnung ausgegeben«, bemerkt Nicola beiläufig, während Moreno jedem von uns eine Schwimmweste und einen Regenschirm in die Hand drückt. »Wenn wir Glück haben, beginnt es erst mittags zu regnen«, sagt Moreno. Mit wenigen Handgriffen ist das Boot startklar. Moreno wirft den PS-starken Außenbordmotor an und steuert das Boot gekonnt aus dem Labyrinth schmaler Kanäle hinaus. Sobald wir offenes Wasser erreicht haben, dreht er mächtig auf. Der Bug des Boots hebt sich aus dem Wasser, einen breiten Schweif aus Gischt und Wellen hinter sich herziehend.
Wir folgen zunächst dem Lauf des Sile-Flusses, der sich in Richtung Lagune schlängelt. Sein natürlicher Verlauf wurde bereits im 17. Jahrhun-

Mit Moreno und Nicola auf dem Weg von Treviso in die Lagune von Venedig. Während wir die Inseln Burano und Murano passieren, brauen sich bereits dunkle regenschwere Wolken zusammen.

dert durch groß angelegte Wasserregulierungsmaßnahmen der Republik Venedig verändert. Um zu verhindern, dass zu viel Wasser in die Lagune strömte und Hochwasser verursachte, wurde nebst anderen Flüssen auch der Sile umgebettet. Zudem sollte damit eine Verschlammung der Lagune als Folge der natürlichen Schwemmfracht der Flüsse verhindert werden. Den alten Venezianern diente das Gebiet entlang des Sile als Kornkammer. Die gleichmäßige Wasserführung eignete sich besonders zum Betreiben von Wassermühlen, in denen das Mehl für die Lagunenstadt gemahlen wurde. Einige davon sind noch heute erhalten. Darüber hinaus war der Sile einer der wichtigsten Wasserwege für den Warenaustausch zwischen Venedig und dem Festland. Dafür benutzte man früher kiellose Frachtkähne mit plattem Boden, die flussaufwärts zumeist gezogen werden mussten. Heute sind der Sile und seine Kanäle, die in die Lagune einmünden, als Handelsweg bedeutungslos, aber umso beliebter für Ausflüge. Zu den Touristen, die auf Hausbooten umherschippern, kommen die vielen privaten Bootsbesitzer, die in ihrer Freizeit aus den Städten flüchten. Doch an diesem trüben Wochentag, zu dieser frühen Stunde, sind wir ganz allein auf dem Fluss unterwegs.

Der als »Taglio« bekannte Sile-Kanal mäandert nun durch ein Sumpfgebiet aus mannshohem Röhricht. Moreno steuert das Boot im Zickzackkurs durch das idyllische Biotop. Bald darauf gleiten wir durch den schmalen Durchstich in die Lagune hinaus, in eine weite offene Wasserfläche, die der Wind aufgewühlt hat. Wellen trommeln gegen das Schlauchboot, Wasser spritzt über die Bordwand, sodass Moreno nun langsamer fahren muss. Am Festland lassen sich die Industrieanlagen von Porto Marghera erkennen und dahinter der Marco-Polo-Flughafen, auf dem der morgendliche Luftverkehr einsetzt. Vor uns tauchen nun die ersten Inseln Venedigs auf.
»Wir müssen bald tanken«, sagt Moreno und steuert auf die nächstgelegene Insel zu. Doch die Tankstelle ist noch geschlossen. »Dann gehen wir inzwischen Cappuccino trinken«, schlägt Nicola vor. Moreno lenkt das Boot in einen schmalen Kanal, an dem sich zu beiden Seiten bunte Häuser wie Farbtupfer auf einem Gemälde aneinanderreihen. Wir sind auf Burano angekommen. So dicht gedrängt, wie die Häuser stehen, liegen die Boote festgebunden. Nirgendwo auch nur eine Lücke. Entnervt lässt uns Moreno an einem Steg aussteigen und fährt wieder zurück zur Tankstelle, um das Boot dort zu parken.
Wir laufen die bunte Häuserfront entlang, und ich frage mich, welche Laune die Bewohner dazu bewogen haben mag, sie so farbenfroh zu bemalen. Es heißt, dass es auf Burano einstmals nur drei oder vier Familiennamen gab. Ein Albtraum für den Postboten. Irgendwann sollen dann die Leute beschlossen haben, ihre Häuser in verschiedenen Farbtönen anzustreichen, sodass es für ihn einfacher wurde, die Post zu den richtigen Empfängern zu bringen. Vielleicht haben die Bewohner diese Geschichte aber auch nur erfunden, weil sie einfach keine Lust mehr hatten, immer wieder dieselbe Frage zu beantworten. Ursprünglich war Burano ein Fischerdorf, und niemand fragte danach, warum die Menschen so farbenfrohe Boote hatten. Warum sollten die Fischer ihre Häuser nicht genauso bunt bemalen? Der Ort wirkt um diese frühe Stunde und außerhalb der Touristensaison wie ausgestorben. Knapp dreitausend Menschen leben nach amtlichen Statistiken noch hier, Tendenz fallend. Die

Das einstige Fischerdorf Burano ist heute wegen seiner bunten Häuser ein beliebtes Ausflugsziel. Ursprünglich fand hier der Karneval statt, ehe Venedig dem Ort den Rang ablief.

jungen Leute sind längst aufs Festland gezogen. Während die Männer früher zum Fischfang hinausfuhren, stellten die Frauen in Gemeinschaftsarbeit feine Stickereien her. An einzelnen Stücken waren bis zu fünfundzwanzig Frauen jahrelang beschäftigt. Heute finden sich auf Burano fast nur noch Billigprodukte aus China, die das schnelle Geschäft mit den Tagestouristen bedienen.

Nicola steuert zielstrebig die einzige Bar an, an der das Schild »aperto« – »geöffnet« – prangt. Dort serviert ein tätowierter Barmann seinen Kunden, allesamt Männer vorgerückten Alters, bereits zum Frühstück Prosecco. Immerhin gibt es auch frische Croissants. Nach einer Tasse Kaffee erscheint Moreno. Er hat inzwischen den Tankwart ausfindig gemacht und drängt mit sorgenvollem Blick nach draußen zum Aufbruch. Der Himmel hat sich bedrohlich eingetrübt.

Wir laufen zum Boot, betanken es und fahren los. Es dauert nicht lange, bis uns die ersten Tropfen ins Gesicht peitschen. Das offene Schlauchboot bietet so gut wie keinen Schutz. Moreno deutet auf die Regenschirme. Ein lächerliches Unterfangen. Sie halten dem Fahrtwind nicht lange stand. Ich versuche, wenigstens meine Fotoausrüstung damit zu schützen. Zum Glück bleibt es zunächst nur bei wenigen Tropfen. Wir sind nun auf der Hauptroute nach Venedig, die durch hölzerne Pfähle markiert ist. Taxiboote kommen uns entgegen, aber auch Halbwüchsige, die auf ihren Booten mit 100-PS-Motoren in Höchstgeschwindigkeit hintereinander herjagen. Sie lachen und winken uns freundlich zu, obwohl sie unser Boot fast zum Kentern bringen.

Vor uns zeichnen sich immer deutlicher die Umrisse der »Serenissima« – »Ihrer Durchlaucht« – ab. Trotz des unwirtlichen Wetters finde ich Gefallen an der Idee, dass wir uns Venedig auf dem Wasserweg nähern. Wer am Bahnhof ankommt, der betritt den »Palast« durch die Hintertür. Das Gesicht der Stadt blickt zum Meer. Ihr amphibisches Wesen lässt sich nur vom Wasser aus erspüren. Während andere Städte des Mittelalters sich mit Mauern schützten, stellte Venedig offen seinen Prunk und Reichtum zur Schau – zum Wasser hin. Die Serenissima vertraute auf ihre Macht zur See und auf die natürliche Verteidigungslage ihrer Lagune. Die einzigen Wehrmauern, die es in Venedig gab, sind jene des Arsenals. Dort wurden einst wie am Fließband Galeeren gebaut, die jahrhundertelang Venedigs Vormachtstellung im Mittelmeer sicherten.

In der Glanzzeit im 12. Jahrhundert herrschte die Lagunenrepublik über ein Kolonialreich, das sich bis nach Konstantinopel (das frühere Byzanz und spätere Istanbul) und Kreta erstreckte. Mithilfe eines weitverzweigten Netzes aus Stützpunkten und Niederlassungen kontrollierten venezianische Kaufleute den lukrativen Handel mit dem Orient. Rückgrat der Seemacht war »Il Arsenale«, der erste Industriebetrieb der Neuzeit, mit Montagestraßen und Arbeitsteilung, vierhundert Jahre vor der industriellen Revolution. Heute ist das Arsenal ein Kunstbetrieb, einer der Schauplätze für die zweijährlich stattfindende internationale Kunstausstellung der Biennale.

Indessen ist Moreno in einen schmalen Kanal eingebogen, der nur im Einbahnverkehr zu befahren ist. Bei jeder Brücke, die wir passieren, müssen wir uns ducken. Als wir am anderen Ende des Kanals wieder herauskommen, haben wir den Canal Grande erreicht. Moreno will noch eine Ehrenrunde drehen und steuert das Boot in Richtung Piazzale Roma. Doch wir kommen nicht so weit. Noch vor dem Bahnhof hält uns ein Polizeiboot an. Freundlich, aber bestimmt werden wir von den Beamten zur Umkehr gezwungen. Der Grund: Unser Boot ist nicht für Venedig registriert. Moreno mimt den Ahnungslosen. Die Carabinieri zeigen sich gnädig und belassen es bei einer Ermahnung, diesmal. Sie machen jedoch kein Hehl daraus, dass wir, sollten wir wieder erwischt werden, nicht mehr so glimpflich davonkommen werden. Auf Verstöße gegen die Verordnung zum Bootsverkehr in Venedig gibt es satte Geldbußen.

Moreno überlegt, uns nahe dem Palazzo der Stadtverwaltung abzusetzen und dann in den Giudecca-Kanal hinauszufahren. Dieser gilt als maritim, und dort gelten die Verordnungen der Kommune nicht. Es bleibt bei der Absicht, denn Augenblicke später öffnen sich die Schleusen am Himmel. Die Schirme sind zerfetzt, nirgendwo ein Platz, an dem wir anlegen können. Was tun? Wir flüchten unter die Rialto-Brücke. Nach einigen Minuten lässt

Blick von San Marco über das maritime Gewässer auf die Insel San Giorgio Maggiore. Noch herrscht die Ruhe vor dem Sturm, doch bald werden sich die Schleusen des Himmels öffnen.

der wolkenbruchartige Regen etwas nach, und wir versuchen noch einmal unser Glück. Der Canal Grande ist wie leer gefegt, und ich frage mich, wohin all die Boote so schnell verschwunden sind. Allerdings erklärt das, warum wir keinen Anlegeplatz finden. Bug an Bug liegen die Boote dicht gedrängt beiderseits des Kanals, den wir langsam entlanggleiten.

Indessen hat es wieder stärker zu regnen begonnen. Auf einen grün livrierten Diener, der mit seinem Regenschirm am Steg eines Luxushotels steht und uns beobachtet, müssen wir wohl einen so erbarmungswürdigen Eindruck machen, dass sich sein Mitleid regt. Jedenfalls winkt er uns heran. Wir dürfen das Boot an dem hoteleigenen Platz festmachen, aber nur für kurze Zeit, wie der gutherzige Mann betont. Triefend vor Nässe betreten wir die Hotelhalle. Das Personal hinter der Rezeption schaut uns schief an, während eines der Dienstmädchen hinter uns her den Marmorboden trocken wischt. Nicola erkundigt sich scheinheilig nach den Zimmerpreisen. Daraufhin erhellen sich die Gesichter an der Rezeption ein wenig, und man lässt uns in die Bar. Dort können wir zumindest die nassen Jacken ein wenig trocknen. Eine philippinische Barfrau serviert uns Kaffee in edlem Gedeck. Ob wir Italiener wären, möchte sie wissen. »Ist das wichtig?«, fragt Nicola irritiert. »Für Italiener kostet der Cappuccino nur fünf Euro, sonst das Doppelte«, klärt sie uns auf.

Erfrischt und mit einigermaßen trockenen Klamotten laufen wir auf hölzernen Stegen am Canal Grande entlang.

Als wir nach unserer Erkundungsrunde wieder im Boot sitzen, machen uns weder Regen noch Carabineri zu schaffen. Allerdings wählt Moreno den erlaubten Weg über den offenen Giudecca-Kanal. Ich mache keinen Hehl daraus, wie gerne ich Venedig auf dem Wasserweg erkunden würde. Das sei gar kein Problem, versichert Nicola, denn die Beschränkung der Fahrerlaubnis betreffe nur motorisierte Boote. Würde ich ein Paddelboot benutzen, könnte ich mich ungehindert selbst auf den schmalsten Kanälen bewegen. Das war das Stichwort, auf das ich gewartet hatte. Plötzlich war mir klar, wie wir Venedig in die »Roads of Dialogue« einbinden konnten.

Es ist ein besonderes Venedig-Erlebnis, wenn man mit dem eigenen Boot die verästelten Kanäle erkundet. Im Gegensatz zu motorisierten Booten braucht man dafür keine Sondererlaubnis.

Outdoor-Aktion auf den Kanälen Venedigs

Gedacht, getan. Ein paar Wochen später bin ich wieder auf dem Weg nach Venedig. Diesmal mit einem Teil des »Roads of Dialogue«-Teams. Als Auftakt für eventuell später folgende Veranstaltungen möchten wir in Venedig eine Outdoor-Aktion durchführen. Wir haben wildwassertaugliche Schlauchboote im Gepäck und jede Menge Regenbekleidung für den Fall der Fälle. Diese hätten wir getrost zu Hause lassen können, denn als wir in Tronchetto mit unserem Gepäck in ein Vaporetto steigen, taucht die aufgehende Sonne die Lagune in ein unwirkliches Licht, in ein goldenes Glühen, in dem die Wolken verdampfen. Der Höhepunkt des Karnevals in Venedig steht unmittelbar bevor, doch zu dieser frühen Stunde ist es noch ruhig, die Ruhe vor dem Sturm.
Wir steigen an der Rialto-Brücke aus. Es ist sieben Uhr, und um diese Zeit gehört die Stadt noch sich selbst – denken wir jedenfalls. Doch wir haben nicht mit dem Barbesitzer gerechnet, der am einzigen noch freien Fleck, den wir finden, um unsere Boote aufzupumpen, partout seine Tische aufstellen will. Er macht uns lautstark klar, dass er unsere Anwe-

senheit als geschäftsstörend empfindet. Dabei ist noch kein einziger potenzieller Kunde weit und breit zu sehen. Nur ein Venezianer läuft, ohne einen Blick an uns zu verschwenden, vorbei, und zwei Carabinieri erscheinen, wohl angelockt durch unser seltsames Treiben. Sie schauen uns eine Zeit lang zu, und nachdem es nichts zu beanstanden gibt, ziehen sie wieder ab.

Rosafarben wölbt sich der Himmel über die Palazzi, als wir die Boote ins Wasser setzen. Zunächst drehen wir zum Einfahren eine kleine Runde entlang des Canal Grande, während ich Laura, die vorne sitzt und keinerlei Erfahrung im Umgang mit einem derartigen Boot hat, die wichtigsten Paddelmanöver zeige. Laura hatte im Rahmen ihres Medienanthropologie-Studiums Interesse an dem Projekt und bereits im Vorfeld wichtige Aufgaben übernommen. In Venedig gibt es zwar kein Wildwasser, aber in den engen Kanälen wird es notwendig sein, das Boot exakt zu steuern. Michael, mein Projektpartner und ein Outdoor-Experte, folgt zusammen mit Peter im zweiten Boot. Dann tauchen wir in das Labyrinth winziger Kanäle, »rii« genannt, ein. Wir haben uns ein festes Ziel gesetzt, nämlich das Haus von Marco Polo zu finden, oder besser gesagt den Ort, an dem es einst stand.

Die Anfänge der Lagunenstadt

Wenn man mit dem Boot unterwegs ist, erspürt man die Besonderheiten dieser Stadt, dann lässt sich erkennen, wie sehr Venedig dem Meer, der Lagune, entrissen wurde. Aus den Pfahlbauten eines unbezwingbaren Volkes geboren, das sich im 5. Jahrhundert vom Festland in die Lagune geflüchtet und diese in eine uneinnehmbare Festung verwandelt hatte.

»Rivus Altus«, »hohe Ufer«, wurde der Archipel aus etwa hundertzwanzig morastigen Inseln und Inselchen genannt, den die Naturkräfte aus Flussablagerungen und vom Meer geformten Nehrungen – natürlichen kilometerlangen Dämmen – schufen. Auf den Eilanden wuchs kaum mehr als Röhricht und hartes Sumpfgras. Myriaden von Insekten bevöl-

kerten das Feuchtgebiet, durch das sich brackige Schlammkanäle schlängelten. Außer Regen gab es dort kein Trinkwasser. Niemand betrat die Inselgruppe freiwillig, doch den vor den Invasionsheeren flüchtenden Venetern blieb keine andere Wahl. Denn einen unschätzbaren Vorzug hatte dieser lebensfeindliche Archipel: Für Feinde, die vom Festland kamen, war er praktisch uneinnehmbar. Aus der kollektiven Erfahrung heraus, nur hier vor Übergriffen wirklich sicher zu sein, beschlossen die Veneter, sich dauerhaft niederzulassen. Damit begann der Aufstieg einer tristen Inselgruppe zu einer der bedeutendsten Städte der Geschichte.
Zunächst mussten sich die Menschen ihren Lebensraum buchstäblich erschaffen, durch Trockenlegen von Sümpfen, Aufschüttung von Eilanden und Ausbaggern von Kanälen, um sie schiffbar zu machen. Noch schwieriger war es, die Inselufer zu befestigen und stabile Fundamente für ihre Häuser zu bilden. Letzteres geschah durch zugespitzte Holzpfähle, die dicht nebeneinander in den Boden gerammt wurden. Um dabei nicht im tiefen Wasser stehen zu müssen, wurden vorher mit Brettern Sperren gegen die Lagune errichtet und der entstandene Innenraum trocken geschöpft. Waren die Pfähle in den morastigen Grund eingeschlagen, wurden die Zwischenräume mit Lehm und Schlick gefüllt. Dann konnte die Eindämmung wieder entfernt werden, sodass der Unterbau vollständig geflutet wurde. Wären die Holzpfähle der Luft ausgesetzt worden, wären sie verfault.
Die meisten dieser Konstruktionen sind bis heute intakt und bilden das Fundament des Gesamtkunstwerks Venedig. Nach und nach wurden die Inselchen miteinander verbunden, und die langen Pfähle formten ein riesiges Gebilde, verbunden durch Brücken und Stege, um die herum sich Häuser scharten. Freilich waren es zunächst nur mit Stroh gedeckte Holzhäuser, die die Einwanderer leicht und schnell errichten konnten, denn im Gegensatz zu Stein war das Holz aus den Wäldern am Festland einfach zu beschaffen.
Schon sehr früh bildete sich auch jenes Gemeinwesen heraus, das für Venedig so charakteristisch wurde. Da alle als Flüchtlinge ankamen, gab es keine undurchlässigen Gesellschaftsschranken. Was zählte, war der

Erfolg und weniger die Herkunft. Jede Kaufmannsfamilie konnte durch Tüchtigkeit und Fleiß zu einer der führenden Patrizierfamilien aufsteigen. Nichtsdestotrotz war Venedig eine Oligarchie, die von wenigen adligen Familien regiert wurde, aus deren Kreis der Anführer – der Doge – auf Lebenszeit gewählt wurde. Aber wenn ein Fischer und ein Patrizier vor Gericht standen, hatten beide die gleichen Chancen, recht zu bekommen. Und das war ungewöhnlich zu dieser Zeit.

Wenngleich auf den Inseln weder Landwirtschaft noch Viehzucht betrieben werden konnte, wuchs und gedieh die Kommune unter der Herrschaft des Dogen dank der reichen Fischgründe und vor allem des »weißen Goldes« – Salz –, das in der Lagune mit einfachen Mitteln gewonnen werden konnte. Flache natürliche Wasserzonen wurden eingedämmt, und dann brauchte man nur noch zu warten, bis das Wasser in der Sonne verdunstet war, um das Salz abzuschöpfen. »Auf Gold kann man verzichten, auf Salz nicht«, vermerkte ein Chronist. Zu dieser Zeit war Salz nahezu das einzige Mittel, um Nahrungsmittel wie Fisch und Fleisch haltbar zu machen. Die Lagunenbewohner von Rivus Altus profitierten davon. Mit ihren Booten fuhren sie die Flüsse hin-

Parkende Gondeln vor San Marco. Im Hintergrund Kirche und Kloster San Giorgio Maggiore auf der gleichnamigen Insel.

Wie kein anderes Symbol steht der geflügelte Markuslöwe für Macht und Glanz der »Serenissima Repubblica di San Marco«, wie Venedig sich stolz nannte. Das majestätische Raubtier des heiligen Markus findet sich in allen mögliche Formen und Größen in der Lagunenstadt.

auf und belieferten die Städte am Festland mit den kostbaren weißen Kristallen und eingesalzenem Fisch. Auf dem Rückweg nahmen die Kähne Lebensmittel und andere Güter mit in die Lagune. Verwundert notierte ein Hafenbeamter einer norditalienischen Stadt über die Menschen von Rivus Altus: »Diese Leute pflügen nicht, säen und ernten nicht, doch sie können in jedem Hafen Getreide und Wein einkaufen.«

Um eine echte Kapitale der Region zu werden, reichte das allein allerdings nicht aus. Dazu bedurfte es repräsentativer Bauten, eines zentralen Gotteshauses und vor allem eines berühmten Heiligen. Den hatten der Doge und seine Berater in Alexandria geortet. Dort ruhten die Gebeine des heiligen Markus, des berühmten Evangelisten. Wenn es gelang, so das Kalkül, diese in der ganzen Christenheit bekannte Reliquie in die Lagunenstadt zu holen, würde ihr Glanz die anderen Städte überstrahlen.

Im Jahr 827 entsandte der Doge zwei Kaufleute nach Alexandria. Ihr Auftrag: Die Gebeine aus der von Muslimen beherrschten Stadt zu rauben. Wie die Legende berichtet, soll dies durch einen plumpen Trick

gelungen sein. Nachdem die Kaufleute die Reliquie listenreich in ihren Besitz gebracht hatten, schafften sie es, ihre Beute aus der Stadt zu schmuggeln, indem sie die Gebeine des Heiligen unter mehrere Lagen aus Schweinefleisch packten, sodass die Zollbeamten aus religiösem Ekel vor Kontrollen zurückschreckten. Wie der Raubzug wirklich verlaufen ist, bleibt wohl für immer ein Geheimnis, genauso wie die Frage, ob es sich beim Beutegut tatsächlich um die Gebeine des heiligen Markus handelte. Jedenfalls beschloss der Doge den Bau einer eigenen Grabeskirche für die Überreste des Heiligen – so entstand die Markuskirche. Gleich daneben war bereits ein anderes steinernes Bauwerk errichtet worden, der Amtspalast des Dogen. Nun besaß die Lagunenstadt alle Insignien, um zu einer Metropole aufzusteigen.

Bereits im Jahr 840 konnte sie sich auf eine Kriegsflotte von mehreren Dutzend Galeeren stützen. Mit der gewonnenen Stärke zur See bekämpfte sie Piraten an der dalmatinischen Küste sowie Konkurrenten im Salzhandel und dehnte die Handelstätigkeit über das Mittelmeer hin aus.

Blick von der Ponte della Paglia auf die Seufzerbrücke, die den Dogenpalast mit den Prigioni Nuove, dem neuen Gefängnis, verbindet. Über die schmale, elf Meter lange Kalksteinbrücke wurden einstmals die Verurteilten in die Haft oder zur Exekution in die Gefängnisräume geführt.

Von Anfang an fühlten sich die Lagunensiedler als Bewohner des letzten nicht eroberten Gebietes des Römischen Reichs und sahen sich deshalb nur dem Nachfahren der Cäsaren in Rom, dem oströmischen Kaiser in Konstantinopel, verpflichtet. Das gereichte ihnen nun beim Aufbau ihres weitgespannten Handelsnetzes zum Vorteil. Als Untertanen des byzantinischen Kaisers öffneten sich ihnen alle Märkte des Oströmischen Reiches – in Griechenland genauso wie in Konstantinopel selbst, wo die Handelswege der Seidenstraße endeten. Besser als die meisten anderen Westeuropäer gelangten die Händler der Lagunenstadt an die begehrten Luxuswaren des Orients.

Im frühen 10. Jahrhundert war der größte Teil des Archipels bereits dicht besiedelt, und für die Bewohner von Rivus Altus war es an der Zeit, ihrer Stadt einen neuen Namen zu geben. Selbstbewusst nannten sie sie fortan Venetia – Venedig –, so wie die gesamte Landschaft in diesem Teil Norditaliens. In etwa zur selben Zeit begannen durch den Handel wohlhabend gewordene Patrizierfamilien, die ersten steinernen Paläste zu beiden Seiten des Canal Grande zu bauen. Freilich noch nicht jene vier- und fünfstöckigen Prunkbauten, die heute die Hauptschlagader Venedigs zieren, die sich wie ein Fragezeichen durch die Stadt windet. Der Bootsbau florierte, auch der von Kriegsgaleeren. Militärisch war Venedig gewappnet, Angriffe von außen abzuwehren, doch Bedrohungen von innen – Ehrgeiz und Machtgier – brachten die Stadt an den Rand einer Katastrophe.

Schon seit Längerem gab es unter den »Nobili«, jenen Patrizierfamilien, aus deren Reihen das Oberhaupt gewählt wurde, Intrigen und Machtkämpfe. Drei von neunzehn Dogen wurden umgebracht und sechs gewaltsam abgesetzt. Im Jahr 979 kam es zur folgenschwersten Auseinandersetzung. Der Doge hatte durch die Verstaatlichung des lukrativen Sklavenhandels und das Verbot des Holzverkaufs an Muslime die Nobili gegen sich aufgebracht und sich aus Angst in seinem Palast verschanzt. Um ihn zu verjagen, zündeten die Aufständischen einige benachbarte Gebäude an. Bald griff der Brand auch auf den Palast über. Bei dem Versuch zu fliehen wurde der Doge von seinen Widersachern getötet. Damit hatte sich Venedig zwar eines allzu mächtig gewordenen Herrschers entledigt, musste aber einen hohen Preis dafür bezahlen. Das Feuer geriet außer Kontrolle und zerstörte mehr als dreihundert Gebäude, darunter auch die Markuskirche. Ob dabei auch die Gebeine des Schutzheiligen verbrannten, hüten die Venezianer bis heute als strenges Geheimnis.

Die Stadt erholte sich von der verheerenden Feuersbrunst erstaunlich schnell. Um derartige Katastrophen zukünftig zu verhindern, gelobten die Nobili, ihre Konflikte nicht mehr gewaltsam auszutragen, sondern versuchten stattdessen, sich in Größe und Prunk ihrer Palazzi gegenseitig zu übertreffen. Der Canal Grande wurde zur Arena der Eitelkeiten. Das Äußere, die Fassade, musste immer etwas Besonderes sein, wie die Bühne eines Theaters. Die Prunksucht und öffentliche Zurschaustellung ungeheuren Reichtums erreichten zwischen dem 11. und 16. Jahrhundert ihren Höhepunkt, sodass der Senat sich genötigt sah, nicht nur aus moralischen Gründen, sondern weil er fürchtete, die allzu maßlose Lebensführung könnte die Wirtschaftskraft der Republik schwächen, Gesetze zur Beschränkung der Baukosten zu erlassen. Ab dem 13. Jahrhundert wachte eine staatliche Behörde über die Bautätigkeit in der Stadt. Frei waren die Patrizier in der Gestaltung der Fassaden, die zum Statussymbol schlechthin wurden. So überzogen einst dreiundzwanzigtausend Bogen Blattgold die Fassade der Ca' d'Oro, des um 1430 errichteten »Hauses aus Gold«. Da durch die Last der schweren Gemäuer immer wieder einzelne Gebäudeteile absanken, wurde die Fassade nur durch bewegliche Metallanker mit dem Rest des Hauses verbunden.

Handelsreisende und Missionare auf der Seidenstrasse

Oft sind die Kanäle so eng, dass wir in unseren Schlauchbooten von entgegenkommenden Gondeln an die Hauswände gedrückt werden. An ihnen haften scharfkantige Muscheln, die unsere Boote aufzuschlitzen drohen. Wir paddeln entlang des Rio di San Giovanni Crisóstomo und

In diesem Innenhof im Stadtteil Cannaregio, unweit der Rialto-Brücke, stand einst das Haus des Marco Polo, das er nach seiner Rückkehr aus China mit seiner Familie bewohnte.

nähern uns dem Zusammenfluss mit dem Rio di San Lio. Dort befindet sich der Corte Seconda del Milion, ein Innenhof, in dem einstmals ein Haus stand, das Marco Polo nachweislich im Jahr 1299 erworben hat. Vermutlich befand es sich da, wo heute das Teatro Málibran steht, ehe es 1596 abbrannte. Jedenfalls hat man bei Restaurierungsarbeiten des Theaters, zwei Meter unter dem heutigen Niveau, Reste eines Hauses aus dem 13. Jahrhundert gefunden. Der Corte Seconda del Milion darf als Anspielung auf Marco Polos Reisebericht – »Il Milione« – verstanden werden, den seine Zeitgenossen wegen der Millionen zählenden orientalischen Reichtümer, die darin geschildert werden, für ein Märchen hielten, und seinen Verfasser deshalb als Millionen-Lügner verspotteten.
Die Familie Polo, in die Marco hineingeboren wurde, gehörte nicht zu den großen führenden Patrizierfamilien Venedigs. Es ist nicht einmal sicher, ob Marco Polo tatsächlich in Venedig geboren wurde oder – wie manche behaupten – sein Geburtshaus auf der dalmatinischen Insel Korcula steht. Die Polos waren Kaufleute wie viele Venezianer ihrer Zeit. Sie nutzten das weitverzweigte Netz venezianischer Stützpunkte, um mit Edelsteinen, Seide und Gewürzen zu handeln. Marco der Ältere, einer

Auch in den Masken beim berühmten Karneval in Venedig lebt offenbar das historische Erbe Marco Polos fort. Er bereiste die fernsten Länder. Heute ist es genau umgekehrt, heute kommt die Welt nach Venedig.

der zwei Brüder von Marco Polos Vater Niccolò, besaß ein Kontor auf der Krim. Von dort aus brachen Niccolò und der dritte der drei Brüder – Maffeo – im Jahr 1260 zu einer Reise in Richtung Osten auf.

Damals herrschte starkes Interesse am Orient, insbesondere an China. Das war nicht immer so. Zwar waren die alten Römer brennend interessiert zu erfahren, wo die Seide herkam, die sie so teuer zu bezahlen hatten, doch wussten die Völker Zentralasiens, die vom Zwischenhandel profitierten, zu verhindern, dass es zu einem direkten Kontakt zwischen den Römern und den Chinesen kam. So blieb die Beschäftigung mit »Seres«, dem Land der Seidenmenschen, wie die Römer China nannten, auf das Reich der Fantasie begrenzt. Was Plinius in der Mitte des ersten nachchristlichen Jahrhunderts über das Volk der Serer schrieb – von Menschen mit rotem Haar und überdurchschnittlicher Größe –, hatte mit den Chinesen nicht das Geringste zu tun. Ähnlich abstrus waren die Vorstellungen über die Herkunft der Seide selbst: »Sie lösen den weißen Flaum von den Blättern, indem sie diese mit Wasser besprengen«, wusste Plinius zu berichten. Und selbst hundert Jahre später glaubte der Geschichtsschreiber Pausanias noch, dass der begehrte

Wenngleich das Karnevalsfest in Venedig viel älter sein dürfte, findet sich die erste nachweisbare Erwähnung einer Maske erst im 13. Jahrhundert. Neben den Fantasiemasken finden sich auch Masken mit historischem Bezug wie das Gespann von Pestdoktor und Tod.

Faden aus dem Inneren eines spinnenartigen Wesens komme, das die Serer züchteten.

In der Zeit des Niedergangs des Römischen Reichs und im frühen Mittelalter war Europa wieder mit sich selbst beschäftigt, und China rückte im Interesse wieder ans Ende der Welt. Da faktische Kenntnisse über das ferne Asien fehlten, wurden die Seres zum Volk hinter der eisernen Mauer der Alexanderlegende, zum Reich von Gog, Magog und anderen Feinden der christlichen Welt. Dann aber stürmten die Mongolen, von denen man bis dahin nichts gewusst hatte, mordend und zerstörend aus dem Nichts der Steppe heran und ließen Europa in seinen Grundfesten erzittern. Keines der damaligen Reiche zwischen China und Polen und keine der befestigten Städte hielt den Mongolen stand. Der Begriff »Tartaren«, mit dem man die Mongolen wie auch alle anderen kriegerischen Völker aus dem Osten bedachte, wurde nun in Anlehnung an den griechischen Begriff »Tartaros« – »die aus der Hölle kamen« – gedeutet. Direkt aus dem Schlund der Hölle, so glaubte man, mussten die mongolischen »Teufelsreiter« entsprungen sein, die offenbar angetreten waren, die christlich-ritterliche Welt des Abendlandes zu verwüsten.

Als die Mongolen im Jahr 1241 ein deutsch-polnisches Heer bei Liegnitz vernichtend schlugen und damit die Tür nach Westeuropa aufstießen, schien sich die im 13. Jahrhundert weitverbreitete Endzeitstimmung zu erfüllen. Die Angst vor der drohenden Katastrophe drückt sich in einem Brief von Herzog Otto II. von Bayern an den Bischof von Augsburg aus, dessen Land nach der Niederlage von Liegnitz unmittelbar gefährdet war: »Daher möge Eure väterliche Würde erfahren, dass ein barbarisches Volk der Tartaren von unerhörter Grausamkeit in unendlicher Zahl von entfernten und unbekannten Gegenden hergekommen ist. Den Grund ihres Kommens wissen wir nicht, außer, dass sie alle Christen gottlos verfolgen und töten wollen.«

Trotz der akuten Gefahr verhielt sich Europa wie gelähmt und harrte mit fatalistisch-apokalyptischen Visionen der weiteren Entwicklung. Da verschwanden die Mongolen im Jahr 1242 ebenso überraschend, wie sie aufgetaucht waren. So wenig man über ihr Kommen wusste, so wenig konnte man sich damals ihr plötzliches Verschwinden erklären. Der Grund für den plötzlichen Rückzug der Mongolen war der Tod des Großkhans Ögedei. Dieser veranlasste Batu, der den Feldzug nach Westen anführte, mit seinen Horden wieder in die Mongolei zurückzukehren, um bei der Wahl des neuen Großkhans seinen Einfluss geltend zu machen.

Mitte des 13. Jahrhunderts beherrschten die Mongolen einen Raum kontinentaler Ausmaße, der von Polen im Westen, dem Chinesischen Meer im Osten, der russischen Taiga im Norden und Burma im Süden reichte. Chinghis Khan und seine Nachfolger hatten dieses gewaltige Reich mit unerbittlicher Gewalt geschaffen und geeint. Die »Pax Mongolica« machte es möglich, dass die Seidenstraße erstmals bis nach China für europäische Kaufleute offen war. Händler, Gesandte, Missionare und Abenteurer konnten ungehindert hin- und herreisen. Freilich glich diese Pax Mongolica eher einer Friedhofsruhe, denn weite Landstriche waren verwüstet, entvölkert, und einst blühende Städte lagen in Schutt und Asche. Die dezimierte Bevölkerung wurde von den Mongolen weiterhin systematisch unterdrückt, sodass es zwischen Eroberern und Eroberten nur Hass geben konnte. Die Mongolen waren sich dessen sehr wohl bewusst und setzten gezielt Fremde ein, um die eroberten Territorien zu verwalten.

Wie sehr die Seidenstraße in dieser Zeit aufblühte, lässt sich nicht zuletzt daran erkennen, dass es regelrechte Führer in Buchform gab. Diese waren ganz auf die Bedürfnisse der Händler zugeschnitten. So verfasste der Florentiner Francesco Balducci Pegolotti eine Anleitung für reisende Kaufleute, die genau den Weg beschreibt, auf dem man entlang der Seidenstraße nach China gelangte. Pegolotti nennt die Streckenabschnitte, die notwendige Ausrüstung und die Art der Fortbewegungsmittel, die zu benutzen waren, um ans Ziel zu kommen. Er listet genau die Waren auf, die in Europa begehrt waren, und gibt an, wo man diese am besten besorgen konnte. Demnach war Seide das wichtigste chinesische Produkt. Pegolotti nennt sogar die Preise für den Einkauf von Seide in China. Trocken und sachlich, wie es die Händler eben benötigten, werden Informationen aufgelistet. Wo und zu welchen Bedingungen man Führer und Dolmetscher bekam, welches Zahlungsmittel da und dort akzeptiert wurde und vor allem, wie lange man für welche Strecke benötigte. Demzufolge dauerte die Reise von der Levante bis Beijing mindestens zweihundertfünfzig bis dreihundert Tage. Pegolotti behauptet, die Strecke sei Tag und Nacht sicher gewesen, aber das dürfte eher eine freundliche Untertreibung gewesen sein in der Absicht, niemanden abzuschrecken.

Marco Polos Abenteuer

Die Polo-Brüder freilich bedurften keines Reiseführers, als sie 1272 nach China aufbrachen, das sie bereits von einer früheren Reise kannten. Diesmal nahmen sie den siebzehnjährigen Marco mit. Sie wollten auf dieser Reise den Seeweg nehmen. Mit Öl aus der Lampe des Jesus-Grabes in Jerusalem und zwei italienischen Mönchen im Schlepptau, die ihnen der Papst als Theologen für die Mongolen-Mission mitgab, machten sie sich von Akkon (im heutigen Israel gelegen) aus auf den Weg. Die beiden Padres waren jedoch den Strapazen der Reise nicht gewachsen und kehrten bald um.

In Hormuz, einer einstmals bedeutenden Hafenstadt am Persischen Golf, die heute versandet ist, versuchten die Polos vergeblich, ein taugliches Schiff für die Seereise zu finden. Schließlich mussten sie ihre ursprüngliche Absicht aufgeben und doch wieder den Landweg nehmen. Auf Umwegen gelangten sie nach Balkh, dem antiken Baktra, im heutigen Afghanistan. Die Stadt, einst eine Wiege der persischen Kultur, lag völlig in Trümmern, nachdem sie zuvor von den Mongolen erobert und zerstört worden war. Dort fanden sie Anschluss an einen der Stränge der Seidenstraße. In Faizabad, wo es angeblich das schönste Lapislazuli der Welt gibt, das den Polos als Juwelenhändlern kaum entgangen sein dürfte, bereiteten sie sich auf den Übergang über das Dach der Welt, den Hohen Pamir, vor. Jenseits des Gebirges erreichten sie den nordwestlichen Rand des Tarimbeckens, an dem die Oasenstadt Kashgar lag. Von dort aus folgten sie der sogenannten Südroute, am südlichen Rand der Takla-Makan-Wüste entlang, von der Marco Polo später mit Schrecken berichten sollte. Die weitere Route führte sie auf der klassischen Seidenstraße nach Dunhuang und weiter durch den Gansu-Korridor zum Gelben Fluss. Im Jahr 1275 trafen sie schließlich in Khanbaliq (bei Marco Polo Kambaluk) ein, wie Beijing damals von den Mongolen genannt wurde.

Anstatt der dreihundert Tage, die Pegolotti für die Strecke veranschlagte, hatten sie drei Jahre gebraucht. Wegen einer Erkrankung des jungen Marco verloren sie in Afghanistan ein Jahr, ein weiteres verbrachten sie an der Grenze Chinas, um auf die Erlaubnis zu warten, nach Khanbaliq weiterreisen zu dürfen. Dort trafen sie Khubilai Khan in seiner nahe gelegenen Sommerresidenz. Offensichtlich fand der Großkhan Gefallen an den Venezianern, denn sie wurden in der Bürokratie eingesetzt und blieben siebzehn Jahre im Dienst der Mongolen in China. In dieser Zeit unternahm Marco Polo eine ganze Reihe von Reisen in unterschiedlichen Funktionen, die ihn bis nach Indochina und Ceylon führten. Drei Jahre lang hielt er sich als Verwalter der Salzbehörde in Quinsay (Hangzhou) auf, seiner erklärten Lieblingsstadt. Das Jahr 1282 dürfte er in Khanbaliq zugebracht haben, da er in allen Einzelheiten von einem chinesischen Aufstand gegen den Finanzminister Khubilai Khans berichtete, der seine Macht missbraucht hatte. Ungefähr 1285 reiste er als Mitglied einer Gesandtschaft nach Ceylon. Die Kenntnisse der südlichen Meere, die er dabei erwarb, sollten ihm bei der Rückreise zugutekommen.

Schon lange dachten die Polos daran, die Heimreise anzutreten, doch der Khan wies alle Ansinnen in diese Richtung zurück. Zu wertvoll waren die Dienste der fremdländischen Mitarbeiter in der Verwaltung Chinas, um sie ziehen zu lassen. Doch im Jahr 1291 bot sich den Venezianern eine unerwartete Gelegenheit. Der mongolische Ilkhan von Persien bat Khubilai Khan um eine mongolische Frau aus seiner Sippe. Da wieder einmal der Landweg durch kriegerische Ereignisse blockiert war, kam nur der Seeweg infrage, um die Braut sicher nach Persien zu geleiten. Marco Polo vermochte den Khan zu überzeugen, dass er aufgrund seiner auf der Ceylonreise erlangten Ortskenntnisse der geeignete Mann für diese heikle Mission wäre und sein Vater und sein Onkel zudem noch Arabisch und Persisch sprächen. Der Khan willigte widerstrebend ein. Mit vierzehn Dschunken und sechshundert Mann Besatzung brach die Braut-Gesellschaft auf.

Doch die Seereise war alles andere als leicht und ungefährlich und dauerte volle drei Jahre. Unwetter und Skorbut rafften die Reisenden während der Fahrt entlang der indischen Küste dahin. Als die Venezianer schließlich in Hormuz ankamen, waren von den sechshundert Passagieren nur noch

Blick vom Campanile auf die Piazzetta di San Marco, die von zwei Säulen dominiert wird, die Venedigs Stadtheiligen Markus in Gestalt eines geflügelten Löwen und Theodorus tragen, der auf dem Rücken eines Drachen steht.

Die Große Mauer bei Shinshaling, wie sie sich heute präsentiert. Zu Marco Polos Zeiten bestand das Bauwerk lediglich aus einem einfachen Lehmwall, der den Reisenden so wenig beeindruckte, dass es in seinem Reisebericht keine Erwähnung fand.

siebzehn am Leben. Der Ilkhan war inzwischen ebenfalls verstorben. So wurde die Prinzessin seinem Sohn übergeben, der die Nachfolge angetreten hatte. Aber auch sie starb drei Jahre nach ihrer Ankunft im Alter von nur zweiundzwanzig Jahren.

Über Trapezunt und Konstantinopel schafften es die Polos nach Hause. Als sie 1295 in Lumpen gekleidet in Venedig ankamen, erkannte sie niemand. »Sie verströmen«, so ein Chronist, »einen gewissen unbeschreiblichen Flair von Tartaren, sowohl in ihrer Erscheinung als auch im Akzent.« Doch als das heruntergekommene Trio die Säume seiner Gewänder aufriss, kamen Rubine, Diamanten und Smaragde zum Vorschein.

Das Abenteuer war für Marco Polo aber noch nicht ganz ausgestanden. Einige Zeit später nahm er an einer Seeschlacht in der Adria teil und wurde von den Genuesen gefangen genommen. Im Gefängnis in Genua soll er seine Reiseerinnerungen dem Mitgefangenen Rustichello da Pisa diktiert haben, der ihn dazu drängte. Der Rest seines Lebens gleicht einer Romanvorlage. Nach seiner Entlassung aus dem Gefängnis heiratete er eine reiche Frau, hatte drei Töchter und führte bis zu seinem Tod im Jahr 1324 ein sorgenfreies Leben. Was er an Wundern aus dem fernen

Osten berichtete, wurde von vielen seiner Zeitgenossen angezweifelt. Wie der Chronist festhielt, wurde er noch am Sterbebett aufgefordert, den Lügengeschichten abzuschwören. Marco Polo aber soll erwidert haben: »Ich habe nicht die Hälfte dessen erzählt, was ich gesehen habe!« Genau das aber wird ihm heute vorgeworfen. Was seinen Zeitgenossen zu viel war, ist den modernen Kritikern zu wenig. Sie bemängeln die Defizite in seinem Reisebericht, also das, was Marco Polo ihrer Ansicht nach hätte berichten müssen, aber nicht tat. Womöglich war er gar nicht in China, so die Schlussfolgerung, weil wesentliche Besonderheiten der chinesischen Kultur in seinem Reisebericht keine Notiz fanden. Warum hat Marco Polo mit keinem Wort die Große Mauer erwähnt, die doch im Poesiealbum jedes Touristen vorkommt? Warum schrieb er nichts darüber, dass man in China mit Stäbchen isst und Tee trinkt? Warum unterließ er es, beim Besuch von Dunhuang die Tausend-Buddha-Grotten zu erwähnen, die zum Highlight jeder Reise auf der Seidenstraße gehören? Die Antwort lautet: Marco Polo war kein Tourist!
Es erstaunt mich nicht, dass Marco Polo die Große Mauer nicht erwähnte, obwohl er mit Sicherheit auf seinem Weg durch den Gansu-Korridor

oder in die Sommerresidenz des Khans daran vorbeikam. Jenes heute so berühmte und spektakuläre Bauwerk, das sich als steinerner Wall über die Bergkämme nördlich von Beijing erstreckt, existierte zu Marco Polos Zeit noch gar nicht, sondern wurde erst viel später, in der Zeit der Ming-Dynastie, geschaffen. Damals war die Große Mauer nicht mehr als ein simpler Lehmwall, wie man ihn heute noch in Fragmenten im Gansu-Korridor sehen kann. Ein solches Bauwerk war für Marco Polo, der aus dem mittelalterlichen Europa kam, wo es allerorts Wehrmauern und Befestigungen gab, die weit mächtiger und imposanter waren, alles andere als eine Besonderheit. Auch spätere Reisende wie etwa Odorico da Pordenone waren von dieser »großen« Mauer wenig beeindruckt. Von Dunhuang, das in Marco Polos Reisebericht als Saciu firmiert, ließ er immerhin wissen, dass es dort viele Heiligtümer »mit allen möglichen Götzenbildern« gibt. Auch hier gilt es zu bedenken, dass im Mittelalter in Europa überall Kirchen und andere Heiligtümer standen, sodass die Tempel und Schreine den damaligen Reisenden viel weniger exotisch vorkamen.
Zu den Besonderheiten Chinas der damaligen Zeit zählten sicherlich die »Lotosfüße« der Chinesinnen – die Tradition, die Füße der Mädchen von Kindesbeinen an so zu bandagieren, dass sie verkümmerten. Der Vorwurf, das hätte dem Venezianer doch auffallen müssen, um darüber zu berichten, setzt voraus, dass er überhaupt die Chance erhielt, Lotusfüße zu sehen. Wie wir heute wissen, war dies im alten China ein absolutes Tabu. Selbst im 19. Jahrhundert versuchten in China tätige westliche Ärzte vergeblich, verkrüppelte Frauenfüße zu untersuchen. Nicht einmal Prostituierte waren bereit, gegen Bezahlung ihre Füße frei von Verbänden zu zeigen. Erst die Entdeckung der Röntgenstrahlen machte es möglich, das deformierte Knochengerüst durch die seidenen Schuhe und Fußbandagen – ohne Wissen der betreffenden Frauen – zu fotografieren. Sehr wohl waren Marco Polo die Auswirkungen der verstümmelten Füße bei den Chinesinnen aufgefallen; so betonte er, dass diese im Gegensatz zu den Mongolinnen einen eigenartigen Gang hätten, wobei sie nie einen Fuß mehr als einen Fingerbreit vor den anderen setzten.

Aufgrund solcher Auslassungen den Schluss zu ziehen, Marco Polo sei gar nicht in China gewesen und sein Buch sei eine Fälschung, ist absurd. Gewiss gibt es spätere Autoren, die von der Großen Mauer, der Kormoranfischerei oder dem Buchdruck in China berichtet haben. Aber was besagt das schon? Dafür haben diese viele andere Dinge ausgelassen, die Marco Polo erwähnte. Seine Schilderungen des Salzhandels, des Papiergeldsystems und der Steuern, die in Quinsay auf Waren erhoben wurden, sind so detailreich, dass er diese nicht einfach vom Hörensagen gewusst haben kann. Im Gegenteil, sie setzen intime Kenntnisse des mongolischen Verwaltungssystems voraus, die nur ein Insider haben konnte.
Die Frage, ob Marco Polo wirklich in China war, wird nicht zuletzt deshalb befeuert, weil es für seinen Aufenthalt nur indirekte Beweise gibt, er selbst aber namentlich in keinem offiziellen Dokument genannt wird. Wenn er wirklich, wie er angab, eine so hohe Position im Verwaltungsapparat der Mongolen bekleidete, dann wäre dies ungewöhnlich. Es kann aber damit zusammenhängen, dass wir weder seinen mongolischen noch seinen chinesischen Namen kennen. Auch bei der Rückreise als Abgesandte des Khans zur Begleitung der mongolischen Prinzessin bleiben die drei Polos unerwähnt. Als Beleg kann eine chinesische Quelle aus späterer Zeit gewertet werden, die sich mit Marco Polos Schilderungen weitgehend deckt. Zudem korrespondieren die Etappen seiner Rückreise genau mit den heutigen Kenntnissen der Windverhältnisse, die diese Etappen und Zwischenaufenthalte notwendig machten.
Wer heute den Reisebericht Marco Polos zur Hand nimmt in der Erwartung, dabei auch etwas über den Autor zu erfahren, wird enttäuscht sein. Über ihn selbst verrät der Bericht am allerwenigsten. Von Strapazen und bestandenen Abenteuern ist nirgendwo die Rede. Trotz der langen Zeit, die er in China lebte, erfährt man kaum etwas über seine Lebensumstände, sondern nur über seine Funktion. Das mag vor allem daran liegen, dass die zeitgenössische Leserschaft sich für die beschriebenen Dinge interessierte und weniger für die Person des Reisenden. Heute ist das genau umgekehrt. Das karge Wissen um Marco Polo lässt viel Spielraum für Spekulation und Interpretation. Es ist der Stoff, aus dem ein Mythos ge-

boren wird. Wir wissen nicht, hinter welcher Maske sich Marco Polo verbirgt, denn es ist kein Text überliefert, den er selbst geschrieben hat. Bereits die frühesten Texte, die allesamt unter dem Namen Marco Polo firmieren, leben von Aneignungen, Veränderungen, Verfälschungen und Etikettierungen. Das ist schlicht dem Umstand zu schulden, dass Marco Polos Bericht in einer Handschriftenkultur entstanden ist und verbreitet wurde. Wer den Text abschrieb oder übersetzte, veränderte ihn immer auch, ohne diese Veränderungen als solche kenntlich zu machen.

So kann sich jeder aussuchen, welchen Marco Polo er möchte. Den kaufmännischen Marco Polo, für den die Welt aus Waren und Preisen bestand, findet man in den toskanischen Handschriften des frühen 14. Jahrhunderts. Aber es gibt auch den höfisch-ritterlichen Marco Polo der franko-italienischen und altfranzösischen Textvarianten und den belehrenden Marco Polo der lateinischen Fassung, die der geistigen Erbauung diente. Vielleicht spricht der wirkliche Marco Polo nur in jenen Passagen, die sich mit dem Reich der Mitte befassen, denn darin gibt es kaum fabelhafte Einschübe. Da behält der Zeuge das Monopol der Erzählung und erwähnt das, was er gesehen hat. China lag jenseits der Gebiete, die die Antike kannte, die Alexander der Große erreicht hatte. Darüber gab es keine märchenhaften Geschichten, wie sie die Menschen der damaligen Zeit faszinierten, keinen Priesterkönig Johannes, keine Amazonen, keine Menschen mit Hundeköpfen und das ganze Panoptikum von Fabelwesen. Es ist anzunehmen, dass der Großteil dieser fabelhaften Dinge, die im Buch des Marco Polo erzählt werden, das »editorische« Werk seines Schreibers Rustichello sind.

Wie wir gesehen haben, waren die Polos nicht die einzigen italienischen Kaufleute, die damals auf der Seidenstraße nach China reisten. Aber Marco Polo ist der Einzige, der einen Reisebericht darüber veröffentlicht hat. Der Erfolg dieses Buchs hat lange Zeit den Blick auf Venedig fixiert, sodass man angenommen hat, diese Stadt habe den Chinahandel dominiert. In Wirklichkeit war Genua viel aktiver und erfolgreicher. Nur hat kein genuesischer Chinakenner sich je die Zeit genommen, wie Marco Polo ein Buch über das ferne »Cathay« (China) zu diktieren. Es ist kein

Zufall, dass ausgerechnet ein genuesischer Seemann, Cristoforo Colombo, mehr als ein Jahrhundert nach Ende der Pax Mongolica auf die Idee kam, China über den westlichen Seeweg zu erreichen. Doch waren die Herrscher Genuas von der kriegerischen und kaufmännischen Auseinandersetzung mit Venedig so in Anspruch genommen, dass sie für ein solches Projekt keine Ressourcen zur Verfügung hatten. Deshalb begab sich Kolumbus nach Portugal und Spanien. Jedenfalls ist bekannt, dass Kolumbus das Werk von Marco Polo eingehend studiert und sogar ein Exemplar auf seine Reise nach Amerika mitgenommen hat. Aber das ist eine andere Geschichte.

Venedig – die losgerissene Blüte

Marco Polo, der berühmteste Venezianer und Namensgeber des Flughafens, erkundete, wie wir gesehen haben, die fernsten Länder. Heute ist es umgekehrt, heute kommt die Welt nach Venedig, insbesondere an Tagen wie diesen, wenn die Stadt den Karneval feiert. Es herrscht ein unglaubliches Geschiebe und Gedränge in den Gassen und auf den Brücken, die die Kanäle überspannen. Jetzt ist Venedig eine einzige Film- und Fotokulisse.

Auch wir sind eine Sehenswürdigkeit. Wann immer wir mit unseren Booten eine Brücke passieren, richten sich Kameras auf uns. An der Rialto-Brücke angekommen, finden wir kaum einen Platz, um unsere Boote aus dem Wasser zu heben. Unser Quartier liegt in unmittelbarer Nähe vom Markusplatz. Ein Freund von Nicola, der regelmäßig im Karneval die Flucht ergreift, hat uns seine Wohnung überlassen. Mit den zusammengefalteten Schlauchbooten auf dem Rücken wird der Weg zum Spießrutenlauf. Je näher wir San Marco kommen, desto dichter wird der Menschenstrom. Es fehlt nicht viel, und man bräuchte nur die Füße anzuheben, um automatisch voranzukommen. Endlich stehen wir am Eingang unseres Hauses. Jetzt gilt es nur noch, die Boote samt Ausrüstung über die enge Wendeltreppe in das obere Stockwerk zu schaffen.

Das »Roads of Dialogue«-Team auf dem Weg vom Haus des Marco Polo zur Rialto-Brücke. Gondeln fahren links, damit der Gondoliere das asymmetrisch gebaute Boot mit dem rechtsseitigen Ruder steuern kann.

»Wo ist eigentlich Peter?«, frage ich Michael. Er war uns vorausgelaufen und sollte längst hier sein. »Er steht auf dem Balkon und führt einen Dialog mit den Passanten«, sagt Michael augenzwinkernd. Unten in der Gasse hat sich bereits eine beträchtliche Menschenansammlung gebildet. Alle Augen sind auf Peter gerichtet, der in der Maske des Giacomo Casanova regungslos am Balkon steht. Der Clou daran ist, dass an einem der gegenüberliegenden Häuser lebensgroße Puppen in Karnevalsmasken hängen. Nun rätseln die Schaulustigen, ob Peter echt oder ebenfalls nur eine Puppe ist. Irgendwann rührt er einen Finger, und ein Raunen geht durch die Menge.

Noch bevor die Sonne untergeht, sind die Tagesbesucher verschwunden. Allmählich leert sich die Stadt, und die Tauben kehren zurück. Sie besetzen das Gebälk der altehrwürdigen Gebäude, wo sie von der Wiedereinführung des Taubenfütterns träumen. Ein paar Gondolieri sitzen auf einem der hölzernen Stege, ihre Hüte neben einem Stapel Pizzakartons aufgetürmt. Jetzt zeigt sich Venedig wieder in seiner wunderbaren Einzigartigkeit, in seiner Komposition aus Farben, Formen und Licht. Das

Peter, in seiner für den venezianischen Karneval typischen Halbmaske, steht auf dem Balkon unseres Apartments und unterhält die Passanten mit Pantomimik.

Wasser erscheint wie ein Spiegel, der den Häusern den Eindruck verleiht, als befänden sie sich unter dem Wasser, in einer anderen Welt. Trotzdem scheint diese Stadt von Melancholie umwoben zu sein, vielleicht aufgrund der Ambivalenz, die seiner Lage in einer Lagune innewohnt, weder Land noch Insel, geschützt, aber auch gefangen. Sie wird oft mit einer losgerissenen Blüte verglichen, die im Meer versinkt. Die Palazzi bröckeln, die Bevölkerung schrumpft, aber der Friedhof quillt über. Vielleicht aber schafft es Venedig, seinen ursprünglichen Charakter wiederzubeleben; den großen unternehmerischen Geist der Vergangenheit, den Mut zum Aufbruch in neue unbekannte Welten, die Bereitschaft, in einen Dialog mit der Außenwelt zu treten – so wie es einst Marco Polo tat.

Ein riesiges Plakat, das sich über die Fassade des Archäologischen Museums spannt, zeigt unser nächstes Ziel. Es wirbt für Istanbul, Kulturhauptstadt Europas 2010, und erinnert zugleich an die Glanzzeit Venedigs.

ROADS O
DIALOG
SILKROAD EXPERIE

Die Kulturkarawane

Die antike Seidenstraße ist längst Vergangenheit,
doch ihr multikultureller Geist ist relevanter denn je.
CHINGHIS AITMATOV

Wieder einmal steht ein Aufbruch bevor. Doch diesmal ist alles anders, sowohl was den Zweck als auch den Aufwand betrifft. Es ist kein Aufbruch zu einer touristischen Reise, die man allein oder mit Freunden unternimmt, um ein bestimmtes Land, eine Region oder einen Ort kennenzulernen. Es handelt sich auch nicht um eine Expedition, auf der es Abenteuer in der wilden Natur zu bestehen gilt. In diesem Fall genügt es nicht einfach, den Rucksack zu packen, ihn zu schultern und loszuziehen. Dieser Aufbruch gleicht eher der Abreise einer Karawane – einer modernen freilich –, und die Karawanserei, in der sich die Karawane formiert, ist mein Büro in München. Das platzt aus allen Nähten. Auf wenigen Quadratmetern türmt sich ein Berg an Ausrüstung. Darunter befinden sich sogar mobile Bauwerke wie eine original mongolische Jurte und ein tibetisches Festzelt. Technische Gerätschaften wie Ton-, Licht- und Projektionsapparate führt die Karawane ebenso mit wie verschiedene Arten von Fortbewegungsmitteln: Boote, Mountain- und Elektrobikes. Hinzu kommen Präsentations- und Informationsmaterialien in Form von Roll-Ups, Flaggen, Transparenten sowie Musikinstrumente und jede Menge Outdoor-Ausrüstung. Draußen auf der Straße stehen die Fahrzeuge bereit. Zwei Kleinbusse mit Anhänger und ein Van.

Bunt gemischt ist auch die Besetzung. Sie rekrutiert sich aus Menschen verschiedener Nationen und Kulturen. Die meisten von ihnen sehen sich

Zum Start der Kulturkarawane trifft sich das Team in München. Hier werden die Ausrüstungsgegenstände zusammengestellt und die Aufgaben verteilt.

jetzt zum ersten Mal. Was uns zusammenführt und verbindet, ist eine gemeinsame Vision. Wir wollen ein Zeichen setzen für jenen toleranten und multikulturellen Geist, der, wie wir glauben, die Seidenstraße einstmals prägte. Unser Ziel ist es, den Dialog zu fördern und beispielgebend vorzuleben. Dies erfolgt durch eine spektakuläre Aktion: Wir wollen auf mehreren Reisen dem Verlauf der Seidenstraße folgen und an ausgewählten Orten halten, um dort mit den Menschen in einen Dialog zu treten. Dieser findet auf verschiedenen Ebenen statt: der sinnlichen, durch die universelle Sprache der Musik und Kunst; der intellektuellen, durch Vorträge, Diskussionen und Workshops; der körperlichen, durch Outdoor-Sport.

Das Programm dieser Kulturkarawane ist keine Blaupause, sondern wird immer mit lokaler Beteiligung erarbeitet und umgesetzt, sodass auch hier ein Dialog stattfindet. Hätte ich allerdings vorher geahnt, welche Herausforderungen ein derartiges Unterfangen organisatorisch und logistisch birgt, ich wäre wohl davor zurückgeschreckt. Freilich wusste ich, dass es einen Unterschied macht, ob man die Seidenstraße einfach nur

Der mongolische Sänger Epi posiert vor dem E-Auto im südsteirischen Naturparkzentrum Grottenhof nach einer abenteuerlichen winterlichen Alpenüberquerung.

bereist oder auf der Strecke Veranstaltungen durchführt, aber mit einer solchen titanischen Anstrengung hatte ich nicht gerechnet.

Allein die politischen Hürden sind enorm. Die meisten Länder entlang der Seidenstraße sind alles andere als demokratisch. Abgesehen vom kleinen europäischen Anteil gibt es nur Diktaturen, die entweder von einer Partei oder Autokraten regiert werden. Öffentliche Veranstaltungen wie Vorträge und Diskussionen, noch dazu von westlichen Ausländern initiiert, unterliegen strenger Zensur. Heikle Themen wie Menschenrechte, Minderheitenpolitik, Religionsfreiheit oder Umwelt werden von der Staatsmacht, die über des Kommunikations- und Bildungsmonopol wacht, abgeblockt. Wer sich Dialog auf die Fahnen schreibt, darf nicht glauben, überall willkommen zu sein. Deshalb konnten diverse Pläne bisher noch nicht umgesetzt werden, und unser Projekt wird sich wohl noch über einige Jahre hinziehen.

Ein ganz anderes Vorhaben im Rahmen der Kulturkarawane konnte ebenfalls nicht umgesetzt werden – noch nicht. Der Plan, die Seidenstraße erstmals mit einem Elektroauto zu befahren. Das verhinderten keine politischen Hürden, sondern die technischen Möglichkeiten. Eine Testfahrt in Form einer winterlichen Alpenüberquerung von München nach Graz nahm nicht nur unfreiwillig Expeditionscharakter an, sondern bescherte auch aufschlussreiche Erkenntnisse über den Stand der Elektromobilität. Zum Einsatz kam ein handelsübliches Fahrzeug, das sich jedermann kaufen kann, vorausgesetzt er ist bereit, für einen mit Elektromotor ausgestatteten Kleinwagen den Preis für eine herkömmliche Premium-Limousine zu bezahlen. Das Herz eines E-Fahrzeugs ist die Batterie. Obwohl viel Innovationskraft in die Entwicklung leistungsfähiger Batterien fließt, sind sie immer noch der Schwachpunkt. In unserem Fall, Entwicklungsstand 2010, lag die Reichweite einer Batteriefüllung bei etwa hundertfünfzig Kilometern.

Wie viele Kilometer aber tatsächlich zurückgelegt werden können, hängt von mehreren Faktoren ab. Um die geringe Reichweite nicht noch weiter zu verkürzen, verzichteten wir trotz der winterlichen Kälte auf die Heizung. Aber selbst in warmer Daunenbekleidung, Wollmützen und Handschuhen froren wir mangels Bewegung. Die bescherte uns der erste Ladestopp, als wir feststellten, dass die Batterietemperatur mindestens bei fünf Grad über dem Gefrierpunkt liegen muss, damit die Batterie überhaupt lädt. Bei einer winterlichen Überlandfahrt, wenn die Außentemperatur weit unter dem Gefrierpunkt liegt, ist eine Unterkühlung der Batterie nicht die Ausnahme, sondern der Regelfall. Das bedeutete für uns, jedes Mal zuerst einen beheizten Raum finden zu müssen, ehe die Batterie völlig leer war, um sie dort auf Ladetemperatur zu erwärmen. Das kann Stunden in Anspruch nehmen. Weitere acht Stunden dauerte es dann, bis die Batterie voll aufgeladen war. Wenn wir Glück hatten, gab es einen Starkstromanschluss. Dann halbierte sich die Ladezeit.

Die Frage, wie schnell man tatsächlich vorankommt, hängt aber auch vom Streckenprofil ab. Bergstrecken mit langen Steigungen »fressen« naturgemäß mehr Strom als flache Passagen. Eine sorgfältige Planung der Route, aufgeschlüsselt in in Reichweite liegende E-Tankstellen, ist unerlässlich, will man nicht irgendwo auf der Strecke liegen bleiben. Gegen Überraschungen ist man trotzdem nicht gefeit. Denn manch eine von Autoclubs empfohlene E-Tankstelle entpuppte sich in der Realität entweder als nachts abgeschlossen oder gar nicht existent. Fazit: Das E-Auto – zum damaligen Stand der Entwicklung – war wenig wintertauglich und technisch zu wenig ausgereift, um damit eine so lange Strecke wie die Route der Seidenstraße zu bewältigen – selbst dann nicht, wenn man sich warm anzog und mit Geduld wappnete.

Das Team

Wie jedem Aufbruch wohnt auch diesem ein gewisser Zauber inne, eine Mischung aus Neugier, Abenteuerlust und dem prickelnden Gefühl, sich auf etwas einzulassen, für das es keine Erfahrungswerte gibt. Selbst für diejenigen unter uns, die schon viel in der Welt herumgekommen sind, ist diese Reise, die etwas von einem Wanderzirkus hat, eine Neuheit.
Der Einzige im Team, der auf internationaler Ebene bereits das eine oder andere Projekt umgesetzt hat, ist Michael Strohmann. Er ist ein ambitionierter Marathonläufer und Hauptverantwortlicher bei einem gemeinnützigen Verein von Extremsportlern, die sich für soziale Projekte engagieren, sei es für die Jugendarbeit, die Resozialisierung von Straftätern oder völkerverbindendes Verständnis. In diesem Zusammenhang organisierte er auch Veranstaltungen im Ausland und mit Sportlern anderer Länder. Ein so komplexes Projekt wie die Kulturkarawane entlang der Seidenstraße ist jedoch auch für ihn Neuland. Neben seinem sportlichen und sozialen Engagement hat Michael auch noch einen anspruchsvollen Beruf als leitender Redakteur einer großen Tageszeitung. Er zählt zu jenen Menschen, die scheinbar über ein unerschöpfliches Potenzial verfügen – sowohl körperlich als auch intellektuell. Er war von Anfang an von diesem Projekt begeistert, und ohne sein Engagement würden wir jetzt nicht aufbrechen.

Interkultureller Dialog als Herausforderung und Chance der Gegenwart ist eines der zentralen Themen der Kulturkarawane.

Zum Kernteam zählt, wie schon in Venedig, auch wieder Laura. Jetzt kann sie es kaum erwarten, dass es endlich losgeht. Trotz ihrer jungen Jahre kann sie schon auf beträchtliche Reiseerfahrungen zurückblicken, vor allem in Asien. Ebenso viel gereist ist Carlos, ein in der Schweiz lebender junger Portugiese. Seine Leidenschaft sind die Berge, das Trekking. Kein Zufall also, dass wir uns auf einer Tibettour kennengelernt haben. Auf dieser Reise winken uns zwar keine großen Gebirgslandschaften, aber vielleicht lässt sich die eine oder andere Outdoor-Aktion mit Booten oder Rädern verwirklichen. Yangjor, ein tibetischstämmiger Nepalese, hingegen ist froh, dass es auf dieser Reise keine Gebirge gibt, die uns den Weg versperren. Davon hat er zu Hause im Überfluss. Nachdem er einen beträchtlichen Teil des Jahres damit zubringt, mit ausländischen Trekkern über die höchstgelegene Fußgängerzone der Welt, den Himalaya, zu laufen, freut er sich auf das Meer. Mit dabei sind außerdem Dietrich und Helga, zwei gute alte Bekannte aus dem Schwarzwald. Sie wohnen schon seit Tagen in ihrem Camper vor meinem Büro und sind fleißig am Beladen ihres Anhängers, den sie extra für dieses Unternehmen umgerüstet haben.

Fester Bestandteil des Teams sind weiterhin die Musiker des »Silkroad Ensembles«, das eigens für dieses Projekt zusammengestellt wurde. Dazu zählt Dost, ein Türke aus Istanbul, der seiner Saz, der anatolischen Laute, wunderbar melancholische Töne entlockt. Er kann auch singen, lyrische Lieder, intoniert mit wohlklingender Stimme, wenn er nicht gerade die Nacht zuvor durchzecht hat. Thomas mit seiner E-Gitarre ist zuständig für den Beitrag westlicher Musik. Unumstrittener Leader der Musikergruppe ist ein Mann, der auf den zungenbrecherischen Namen Enkhjargal Dandarvaanchig hört, in Kurzform Epi, ein Virtuose auf seiner mongolischen Pferdekopfgeige, ausgestattet mit Stimmbändern, die die Weite der Steppe beschallen könnten, dabei von einem Extrem ins andere wechselnd, von der höchsten Stimmlage in die tiefste, vom Oberton zum Unterton. Epi wird erst in Varna, Bulgarien, zum Team stoßen, genauso wie Sven, ein Mann der leisen Töne, Pionier auf dem Gebiet der E-Mobilität und Mitbegründer der Initiative »Lautlos durch Deutschland«. Unterwegs, bei einem Zwischenstopp in Graz, werden wir noch Eva aufnehmen, eine Lehrerin der Internationalen Shiatsu-Schule.
Es wird Nachmittag, bis alle Fahrzeuge samt Anhänger beladen sind. Dann formiert sich die Karawane, und wir verlassen München in Richtung Süden. Da die Fahrzeuge, die die schweren Anhänger ziehen, nur langsam vorankommen, fahre ich mit Yangjor schon einmal im Van voraus.

On the Road

Am nächsten Morgen stehen wir an der slowenischen Grenze. Nur ein kurzes Stück geht es durch Slowenien, dann weiter nach Ungarn, am Plattensee entlang und an Budapest vorbei Richtung Süden nach Szeged. Irgendwo knapp vor der rumänischen Grenze leuchtet plötzlich eine Warnlampe in meinem Fahrzeug auf. Wir müssen von der Autobahn herunter und nach einer Werkstatt suchen. Der gute Mann ist bei so viel Elektronik überfordert. Etwas ratlos steht er vor der geöffneten Motorhaube, prüft die eine oder andere Kabelverbindung und erklärt, dass er keinen Defekt entdecken könne.

Michael hat indessen Sven am Telefon, unser Mann in Deutschland für technische Fragen rund ums Auto. Der gibt Entwarnung. »Es kann an schlechtem Treibstoff liegen«, interpretiert er das Warnsignal und sieht keine Gefahr darin, bis Varna weiterzufahren und das Fahrzeug erst dort in einer Fachwerkstatt überprüfen zu lassen. Für einen längeren Aufenthalt unterwegs gibt es auch keinen zeitlichen Spielraum. Abgesehen von den notwendigen Tankstopps und kurzen Pausen müssen wir durchfahren, denn wir können nicht irgendwann in Varna eintreffen. Eine verspätete Ankunft würde das geplante Veranstaltungsprogramm gefährden.

In jedem Auto gibt es mindestens zwei Fahrer, sodass sie sich abwechseln können. Bis jetzt sind wir gut vorangekommen, weil wir Autobahnen benutzen konnten, aber nun, knapp vor der rumänischen Grenze, ist damit Schluss – vorerst jedenfalls. Es geht auf kurvenreichen Landstraßen weiter, über die der gesamte Schwerverkehr rollt. Der ist nach dem EU-Beitritt der osteuropäischen Länder sprunghaft angestiegen, während die Infrastruktur dieser Entwicklung weit hinterherhinkt, vor allem in Rumänien und Bulgarien. Wir bewegen uns auf einer Nord-Süd-Transitroute, die die Schwarzmeerregion mit Zentraleuropa verbindet. Leidtragende sind die Menschen in den Dörfern und Städten, durch die tagein, tagaus eine Blechlawine rollt.

Die Sonne geht unter, als wir vor den Karpaten stehen. Wie geschmolzenes Gold ergießt sich das Licht über gestaffelte Bergkämme, mit tief eingekerbten bewaldeten Tälern, über die bereits die Schatten der Nacht fallen. Das Bild ist viel zu schön, um es nur als flüchtige Szenerie durch die Windschutzscheibe zu betrachten. Eine willkommene Gelegenheit für eine Rast. Weniger schön ist die anschließende nächtliche Überquerung der Karpaten. Auf abschüssigen Serpentinen liefern sich tonnenschwere Sattelschlepper riskante Überholduelle. Durch Ortschaften donnern sie im Höllentempo und fahren alles platt, was vier Beine hat. Schilder mit Geschwindigkeitsbeschränkungen oder Überholverbote werden als bunte Dekoration betrachtet. Wer sich an sie hält, dem fahren die Lkws bis an die Stoßstange auf, sie blinken und hupen, überholen auf Teufel komm raus. Wir sind heilfroh, als wir in den frühen Morgenstunden die gut ausgebaute Autobahn nach Bukarest erreichen.

Die Stadt erwacht gerade zum Leben, als wir vor dem protzigen »Palast des Volkes« stehen. Das Gebäude mit seinen dreitausenddreihundert Räumen und gut dreihundertsechzigtausend Quadratmetern zählt zu den flächenmäßig größten der Welt. Für das Volk freilich wurde der Palast nicht gebaut, es durfte nur die Zeche dafür bezahlen. Hinter dem zynischen Namen verbirgt sich das dem Personenkult dienende Spielzeug des wahnwitzigen rumänischen Bauernsohnes Nicolae Ceauşescu, der sich als »Conducator«, als »Führer«, verstand und – wie einst Hitler in seinem Größenwahn Berlin architektonisch umgestaltete – seiner Hauptstadt durch »etwas sehr Großes« ein neues Gesicht geben wollte. Dafür wurde ein ganzes Stadtviertel plattgemacht, vierzigtausend Bukarester in triste Plattenbetonblöcke umgesiedelt. Ein Dutzend Kirchen, drei Synagogen und ein Stadion im Art-déco-Stil fielen dem Kulturvandalismus zum Opfer.

Die Karpaten zeigen sich als Kette von gestaffelten Bergrücken und -kämmen im Licht der untergehenden Sonne. Der Tross der Kulturkarawane überquert das höchste Gebirge Rumäniens auf dem Weg nach Varna.

Doch der selbst ernannte »Vater des Volkes« konnte sein Denkmal nicht mehr genießen. Noch bevor es fertig gebaut war, hatte ihn die Revolution überholt. Anstatt in seinem Palast Hof zu halten, wurde er im Dezember 1989 von einem Exekutionskommando ins Jenseits befördert. Heute fungiert der Koloss mit Räumen so groß wie Fußballfelder als Sitz des Parlaments. Einen winzigen Teil davon durfte ich mit eigenen Augen sehen. Ich war eingeladen, vor ausgewählten Abgeordneten unser Projekt vorzustellen, um auszuloten, inwieweit Rumänien dabei eingebunden werden könnte. Zum Glück hatte ich kundige Führer zur Seite, denn sonst wäre ich in dieser labyrinthischen Welt aus Gängen und Räumen verloren gewesen.

Auf dem riesigen Platz davor, an dem wir nun halten, um das kafkaeske Bauwerk zu beschauen, wollte der Diktator Paraden abnehmen und unter bestellten Jubelrufen zu seinen geknechteten Untertanen sprechen. Doch der Einzige, der vom Balkon aus die Massen in Begeisterung versetzte, war Michael Jackson, der »King of Pop«, wenngleich er die Rumänen als Ungarn begrüßt haben soll: »Hello Budapest!«

Wir bewegen uns weiter in Richtung Bulgarien. Noch am Vormittag überqueren wir die Donaubrücke, die die Grenze zwischen Rumänien und Bulgarien bildet. Dann geht es durch das bulgarische Hinterland südwärts. Die Landschaft ist hügelig, überzogen mit einem Patchworkmuster aus rotem Mohn, gelbem Raps und satten grünen Wiesen. Dazwischen tummeln sich ganze Kolonien von Störchen. Je weiter wir nach Süden kommen, desto mehr flacht die Landschaft ab, und plötzlich zeigt der Horizont nicht mehr die gerundeten Kämme grüner Hügel, sondern einen hell glitzernden waagrechten Streifen: das Schwarze Meer. Warum es so heißt, obwohl sein Wasser unter der Sonne genauso blau ist wie das anderer Meere auch, wissen nur die Türken. Als sie auf dem Rücken ihrer Pferde von Zentralasien aufbrachen, um sich zum Bosporus durchzuschlagen, suchten sie nach Namen für die Meere, die ihnen begegneten. Offenbar von der Farbenlehre inspiriert, nannten sie das Meer im Süden »Rotes Meer«, weil Rot die Farbe des Südens ist, das im Westen – unser Mittelmeer – »Weißes Meer« und das im Norden »Schwarzes Meer«.

Varna – die erste Station der Kulturkarawane

Als wir am Stadtrand von Varna stehen, ist von maritimem Flair nichts zu spüren, stattdessen erwarten uns triste Plattenbetonsiedlungen und Shopping Malls, die die Einfallstraße säumen. Auch der Sportpalast, an dem wir vorbeikommen, und das Rathaus sind klobige Zweckbauten, die typischen traurigen Überreste aus dem Supermarkt totalitärer Architektur. Doch dann, am Ende einer kurzen Fußgängerzone, entdecken wir einen sich nach Süden hin öffnenden Platz in der Form eines Rondells. Zwei Säulenpaare zu beiden Seiten markieren den Eingang. Wer sie durchschreitet, betritt ein anderes Varna, eines, dem nicht die Bürde des postkommunistischen Traumas der enttäuschten Hoffnungen anhaftet, sondern das eine Brise von Leichtigkeit durchweht. Hier, mitten in der Stadt, beginnt der Meeresgarten, ein rund zehn Kilometer langer Grüngürtel zwischen Stadtgebiet und Meer mit Alleen, Blumen und Gehwegen, die allesamt zum Strand führen. Gestaltet wurde der Park vom Tschechen Anton Novack Ende des 19. Jahrhunderts, der seine Ausbildung in den Wiener Prunkschlössern Schönbrunn und Belvedere erhalten hatte. Varna ist mit seinen dreihunderttausend Einwohnern zwar nur die drittgrößte Stadt Bulgariens, doch wie viele Städte dieser Größenordnung gibt es auf der Welt, in denen man in der Mittagspause mal schnell die Hosen herunterlassen kann, um sich an den Strand zu legen oder im Meer eine Runde zu schwimmen.

Der Primorski-Park, der »Park am Meer«, ist Lunge und Herz von Varna zugleich. Nachdem viele innerstädtische Grünflächen und Alleen der Urbanisierung zum Opfer gefallen sind, ist der Meeresgarten das wichtigste Naherholungsgebiet für die Bewohner. Umso bedenklicher ist die Aufweichung der Schutzbestimmungen in jüngster Zeit durch die lokalen Behörden, die Tür und Tor für Grundstücks- und Bauspekulationen öffnet. »Märchenhaft wohnen im Meeresgarten«, werben Immobilienmakler für die luxuriösesten Apartments, die es in Varna gibt. Den Glücklichen, die sich eine solche Immobilie leisten können, wird ein Leben inmitten des Zauberwalds »ihres« Meeresparks versprochen. Ein

Ort der Stille freilich ist der Park höchstens während der nasskalten Wintertage. In den warmen Monaten strömen täglich Tausende in den Meerespark. Es gibt darin ein Marine- und Naturkundemuseum, ein Delfinarium, ein Planetarium, einen kleinen Zoo, eine Freilichtbühne und jede Menge Kinderspielplätze. Abends mutiert der Abschnitt in der Stadtmitte mit seinen Restaurants, Discos und Strandbars zur beliebten Ausgehmeile.

Der Küstenstreifen mit dem Naturhafen, der an den Meeresgarten anschließt, atmet Geschichte. Die Gründer der Stadt Varna kamen über das Meer und lebten auch von ihm. Es waren Griechen, und sie nannten ihre Stadt »Odessos«. Von Anfang an war das Schwarze Meer das Tor zur Welt für das spätere Varna. Über das Meer unterhielt die Stadt ein weitverzweigtes Netz an Handelsbeziehungen. Ihre Lage spielte für die soziale und wirtschaftliche Entwicklung die entscheidende Rolle.

Doch was hat die Stadt mit der Seidenstraße zu tun? Varna hatte zwar nie direkten Anschluss an einen der beiden Stränge der Seidenstraße, weder an den südlichen, der durch Persien nach Byzanz, noch an den nördlichen, der über Russland führte. Es spielte jedoch eine wichtige Rolle am Verbindungsweg zwischen den beiden Routen, wie Prof. Ivan Roussev von der Wirtschaftsuniversität Varna weiß, der sich für das Projekt »Roads of Dialogue« eingehend mit den Beziehungen der Stadt zur Seidenstraße beschäftigt hat. »Die kürzeste Verbindung zwischen den beiden Routen der Seidenstraße«, sagt Prof. Roussev in seinem Vortrag, »verläuft über die westliche Schwarzmeerküste. Varna, Nachfolger des antiken Odessos, ist die größte Stadt auf dieser Route.« Als Beleg wertet er auch einen Handelsvertrag – einer der frühesten dieser Art in Europa –, der kurz nach dem Entstehen des Bulgarischen Reichs im Jahr 681 mit Konstantinopel geschlossen wurde.

Noch intensiver nahm Varna am Handel an der Seidenstraße vom 13. bis 15. Jahrhundert durch die engen Beziehungen mit Venedig teil. In den italienischen Dokumenten wird Varna als Haupthafen von »Zagora« bezeichnet, ein Begriff, unter dem das mittelalterliche Bulgarische Reich firmierte. 1347 schloss der bulgarische König einen Vertrag mit der

Serenissima, der den venezianischen Händlern Privilegien und den Schutz ihrer Besitztümer sicherte. Als unmittelbare Folge kam es zur Gründung eines venezianischen Konsulats in Varna. Bei zahlreichen Objekten, die heute im Historischen Museum aufbewahrt werden, handelt es sich um traditionelle Luxuswaren des Handels auf der Seidenstraße.

Es bedurfte nicht viel Überlegens, als uns die Stadt Varna den Meeresgarten als Station und Veranstaltungsort für die Kulturkarawane anbot. Das war vor einem halben Jahr gewesen, mitten im Winter. Ein feuchter eisiger Wind wehte uns um die Ohren, als ich mit Michael und Kalinka Popstefanova, einer Vertreterin der Stadt, frierend durch den Park lief. Damals war er fast menschenleer. Jetzt sitzen wir mit Kalinka vor dem Eingang des Meeresgartens in einem Straßencafé unter Sonnenschirmen und blicken zwischen den Säulen auf das Meer hinaus. Der Park ist die Fortsetzung der Fußgängerzone. Es herrscht ein ständiges Kommen und Gehen. Nach der langen Fahrt tut es gut, nur zu beobachten, ohne selbst in Bewegung zu sein.

Kalinka bespricht mit uns den genauen Ablauf des Programms. Sie wird dabei von Elena aus dem deutschen Konsulat unterstützt. Ohne die Begeisterung und das Engagement der beiden, das weit über die berufliche Pflicht hinausgeht, hätte es keine Station der Kulturkarawane hier gegeben. Die Stadt stellt uns die Infrastruktur zur Verfügung: den Platz, Strom und sanitäre Anlagen. Doch das genügt nicht. Es ist Kalinka und Elena zu verdanken, dass sich nahezu alle wichtigen kulturellen Institutionen und Vereine an der Umsetzung des Programms beteiligen, sodass tatsächlich ein Dialog stattfinden kann. Selbst die ehrwürdige Oper von Varna hat ihr Programm zu diesem Anlass umgestellt und mit »Turandot« ein Stück orientalischen Inhalts auf die Bühne gebracht.

Viel Zeit und Muße bleibt uns nicht. Die Fahrzeuge und Anhänger müssen entladen, die mitgebrachten Bauten aufgestellt und die Technik installiert werden. Kalinka zeigt uns die Flächen, die wir nutzen dürfen. Bald darauf rollt der Kleinlaster eines lokalen Familienunternehmens an, das sich auf den Bau von modernen Jurten spezialisiert hat. Als die Familie von diesem Projekt erfahren hat, war sie sofort von der Idee be-

Nach der Ankunft in Varna beginnt der Aufbau der mitgebrachten Bauwerke, die als Plattform für das Programm der Kulturkarawane dienen. Dazu zählen eine original mongolische Jurte und ein tibetisches Festzelt.

geistert und bot an, eine ihrer Jurten aufzustellen. Diese soll tagsüber als Ausstellungsraum und nachts als unser Schlaflager dienen. Obwohl ihr Bauwerk mindestens fünfmal so groß ist wie unsere original mongolische Jurte und noch dazu einen massiven Holzboden besitzt, sind die Jurtenspezialisten bereits mit dem Aufbau fertig, während wir uns noch vergeblich abmühen, die Scherengitter passend zusammenzufügen. Sie eilen uns zu Hilfe, müssen aber ebenfalls passen. Ein echter Mongole muss her. Apropos, wo ist eigentlich Epi? Der sollte längst hier sein. Doch Epi sitzt am Flughafen fest. Die bulgarischen Grenzbeamten verweigern ihm die Einreise. Kalinka und Elena machen sich auf den Weg, um die Sache zu regeln. Es vergehen Stunden, bis er endlich eintrifft. Dafür löst er das Problem mit der Jurte im Handumdrehen – auf mongolische Art. Er leiht sich von den bulgarischen Jurtenbauern eine Säge aus und schneidet kurzerhand ein Stück vom Scherengitter ab. Das entfernte Stück sei unnötig, erklärt er lapidar. Das Ergebnis des chirurgischen Eingriffs: Die Jurte wirkt ein wenig unsymmetrisch, aber sie steht. Das tibetische Zelt hingegen ist im Nu errichtet. Yangjor und Carlos erweisen sich dabei als gutes Team. Sie wollen statt in der Jurte nachts im

Der beliebte Meeresgarten in Varna ist eine Woche lang Schauplatz und Bühne für das dialogorientierte Programm der Kulturkarawane. Hier finden täglich Konzerte, Workshops, Ausstellungen und Performances statt.

Zelt schlafen, um ein wenig Outdoor-Flair zu genießen. Ein Entschluss, den sie bald bereuen werden.

Bis zum Abend ist auch die Stromleitung verlegt, sodass die Technik für audiovisuelle Präsentationen installiert und getestet werden kann. Derweil ist Laura zu einem Baumarkt gefahren, um einen langen Klapptisch mit Bänken zu besorgen. Die bulgarische Jurte ist schnell bezogen. Wir halten es wie die mongolischen und zentralasiatischen Jurtenbewohner. Zum Schlafen werden einfach die Matten und Schlafsäcke ausgerollt. Dietrich und Helga sind in ihrem mit Küche und Liege ausgestatteten Camper völlig autark. Wie lautet noch mal der Slogan der Immobilienverkäufer? »Märchenhaft wohnen im Meerespark« – stimmt genau. Unser Schlafzimmer ist die Jurte, das Wohnzimmer der Park und das Badezimmer das Meer. Was gibt es Schöneres, als aufzuwachen und dann ein paar Schritte zum Meer hinunterzulaufen und ins kühle Nass einzutauchen? So haben sich das Yangjor und Carlos auch vorgestellt. Doch am nächsten Morgen, als alle noch fest schlafen, nähert sich dem Zelt ein Fahrzeug der Straßenreinigung in der guten Absicht, den Platz für die bevorstehende Eröffnungsfeier mit Wasser zu säubern. Im Vorbeifahren richtet sich der Hochdruckstrahl für einen Augenblick in Richtung Zelt, und schon ist es passiert. Ein Wasserschwall erreicht das Zeltinnere und verpasst den beiden Schläfern eine kalte Dusche. Fortan ziehen sie es vor, sich lieber in der Jurte vom Geschnarche der anderen wecken zu lassen als im Zelt von der städtischen Reinigung.

Die ungeplante Morgendusche bleibt das einzige feuchtkalte Erlebnis an diesem Tag. Die Sonne meint es gut mit uns und schenkt uns einen heißen Sommertag. Bereits am Morgen strömen die Menschen in den Park. Nicht wenige, um sich die neuen Gäste und ihre exotischen Mitbringsel anzuschauen. Wir fühlen uns ein wenig wie Angehörige eines Wanderzirkus, der in der Stadt haltmacht. Am späten Vormittag treffen die Honoratioren ein, allen voran Kiril Yordanov, der Bürgermeister der Stadt Varna, sowie Nedyalko Nedelchev, Honorarkonsul für Deutschland in Bulgarien, und Prof. Dr. Gerd-Winand Imeyer, Honorargeneralkonsul für Bulgarien in Hamburg. Letzterer war eigentlich der Impulsgeber für unseren Besuch. Zwei Jahre zuvor hatte ich ihn anlässlich einer »Roads of Dialogue«-Präsentation in Beijing kennengelernt, zu der die deutsche Botschaft geladen hatte. Da sprang der Funke über. Spontan äußerte er den Wunsch, die Stadt Varna als Station in die Kulturkarawane einzubinden, und versprach, diesbezüglich den Bürgermeister persönlich anzusprechen.

Jetzt, zwei Jahre später, ist die damals entstandene Idee Wirklichkeit geworden. Jeder der genannten Herren hat eine kurze Ansprache vorbereitet. Die beiden Musiker Epi und Dost geben zwischen den Reden Kostproben ihres Könnens. Dann wird das Programm vorgestellt. Als das Thema Elektromobilität ins Spiel kommt, lässt es sich der Bürgermeister nicht nehmen, mit einem der Hightechbikes eine kleine Runde im Meeresgarten zu drehen, begleitet von zahlreichen Kameras. Überhaupt stößt das Projekt auf großes Medieninteresse. Selbst ein Team des staatlichen Fernsehsenders aus Sofia ist angerückt, um über das Ereignis in den Primetime-Nachrichten zu berichten.

Nach dem offiziellen Startschuss sind die nächsten Tage ausgefüllt mit Aktionen, Workshops und Konzerten. Jeder von uns übernimmt dabei

Mit großer Begeisterung beteiligen sich ganze Schulklassen an der Malaktion. Thema: Dialog.

leitende Aufgaben. Michael kümmert sich um die sportlichen Aktivitäten wie E-Bike-Demonstrationen und gemeinsame Läufe mit lokalen Sportlern. Laura betreut die Malaktion mit ganzen Schulklassen, die vormittags kommen. Vertreter der lokalen Künstlervereinigung haben sich bereits im Vorfeld kreativ mit dem Thema Seidenstraße als »Roads of Dialogue« auseinandergesetzt. Ihre Arbeiten sind auf Schautafeln ausgestellt. Eva zeigt die chinesische Shiatsu-Therapie und gibt Schnupperbehandlungen. An mehreren Abenden ist die Freilichtbühne Schauplatz von Konzerten des »Silkroad Ensembles«. Das aus Deutschland angereiste Team von Epi, Dost und Thomas wird ergänzt durch zwei bulgarische Musiker: den Keyboarder Stratsimir Pavlov und Nikolay Doktorov, der die Kaval spielt, die traditionelle bulgarische Flöte. Yangjor kümmert sich um das Angebot im tibetischen Zelt und Carlos um Interviews und audiovisuelle Dokumentation. Unterstützt wird er dabei von Schülern der Deutschklasse des örtlichen Gymnasiums.

Das historische Erbe Varnas

Trotz des dichten Veranstaltungsprogramms bleibt für jeden von uns noch genügend Zeit, um sich die Stadt und ihre Umgebung anzuschauen. Ich muss gestehen, bis dahin war die Stadt für mich ein ziemlich unbeschriebenes Blatt, kulturell und geschichtlich jedenfalls. Vom Goldstrand hatte ich gehört, an dem es eine Art Ballermann-Tourismus gibt, nur billiger. Mir wäre aber im Traum nicht eingefallen, jemals dorthin zu reisen, um meine teuer erkaufte Freizeit in Varna zu verbringen.

Doch die Stadt hat viel mehr zu bieten als nur den Goldstrand. Wer weiß schon, dass sich dort der älteste Goldschatz der Welt befindet. Nur fünf Kilometer vom Stadtzentrum entfernt hat im Jahr 1972 ein Baggerfahrer bei Bauarbeiten eine ganze Nekropole aus der Kupfersteinzeit entdeckt, einen Friedhof mit zweihundertvierundneunzig Einzelgräbern. Obwohl erst zwei Drittel davon ausgegraben sind, gilt sie jetzt schon als archäologische Sensation und wird von den Fachgelehrten als eine der wichtigsten Fundstätten zur Vorgeschichte der Menschheit betrachtet.

Die Funde lassen erkennen, dass die Menschen der Varnakultur bereits hoch entwickelte Kenntnisse nicht nur in der Verarbeitung von Gold und Kupfer, sondern auch in der Erzeugung von Keramik besaßen, sowie hoch wertige Feuerstein- und Obsidianklingen herzustellen vermochten. Was aber noch viel mehr erstaunt, ist die Herkunft mancher Artefakte beziehungsweise deren Rohmaterial. Sie belegt, dass die Bewohner dieses Teils der Schwarzmeerküste bereits im 5. Jahrtausend v. Chr. Handelsbeziehungen in so entfernte Gebiete wie bis zur unteren Wolga und zu den Kykladen unterhielten.

Unsere bulgarischen Gastgeber wollen uns so viel wie möglich von ihrer Stadt zeigen. Man spürt, wie sehr es sie schmerzt, immer im Schatten von Sofia zu stehen oder nur auf den Goldstrand reduziert zu werden. Wann immer wir den Wunsch äußern, etwas sehen zu wollen, öffnen sich alle Türen. Häufig begleitet uns dabei Kalinka in ihrer Funktion als Kulturverantwortliche. So auch beim Ausflug zum Aladzha-Kloster. Hinter dem orientalisch klingenden Namen verbirgt sich ein frühchrist-

liches Heiligtum, das sich in malerischer Lage inmitten einer Felsklippe hoch über dem Meer befindet. Von der Küstenstraße führt ein in Treppen angelegter Weg zum Berg. Die Mönche hatten den Platz mit Bedacht ausgewählt. Durch die dichte Bewaldung ist der Ort von unten kaum wahrzunehmen. Er bot also nicht nur Stille und Abgeschiedenheit für ein Leben in Kontemplation, sondern auch Schutz vor Eindringlingen. Erst am oberen Ende des Pfads treten die Bäume zurück und geben eine Naturterrasse frei, die von einer schroffen Felswand abgeriegelt wird. In den weichen Kalkablagerungen des ehemaligen Sarmatischen Meeres, das vor rund zwölf Millionen Jahren Südosteuropa bedeckte, haben sich zahlreiche Höhlen gebildet. Sie dürften schon in vorchristlicher Zeit als Kultplatz eine Rolle gespielt haben. Höhlen gelten in allen Religionen als besondere Orte, als Kraftplätze. In polaren Vorstellungen sieht man in der Höhle das weibliche Gegenstück zum Berg. Berg und Höhle zusammen ergeben eine Einheit, sind ein kosmisches Paar.

Der Mann, der uns am Eingang entgegentritt, ist ganz irdischer Natur, auch wenn sein wilder Bartwuchs ihm das Aussehen verleiht, als könne er einer jener grimmigen Wächter sein, von denen die Legende berichtet. Valeri Kinov, Kurator und Direktor des Felsenklosters in Personal-

Varna beherbergt den ältesten Goldschatz der Welt. Allein in diesem Grab, in dem vermutlich ein Anführer oder Priester bestattet wurde, haben Archäologen sage und schreibe 990 Goldobjekte mit einem Gesamtgewicht von 1,5 Kilogramm ans Licht gebracht.

union, begrüßt uns mit ausgesuchter Höflichkeit. Vielleicht liegt das auch ein wenig daran, dass sich die Zahl der Besucher in einem überschaubaren Rahmen hält. Abgesehen von einer bulgarischen Familie sind wir die einzigen Gäste an diesem Nachmittag.

Die Höhlen ziehen sich in zwei übereinanderliegenden Ebenen durch die vierzig Meter hohen Kalkfelsen und sind durch Gänge miteinander verbunden. Auf der unteren Ebene, gleich nach dem Treppenaufgang, betritt man die größte der Höhlen, die als Kirche fungierte. Sie besitzt eine Altarnische und war – wie in orthodoxen Kirchen üblich – mit Wandbildern ausgemalt. Davon sind heute nur noch Fragmente übrig.

Vieles deutet darauf hin, dass dieses Felsenkloster Teil einer viel größeren, viel älteren Anlage war, womöglich eines jener frühchristlichen Zentren an der Schwarzmeerküste, über die byzantinische Chronisten berichten. Nur ein paar Hundert Meter entfernt, von dichtem Gestrüpp verborgen, befindet sich eine weitere Höhlengruppe, die sich über drei Ebenen erstreckt. In dem als »Katakomben« bekannten Komplex wurden bisher sechs Grabkammern und mehrere, ehemals von Mönchen bewohnte Naturhöhlen untersucht. Aus den Funden – Keramikfragmenten, Teile eines Weihrauchgefäßes und Münzen des byzantinischen Kaisers Justinian I. – geht hervor, dass der Ort bereits während des frühen Christentums im 4. bis 6. Jahrhundert bewohnt war.

Aus der gleichen Zeit stammen die östlich vom Aladzha-Kloster liegenden Ruinen einer frühchristlichen Kirche, eine kleine Festung und mehrere Siedlungen. Schriftliche Quellen wurden über keine der Kultstätten bisher entdeckt. Nur Legenden sind überliefert. Sie berichten von einem unterirdischen Labyrinth, in dem unermessliche Schätze liegen sollen, die vor den antichristlichen Horden, die plündernd und brandschatzend einfielen, dorthin in Sicherheit gebracht wurden. Zu den Kostbarkeiten zählen in Gold gedruckte Bücher, Ikonen und liturgische Gegenstände. Wer nach ihnen suche, so wird berichtet, würde sich hoffnungslos in dieser labyrinthischen Unterwelt verirren. Sollte es dennoch einer schaffen, bis zur Schatzkammer vorzudringen, dann stünde er einem greisen, grimmigen Wächtermönch gegenüber, dessen Zorn ihn vernichten wür-

de. Wer weiß, vielleicht liegen die Zeugnisse der Vergangenheit dieses geheimnisvollen Ortes tatsächlich irgendwo in diesem Höhlensystem versteckt.
Der Furcht einflößende Wächtermönch nimmt jetzt schon einmal im Jahr Gestalt an. Dann wird auf einer Freilichtbühne die Legende von Aladzha als Mysterienspiel aufgeführt. Der kauzige Valeri Kirov selbst schlüpft dabei in die Rolle des greisen Mönchs. Bei diesem Gedanken hellt sich seine Miene auf. »Dann ist dieser Ort wieder voller Leben«, sagt er mit funkelnden Augen. Es ist in erster Linie ein Wallfahrtsort der Bulgaren. »Von da unten kommt kaum jemand herauf«, sagt Valeri mit einer abfälligen Handbewegung in Richtung Meer. Mit »da unten« meint Valeri die zerstörerische Gegenwelt der lärmenden Partymeile am Goldstrand.

Stadt der Gegensätze

Mit dem Ansinnen, das Roma-Viertel Maksuda zu besuchen, stoßen wir auch bei unseren Gastgebern schnell auf Grenzen. Zunächst herrscht betretenes Schweigen. Es ist ihnen sichtlich peinlich, überhaupt über dieses Thema zu reden. Als wir insistieren, versuchen sie, uns durch Warnungen davon abzubringen. »Das ist viel zu gefährlich«, sagen sie. »Nicht einmal die Polizei traut sich in das Viertel. Dort herrscht das Gesetz des Dschungels, und wenn ihr euch dort hineinwagt, riskiert ihr Leib und Leben.« Als auch das nichts fruchtet, weil es unter uns längst beschlossene Sache ist, den Roma einen Besuch abzustatten, wollen sie uns auf jeden Fall begleiten – sicherheitshalber. Wir hatten zu Hause eine kleine Spendensammlung organisiert, deren Ertrag wir persönlich an Bedürftige übergeben wollen. Die beiden Musiker Epi und Dost sollen uns dabei begleiten, denn vielleicht ist gerade die universelle Sprache der Musik ein geeigneter Schlüssel für den Dialog.
Der bulgarische Chauffeur weigert sich, bis zum Rand der Slumsiedlung hochzufahren, die sich als Ansammlung von Bretterverschlägen und

Die andere Seite von Varna. In Maksuda, dem berüchtigten Slumviertel der Roma, umringt uns eine Kinderschar. Die bulgarischen Roma fühlen sich ausgestoßen und im Stich gelassen – auch von Europa.

windschiefen Hütten über eine Anhöhe zieht. Die Wiese davor, an der er hält, ist von verwertetem Müll übersät. Kaum sind wir ausgestiegen, werden wir von Kindern umringt, die im Restmüll nach Kupferdrähten suchten. Die Verwertung von Müll ist ihr täglicher Broterwerb. Bald gesellen sich auch Erwachsene hinzu, Mütter mit Kleinkindern im Arm und junge Männer, die uns eindringlich mustern. »Was wollt ihr hier?«, zischt uns einer an. Als Dost auf Türkisch drauflospalavert und dann demonstrativ sein Musikinstrument zur Hand nimmt, entspannt sich die Situation. Immer mehr Roma umringen uns. Ein junger Mann in ausgebeulten Trainingshosen spricht sogar etwas deutsch. Er sagt, er habe für einige Zeit in der Bundesrepublik gearbeitet. Weshalb er jetzt wieder hier ist und wovon er lebt, verrät er uns nicht. Keiner der Anwesenden hat einen festen Job. »Die Bulgaren geben uns keine Arbeit«, so die einhellige Begründung.

»No Name Land« nennen die Roma dieses Viertel, weil hier die Papierlosen leben: Menschen ohne Geburtsurkunde, ohne staatliche Fürsorge, ohne Vergangenheit. Ihre Zukunft erhofften sie sich von Europa. Doch

»Europa hat uns verraten«, so die ernüchternde Erkenntnis, nachdem sie feststellen mussten, dass sie überall unerwünscht sind. Die EU kümmert sich allerdings mehr um das Schicksal der Roma vor Ort als der bulgarische Staat. Sie finanziert ein nationales Schulprojekt, das den Analphabeten einen Abschluss ermöglichen soll. Die EU bezahlt jedem Kind zwei Euro am Tag, damit es in die Schule kommt, und beschäftigt junge idealistische Lehrer. Obwohl die Kinder in der Schule mehr verdienen können als auf der Müllhalde, nehmen viele das Angebot nicht wahr. Der Grund: Die Slums werden von mafiösen Klans dominiert, die Jugendliche für ihre kriminellen Zwecke ausbeuten – Drogenhandel, Diebstahl und Prostitution. Das große Geschäft gegenwärtig sind Adoptionen. Die schwangeren Frauen werden zu korrupten Ärzten gebracht, die die Entbindungen vornehmen. Sind die Kinder gesund, werden sie über Agenturen an Paare in ganz Europa verkauft. Die Familie erhält die Hälfte des Gewinns.

Wie schwierig es ist, den Teufelskreis von Analphabetentum, Zwangsheirat, Klan-Abhängigkeit und der Ausbeutung durch kriminelle Machenschaften zu durchbrechen, davon kann der Deutsche Frank Abbas ein Lied singen. Er lebt nämlich als »weißer Roma« in einem der Ghettos von Varna und widmet sich dem Kampf gegen die Kinderarbeit. Abbas sieht vor allem Bildung als Schlüssel für erfolgreiche Integration. Bei den Profiteuren des Status quo freilich stößt sein Engagement auf wenig Gegenliebe. Der Deutsche wurde mehrfach bedroht, doch er macht weiter. Vor allem versucht er, Brücken zwischen Bulgaren und Roma zu schlagen. Denn nur, wenn die Bulgaren den Roma helfen, so ist Frank Abbas überzeugt, kann das Problem mit den Ghettos gelöst werden.

Auch die Roma sind irgendwie Kinder der Seidenstraße. Ihre ethnischen Wurzeln liegen in Indien. Dort sind sie um 500 n. Chr. aufgebrochen und über Persien und die Türkei nach Europa gewandert. Ihre Sprache ist verwandt mit der des indischen Volkes der Dom. In den etwa siebenhundert Jahren, die sie nun schon in Europa leben, waren die Roma immer wieder Verfolgungen und Diskriminierungen ausgesetzt, die, wie wir sehen können, bis heute andauern. Nach wie vor ist das Bild der

Musik und Tanz liegen den Roma im Blut. Als Dost, der türkische Musiker unseres »Silkroad Ensembles«, sein Instrument zur Hand nimmt, entsteht sofort ein Dialog.

Roma in den Mehrheitsgesellschaften, in denen sie als Minderheiten leben, von Stereotypen und Klischees geprägt. Sie gelten als nicht anpassungs- und integrationsfähig, und ihr kollektives kulturelles Erbe zwinge sie zur ewigen »Wanderung«, heißt es. Dabei lebt die überwiegende Mehrheit in Europa seit Langem ortsfest und hat korrespondierend mit der Umgebung sowohl sprachliche als auch kulturelle und religiöse Einflüsse übernommen. Eine große Rolle im Alltag der Roma spielt die Musik. Sie dient nicht nur einigen Musikliebhabern und Profis zum Broterwerb, sondern ist tief in der Alltagskultur verwurzelt. Und sie hat ihrerseits auf die Umgebung ausgestrahlt. So ist es die Musik der Roma, die im spanischen Andalusien den Flamenco stark mitgeprägt hat.
Etwas von dieser Begeisterung erleben wir auch hier. Kaum haben Epi und Dost ihre Instrumente angespielt, sieht man das Funkeln in den Augen der Umstehenden. Die Kinder legen die Geschenke zur Seite und beginnen, sich im Rhythmus der Musik zu bewegen. Ein Junge mit zerschlissener Kleidung legt einen Breakdance hin, mit dem er jede Casting-Show gewonnen hätte. Selbst das Fotografieren und Filmen, das sie anfangs nicht wollten, ist kein Problem mehr.

Indessen ist auch Sven in Varna eingetroffen. Gerade rechtzeitig, um uns beim Abbau im Meeresgarten zu unterstützen. Noch in der Nacht werden Jurte und Zelt samt Inventar im großen Anhänger verstaut. Der bleibt in Varna zurück, weil in Istanbul, unserer nächsten Station, kein Platz für eigene Bauwerke vorhanden ist. Auch Yangjor bleibt in Varna, und er ist alles andere als traurig darüber. Er brennt darauf, die Stadt nun auf eigene Faust erkunden zu können. Vor allem der Hafen mit den vielen großen Schiffen hat es ihm als Himalaya-Bewohner angetan. Er bringt Stunden damit zu, dem Treiben an den Docks zuzuschauen. In etwas mehr als einer Woche, so der Plan, werden wir wieder zurück sein, um von hier aus gemeinsam die Heimreise anzutreten.

Sven hat sich vorgenommen, die fünfhundert Kilometer lange Strecke von Varna nach Istanbul mit dem E-Bike zurückzulegen. Einer von uns soll ihn mit einem zweiten Rad begleiten. Weil es mehrere Interessenten dafür gibt, werden wir uns abwechseln. Wegen der großen Distanz, die wir an diesem Tag überwinden wollen, ja müssen, brechen die Radler – Sven und Michael – bereits bei Morgendämmerung auf. Die Fahrzeuge folgen erst später. Als wir Sven und Michael nach Stunden einholen, sind sie bereits knapp vor Burgas.

Während einer kurzen Rast werden die E-Bikes mit vollen Batterien neu bestückt. Wie vereinbart, löse ich Michael ab, den die zurückgelegten hundertzwanzig Kilometer augenscheinlich kaum gefordert haben, obwohl der Stundenschnitt fast vierzig Kilometer betrug. Schnell merke auch ich, was für ein ideales Fortbewegungsmittel so ein E-Bike ist, wenn es gilt, lange Strecken zurückzulegen. Man kommt damit viel schneller voran, aber trotzdem noch in einem menschlichen Maß, in einem Tempo, das die Landschaft erfahrbar macht. Dabei bleibt auch die sportliche Herausforderung, der Tritt in die Pedale, bestehen. Jeder bestimmt selbst, wie viel elektrische Motorunterstützung er nutzen will. Je mehr Motorleistung in Anspruch genommen wird, desto schneller ist die Batterie leer.

Städtischer Mittelpunkt Varnas ist die im Jahr 1896 erbaute Muttergottes-Kathedrale. Hier beginnt auch die Fahrt mit den E-Bikes nach Istanbul. Sie sind ein ideales Fortbewegungsmittel, wenn es gilt, längere Strecken zurückzulegen.

Bis jetzt folgte die Straße mehr oder weniger der Küstenlinie, aber jenseits von Burgas geht es nun durchs Hinterland Südbulgariens. Grüne Hügel und Wälder wechseln einander ab, dazwischen eingebettet liegen kleine Bauerndörfer, in denen die Zeit stillzustehen scheint. Anders als auf der Fahrt nach Varna bewegen wir uns nun auf einer Nebenstrecke ohne Schwerverkehr, und je näher wir der türkischen Grenze kommen, umso ruhiger wird es auf der Straße. Wir begegnen Menschen auf Pferdefuhrwerken, die uns freundlich zuwinken. Bei jeder Ortsdurchfahrt werden wir selbst zur Sehenswürdigkeit. Kinder umringen uns, bestaunen und berühren die seltsamen Gefährte, die so viel leichter und schneller sind als die, die sie kennen.

Am Nachmittag stehen wir an der türkischen Grenze. Bei all der technischen Ausrüstung, die wir in den Fahrzeugen mitführen, sehen wir dem Grenzübertritt mit gemischten Gefühlen entgegen. Doch Dost versichert uns, er würde die Formalitäten in die Hand nehmen und die

Angelegenheit mit seinen »Brüdern« vom Zoll regeln. Wortreich schildert er den Grenzbeamten die Wichtigkeit unserer Mission und betont, dass wir eine »offizielle Delegation« wären, eingeladen vom Bürgermeister der Stadt Istanbul höchstpersönlich. Manches stimmt sogar. Als Mitwirkende im Programm der »Intercultural Art Dialogue Days« sind wir tatsächlich offizielle Gäste, aber nicht der Stadt Istanbul, sondern nur des Stadtteils Beyoğlu. Istanbul ist so groß, dass es für einzelne Stadtteile eigene Bürgermeister und Verwaltungsapparate gibt. Als Beleg hält Dost seinen »Brüdern« ein Schreiben der Kulturstadträtin unter die Nase. Das verfehlt nicht seine Wirkung. Bald darauf erscheint ein Junge mit einem Tablett. Die weitere Amtshandlung vollzieht sich bei Tee aus Tulpengläsern. Mich beschleicht der Verdacht, dass sich durch Dosts Intervention der behördliche Vorgang nicht beschleunigt, sondern eher verlängert. Aber immerhin werden wir hinterher freundlich durchgewunken.

Mit den E-Bikes wird das Land im wahrsten Sinne des Wortes erfahrbar und lässt unterwegs Begegnungen zu. Auf den Straßen im bulgarischen Hinterland trifft Hightech auf Mobilität wie aus einer anderen Zeit.

Nach der Grenze nimmt der Verkehr schlagartig zu. Spätestens jetzt ist es vorbei mit der beschaulichen Reise auf ländlichen Straßen. Eine mehrspurige, autobahnähnliche Straße führt in Richtung Süden weiter. Auch Sven sieht ein, dass es keinen Sinn macht, mit dem E-Bike weiterzufahren, und steigt ebenfalls auf Pferdestärken um. Als es dunkel wird, erreichen wir die Autobahn Edirne-Istanbul. Seit wir auf türkischem Boden sind, hat sich bei Dost eine wundersame Wandlung vollzogen. Das betrifft nicht nur das Bedürfnis, auch Fremden gegenüber ein Stück familiärer Intimität zu schaffen, indem er jeden mit »Abi«, »älterer Bruder«, anredet, sondern auch sein Verhalten im Straßenverkehr. Als Ortskundiger fährt er voraus. Als er versehentlich eine falsche Autobahnauffahrt erwischt, dreht er einfach um und fährt die Strecke wieder zurück – als Geisterfahrer. Uns bleibt nichts anderes übrig, als ihm zu folgen.
Im Allgemeinen scheint auf türkischen Straßen die Regel zu gelten: »Überhol mich nicht, ich krieg dich wieder.« Besonders der Verkehr in Istanbul ist berüchtigt. 2,5 Millionen Autos schieben sich tagsüber durch die Stadt, trotz der höchsten Spritpreise der Welt. Bei dem Gedränge ist es mit Brüderlichkeit schnell vorbei, und manch einer zögert nicht lange, den teuer erkauften Privatraum – sprich: sein Auto – zu verlassen, um einem anderen Verkehrsteilnehmer Straßenkameradschaft zu demonstrieren. Dietrich kann ein Lied davon singen. Als er auf der Stadtautobahn durch die Vororte Istanbuls fährt, überholt ihn plötzlich ein türkischer Kastenwagen, bremst vor ihm ab, stellt sich quer und zwingt ihn ebenfalls zum Anhalten. Dann springen Fahrer und Beifahrer aus dem Wagen und stürmen wutentbrannt mit drohenden Fäusten auf Dietrichs Auto zu. Wenn Laura nicht geistesgegenwärtig die Türen verriegelt hätte, wer weiß, wie das ausgegangen wäre. Ich konnte als Nachkommender die Szene beobachten, und mir ist bis heute rätselhaft, was Dietrich sich zuschulden kommen ließ, das diese Aggression provozierte.
Es ist mitten in der Nacht, als wir in Istanbul ankommen. Das ist auch so beabsichtigt, denn wir fürchten den mörderischen Verkehr am Tag. Es ist schon nachts eine Herausforderung, mit einem Fahrzeug mit Anhänger durch die engen Gassen von Beyoğlu zu manövrieren, um das Hotel

Meyhane – Trinkhäuser – nennen die Türken die beliebten Treffpunkte am Abend. Hier wird nicht nur getrunken, sondern auch gegessen, Wasserpfeife geraucht, musiziert und vor allem die Welt verbessert.

zu suchen. Dost lebte zwar in Istanbul, ehe er nach Deutschland zog, aber wie viele Ansässige kennt er die meisten Straßennamen nicht. Er orientiert sich an Bezugspunkten, und für die Feinsuche bedient er sich der traditionellen Methode: »Fragend kommt man bis nach Bagdad«, lautet ein türkisches Sprichwort. Immerhin haben sich die Türken auf diese Weise einstmals von Zentralasien bis zum Bosporus durchgeschlagen. Warum also sollte Dost nicht so das Hotel finden?

Istanbul schläft auch nachts nicht, nur verlagert sich dann das Geschehen von der Straße in die zahllosen Meyhane, die zu Istanbul gehören wie Hamam und Sesamkringel. Ursprünglich war das Meyhane ein Trinkhaus, vornehmlich zum Rakitrinken – jener Anisschnaps, den die Griechen Ouzo nennen. Im Lauf der Zeit sind andere kulturelle Errungenschaften hinzugekommen wie das Essen, Musizieren und Weltverbessern. Istanbul platzt aus allen Nähten. Dreizehn Millionen Menschen leben hier, schätzungsweise, aber so genau weiß das keiner. Es könnten auch vierzehn, fünfzehn, sechzehn oder siebzehn Millionen sein. Nicht einmal jeder zweite ist in Istanbul geboren. Die Stadt hat eine Sogwirkung auf den Rest des Landes, die unablässig neue Wellen von bettel-

armen Einwanderern in die Stadt spült. Sie kommen aus allen Teilen Anatoliens, angetrieben von der Hoffnung, hier ihr Glück zu finden. Istanbul ist die Lokomotive der Türkei. Mehr als die Hälfte aller türkischen Exporte wird im Großraum Istanbul hergestellt. Wenn die Jobs und die Fabriken nicht nach Anatolien kommen, wandert Anatolien halt zu den Fabriken. Gesund für die Stadtentwicklung ist das freilich nicht. Es gibt kaum noch Grünflächen. Unkontrolliert, planlos und in schwindelerregender Geschwindigkeit wird die Urbanisierung vorangetrieben, dehnt sich die Stadt immer weiter aus, frisst sich immer tiefer ins Land hinein, sowohl in Europa als auch in Asien.
Wir sind zu müde, als wir beim Hotel ankommen, um noch nach einem geeigneten Parkplatz zu suchen. Also stellen wir die Fahrzeuge einfach vor dem Hotel auf der Straße ab, wohl wissend, dass wir morgen damit wegmüssen. Den Anhänger lassen wir ebenfalls beladen dort stehen. Lediglich die E-Bikes nehmen wir mit ins Hotel, aber nicht in die Zimmer, die wären dafür viel zu klein.

Istanbul – »die Eine«

Am nächsten Morgen ist ein Termin bei der Stadtverwaltung von Beyoğlu anberaumt. Was liegt näher, als die Fahrzeuge vor dem Amtsgebäude abzustellen, bis unsere Gastgeber geeignete Stellplätze für den Fuhrpark gefunden haben? Während wir mit der Kulturstadträtin das Programm besprechen, nimmt sich jedoch eine andere Abteilung der Stadtverwaltung unserer Fahrzeuge an. Wir können gerade noch verhindern, dass sie abgeschleppt werden. Eines ist bereits mit einem Kran auf die Ladefläche eines Lkw gehievt worden. Immerhin beschleunigt die Aktion den bürokratischen Vorgang, und wir dürfen unsere Fahrzeuge auf Kosten der Stadtverwaltung auf einem großen Parkplatz in unmittelbarer Nähe zum Hotel unterbringen.
Das Gespräch mit der Kulturstadträtin beschert uns die eine oder andere Überraschung. Das Programm der »Intercultural Art Dialogue Days«

kann sich durchaus sehen lassen, aber die Umsetzung läuft alles andere als rund. Vor dem »Beyoğlu Youth Center«, in dem die Workshops hätten stattfinden sollen, hat zeitgleich das Baureferat der Stadt damit begonnen, die Straße mit Presslufthämmern aufzureißen. Die Bauarbeiten verursachen nicht nur einen Höllenlärm, sondern blockieren auch den Zugang. Vielleicht sollten auch der Stadtverwaltung einmal »Dialogue Days« verordnet werden, damit die Kommunikation zwischen den Abteilungen angeregt wird. Das sei aber gar kein Problem, so die Stadträtin, denn wir könnten ersatzweise die große Bühne vor dem Galataturm nutzen, wenn wir wollten. Und ob wir das wollen! Etwas Besseres hätte uns gar nicht passieren können – die große Bühne vor einer architektonischen Landmarke, wo wir unser Programm frei gestalten dürfen.

Kopfzerbrechen bereitet uns eine andere Überraschung. Die Stadträtin hatte versprochen, einen lokalen Musiker zu rekrutieren, der unser »Silkroad Ensemble« für die Konzerte in Istanbul ergänzen sollte. Doch das hat sie glatt vergessen. »Wir brauchen unbedingt einen Keyborder oder Schlagzeuger, sonst gibt es keine Konzerte«, verkündet Epi. Dost startet einen Rundruf, denn er ist immer noch gut vernetzt in der Szene. Doch jeder seiner Musiker-»Brüder« winkt ab. Was tun? Ich beratschlage mit Michael. Zweifellos gibt es in Istanbul genügend Musiker, die wir gegen Honorar engagieren könnten, aber das würde der Grundidee als nichtkommerziellem Projekt zuwiderlaufen und womöglich für Missstimmung sorgen, weil alle anderen Musiker ohne Honorar spielen. Wenigstens gibt es noch etwas zeitlichen Spielraum bis zum ersten Konzerttermin. Ein Zeitfenster, das eigentlich für Proben vorgesehen ist. Die drei Musiker haben eine – etwas schräge, aber durchaus sympathische – Idee im Sinne des Dialogs. In Istanbul gibt es an jeder Ecke Straßenmusiker, und da könnte durchaus ein für das »Silkroad Ensemble« geeigneter dabei sein. Sie wollen den Tag dazu nutzen, um durch die Altstadt zu laufen und nach einem Musiker Ausschau zu halten.

Während die Musiker ausschwärmen, schlendere ich durch die Fußgängerzone, durch jenes Viertel, das einst den griechischen Namen Pera trug und das die Türken heute Beyoğlu nennen. »Pera« bedeutet übersetzt »Jenseits«. Gemeint ist damit der Hügel jenseits des Goldenen Horns. Mit jedem Schritt, den man hier setzt, tritt man auf ein Stück Vergangenheit, jeder Pflasterstein atmet Geschichte, nicht immer oberflächlich sichtbar, sondern darunter verborgen. Würde man einen Spaten in den Boden rammen, man wäre mittendrin in der Geschichte. Die Fundamente der Häuser und die Straßen liegen heute mancherorts um bis zu fünfzehn Meter höher als zur Zeit von Peras Gründung. Brände, Erdbeben, Fluten, aber auch mutwillige Zerstörung haben die Vergangenheit zu einer kulturtragenden Erdschicht verschmelzen lassen, in der alles eingelagert ist, was die Stadt in drei Jahrtausenden durchlebt hat. Sie ist die Erinnerung, die sich weder ignorieren noch vergessen lässt, so sehr das manche gerne täten.

Istanbul – einst Konstantinopel, noch früher Byzantion beziehungsweise Byzanz – diente drei großen Reichen als Hauptstadt. Ein dorischer Stamm der Griechen gründete die Stadt vor zweitausendsiebenhundert Jahren als hellenische Kolonie und Vorposten im Barbarenland. Ein ganzes Jahrtausend später, man schrieb den 11. Mai 330, wurde in der Kirche Hagia Eirene, der Kirche des Göttlichen Friedens, eine Messe gefeiert. Der römische Kaiser selbst war zugegen, Kaiser Konstantin, den man später »den Großen« nennen sollte. Sein Reich erstreckte sich von Schottland bis zum Euphrat, von Köln bis Karthago und von dort bis nach Afrika hinein. Er hatte Rom, der alten, aber längst moralisch und wirtschaftlich heruntergekommenen Zentrale des Imperiums, den Rücken gekehrt und war an den Bosporus gezogen. Die Stadt Byzantion, so verfügte er, sollte von nun an »Nova Roma Constantinopolitana« heißen: das »neue Rom«, seine Stadt, die Stadt des Konstantin. Indem er den Kaisersitz hierher verlegte, gründete er Rom neu. Die Bewohner nannten sich selbst »Romai«, Römer, und ihr Reich war das Römische Reich griechischer Nation. Für die Istanbuler Griechen hieß die Stadt übrigens nie Konstantinopel oder Byzanz. Sie nennen sie bis heute »Poli«, »die Stadt«, »die Eine«. Schließlich war sie Fixstern ihres Universums für mehr als eineinhalbtausend Jahre, in denen Athen nur noch ein vergessenes Provinznest war.

Konstantin traf zwei Entscheidungen, die Europas Gesicht grundsätzlich veränderten. Mit der Gründung des Römischen Reiches im Osten erfand er Rom und auch Europa neu, und er machte das Christentum zur Religion seines Reiches und damit Europas. Ohne Konstantin würde Europa heute mit Sicherheit anders aussehen. Hätte es ohne die Bastion Konstantinopel irgendeine Chance gehabt, dem Ansturm der Perser oder der Araber standzuhalten? »Welche Sprache würden wir heute sprechen, welchem Gott huldigen?«, fragt zu Recht der Historiker John Norwich.

Eintausendeinhundertunddreiundzwanzig Jahre und achtzehn Tage überdauerte das Oströmische Reich und bewahrte das klassische Erbe der Hellenen und Roms. Neben Kultur, Kunst und Philosophie blühte auch der Handel. Konstantinopel avancierte zu einem der Endpunkte der Seidenstraße. An keinem Hof der Welt, nicht einmal in China, gehörte Seidenluxus so zum Staatswesen wie im Oströmischen Reich.

Beyoğlu, das alte Pera der Griechen, ist jener Stadtteil, in dem einst das multikulturelle Leben der Stadt pulsierte. Das Viertel, in dem heute viele anatolische Zuwanderer leben, gruppiert sich um den Galataturm, den letzten Rest einer genuesischen Festung aus dem 14. Jahrhundert.

Die zwanzigtausend Palastbeamten in Konstantinopel, der Klerus, die Kaiserin und ihr Hofstaat, die Patrizier, die reichen Händler, sie alle kleideten sich in Seide – chinesische Seide. Wie bereits eingangs beschrieben, existierte damals noch keine Seidenproduktion in Europa. Der kostbare und kostspielige Stoff musste importiert werden. Nach wie vor gab es keinen direkten Kontakt mit den Herstellern im fernen »Seidenland«. Die Seide musste von den Persern gekauft werden, die den Zwischenhandel kontrollierten. Es ist also kein Wunder, dass Kaiser Justinian, der im 6. Jahrhundert regierte, nach Wegen suchte, die Perser auszuschalten und den begehrten Stoff, der die Staatskassen leerte, direkt von den »Serern« zu beziehen. Aber alle Versuche schlugen fehl.

Da erinnerte sich der Kaiser an die als Häretiker verfolgten Anhänger der christlichen Sekte der Nestorianer. Die von Nestorius, einst Patriarch von Konstantinopel, vertretene Lehre der zwei Naturen Christi war auf dem 431 in Ephesos abgehaltenen Konzil als Irrlehre verworfen worden. Die Anhänger entzogen sich der Verfolgung durch Flucht nach Osten. Entlang der Seidenstraße gelangten Nestorianer nach Persien, Zentralasien und sogar bis

Die Yerebatan-Zisterne mit einem Fassungsvermögen von 80000 Kubikmetern diente als Wasserspeicher für den kaiserlichen Palast. Von Kaiser Konstantin in Auftrag gegeben, wurde die 138 Meter lange und 65 Meter breite unterirdische Zisterne unter Justinian in ihrer heutigen Form vollendet.

nach China. Überall dort gründeten sie Gemeinden und verbreiteten ihre Lehre. Ein kaiserliches Edikt aus dem Jahr 638 belegt, dass Nestorianer damals bereits die Tang-Hauptstadt Changan (heute Xian) erreicht hatten und dort ihren Glauben ausüben durften. Nach dem Motto »der Zweck heiligt die Mittel« scheute sich Justinian nicht, die ketzerischen Nestorianer für seine Interessen zu benutzen. Trotz der Verfolgung gab es immer noch Nestorianer in seinem Reich, die ihren Glauben heimlich praktizierten. Er stellte ihnen Toleranz in Aussicht, würden sie ihm das Geheimnis der Seidenherstellung liefern. Tatsächlich soll der Technologieschmuggel zwei Nestorianermönchen gelungen sein, die im Jahr 522 in ihren hohlen Wanderstäben versteckt die Eier des Seidenspinners und Maulbeerblätter nach Konstantinopel brachten. Von da an verbreitete sich die Seidenherstellung in den Ländern der Levante, Spanien und vor allem Italien.

Derselbe Justinian, wegen der vielen Projekte, die er in Angriff nahm, der »Schlaflose« genannt, ließ zehn Jahre später die größte Kirche der Christenheit bauen, die Hagia Sophia. Gut neunhundert Jahre lang wurden hier byzantinische Kaiser gekrönt, bis am Vorabend der osmanischen Eroberung die letzte Messe gelesen wurde. Justinian konnte nicht ahnen, dass in der Kirche der »Heiligen Weisheit«, deren Rohbau er am 27. Dezember 537 feierlich einweihte, einmal ein anderer Glaube als der des Christentums praktiziert werden würde – eine Religion, die es zu seinen Lebzeiten noch gar nicht gab.

Bis Anfang des 13. Jahrhunderts blieb das Oströmische Reich ein Bollwerk gegen die heranstürmenden Horden aus dem Osten, und bis dahin hatten keine Eroberer die Mauern der Stadt des Konstantin einnehmen können. Es ist bittere Ironie der Geschichte, dass ein christliches Heer es war, das dem Oströmischen Reich die Kraft raubte, weiterhin Bastion des Abendlandes zu sein. Unter der Führung des greisen Dogen Enrico Dandolo, der eine gewaltige venezianische Flotte aufbot, eroberten 1204 katholische Kreuzritter die Stadt, zerstörten, mordeten und plünderten wie im Rausch. Ein Chronist hielt fest, wie Kreuzfahrer die Hagia Sophia verwüsteten: Sie zerschlugen den Hochaltar, um die Edelsteine herauszubrechen; trugen alle beweglichen Schätze hinaus und stahlen selbst noch die Silberverkleidungen der Altarstufen. Die Stadt hat sich von diesem Schlag nie wieder erholt. Der Überfall der Kreuzritter, bei dem es um Macht und Gier ging und um blinden Hass papsttreuer Klerikaler, die in den Christlich-Orthodoxen Ungläubige sahen, machte Konstantinopel sturmreif für das nächste große Volk, das aus Asien anreiten sollte: die Türken.

Die Stadt war völlig auf sich allein gestellt, von allen Seiten eingeschlossen, die Verteidiger durch die lange Belagerung ausgezehrt und erschöpft, als am 29. Mai des Jahres 1453 der erst einundzwanzigjährige Sultan Mehmed II. sie eroberte. Der Legende nach kniete er vor der Hagia Sophia nieder und streute als Zeichen seiner Sterblichkeit Erde auf sein Haupt. Anschließend ließ er von einem Imam in der Kirche verkünden: »Es gibt keinen Gott außer Gott, und Mohammed ist sein Prophet.« Damit war die Hagia Sophia zur Moschee geworden und das Oströmische Reich endgültig untergegangen.

Doch Mehmed der Eroberer tastete die Stadt weiter nicht an. Er respektierte die »Riten und Bräuche« der angestammten Bewohner. Während zur gleichen Zeit in Europa Andersgläubige als Ketzer verbrannt wurden, garantierte Sultan Mehmed den nichtmuslimischen Bewohnern Religionsfreiheit. Mehr noch: Italienern, Armeniern, Griechen, verfolgten Juden, vertriebenen Mauren aus Spanien bot er Zuflucht und Schutz in der neuen Hauptstadt des aufstrebenden Osmanischen Reiches. Konstantinopel wurde die erste multikulturelle Hauptstadt der Welt. Nirgendwo war das so zu spüren wie in Pera, dem Viertel rund um den von Genuesen errichteten Galataturm. Nicht einmal der Name Konstantinopel änderte sich. Die türkisch-arabische Version »Konstantiniye« findet sich bis zum Ende des Osmanischen Reiches auf Poststempeln. Noch heute kann man innerhalb der Mauern des Topkapı-Palastes die Hagia Eirene besuchen, jene Kirche, in der Konstantin die Gründung seiner Stadt zelebrierte. Obwohl die Kirche auf dem Grund des Palastes stand, sah kein Sultan sich je veranlasst, sie abzureißen. Nur das Läuten der Kirchenglocken wurde verboten, damit keine Konkurrenz den Gebetsruf des Muezzin störte. Die Griechen von Pera blieben auch während der osmanischen Zeit eine Elite, die dem Sultan Ehefrauen, Außenminister und Gouverneure stellte und die reichsten Bankiers und Händler des Landes hervorbrachte.

Die »Intercultural Art Dialogue Days«

Ich laufe die İstiklal Caddesi entlang, die »Straße der Unabhängigkeit«, die »Grande Rue de Péra«, wie der Boulevard früher hieß. Sie führt vom Tünel- zum Taksim-Platz. Auf der ehemals eleganten Flaniermeile der Europäer prallen heute zwei Welten aufeinander. Wenn es stimmt, dass sich Gegensätze anziehen, dann ist dies das beste Beispiel. Auf jeden Fall ist es ein Anschlag auf die Sinne. In das Gedröhne aus Lautsprechern, mit denen die zahlreichen bunten Läden beschallt werden, mischt sich der Ruf der Losverkäufer und des Muezzins. Dazwischen Polizeiautos, die sich mit heulenden Sirenen den Weg durch die Menschenmassen bahnen, so wie die Straßenbahn, ein altertümliches Monstrum auf Schienen, an dem Trauben von Menschen hängen, obwohl es nur im Schritttempo vorankommt. Man wird hin und her geschoben in diesem Kaleidoskop von Menschen, die unterschiedlicher nicht sein könnten. Verschleierte Frauen mit Plastiktüten, bärtige Männer mit gehäkelten Mützen und Gebetsketten neben grell geschminkten Transvestiten. Bettler, Straßenkinder, Schuhputzer, Konsulatsbeamte und Touristen aus aller Herren Länder.

In den Szene-Cafés trifft sich die »Jeunesse doreé« der Stadt; Jungs mit gegeltem Haar und gepiercte Mädchen. Das Café Markiz (heute: Robert's Coffee) mit seinen Jugendstil-Kacheln könnte auch in Paris stehen, genauso wie die Passage »Cité de Péra« mit den schicken Läden und Restaurants. Die armenische Kirche am Fischmarkt, die Hagia Triada am Taksim-Platz, die Basilika St. Antonius, das österreichische St. Georgs-Kolleg erinnern noch daran, dass Istanbul einst eine Vielvölkerstadt war.

Die İstiklal Caddesi, die »Straße der Unabhängigkeit«, die früher »Grande Rue de Péra« hieß, verläuft durch das Herz von Beyoğlu, das alte Pera der Istanbuler Griechen. Im Schritttempo bahnt sich die altertümliche Straßenbahn den Weg durch das Menschengewühl.

Der Anfang vom Ende von Multikulti und des Griechentums in Istanbul war die Republikgründung durch Mustafa Kemal Pascha, genannt Atatürk, im Jahr 1923. Istanbul wurde für seine Kosmopolität bestraft, indem nicht »die Eine« die Hauptstadt der Türkei wurde, sondern das Provinznest Ankara. Gleichzeitig wurde der Nationalismus die neue Religion. Eine von Europa abgeschaute Ideologie sollte Fundament und Mörtel der jungen Republik sein, die mit dem osmanischen Erbe radikal brach. Befeuert wurde der Nationalismus von der Demütigung durch die europäischen Siegermächte des Ersten Weltkriegs, die Anatolien aufteilen wollten. Kurden und Armenier sollten einen eigenen Staat erhalten. Obwohl der Vertrag nie ratifiziert wurde, hat sich die traumatische Angst vor Spaltung in das kollektive Bewusstsein der Türken eingebrannt. Der aufschäumende Nationalismus aber löschte das Griechentum aus. Dabei haben die Türken viel von den Griechen übernommen. Das Fischen wie auch das Rakitrinken, das Kochen mit Olivenöl, ja selbst das Baden im Hamam sind griechische Traditionen. Mehr als hunderttausend Griechen lebten noch Anfang der 1950er-Jahre in der Stadt, überwiegend hier in Pera. Der erste Schlag kam im September 1955, als der Geheimdienst ein Pogrom anstiftete und ein türkischer Mob einen Tag und eine Nacht lang in der İstiklal Caddesi Geschäfte verwüstete, Frauen vergewaltigte und ein paar Christen tötete. Doch selbst danach hat sich die griechische Gemeinde noch einmal aufgerappelt. Das Ende kam mit der Zypernkrise, von der Regierung in Athen provoziert, die dabei billigend die »Kollateralschäden« an den Istanbuler Griechen in Kauf nahm. Das Geiseldasein im Dauerstreit zwischen Athen und Ankara rieb sie auf. Heute leben nur noch zweitausendfünfhundert Griechen in Istanbul.

Allmählich ist jedoch die Zeit gekommen, sich der Vergangenheit zu stellen, und es scheint die Einsicht heraufzudämmern, dass der Weggang der Griechen ein schmerzlicher Verlust ist. »Die Vertreibung der Minderheiten war faschistisch«, räumte der Premier erstaunlich selbstkritisch ein. Worte, die keiner seiner Vorgänger in den Mund nahm. Auch ein Event wie die »Intercultural Art Dialogue Days« kann als Impuls gewertet werden, in Beyoğlu ein wenig den multikulturellen Geist des alten Pera wiederzubeleben. Auch die »Neue Seidenstraße« ist in der Türkei ein Thema. Das Land zählt zu den zwölf Staaten Zentralasiens, des Kaukasus und der Schwarzmeerregion, die im September 1998 ein, wie es hieß, epochemachendes Abkommen unterzeichneten. Sie beschlossen darin, die Verbindungen zu Lande, zur See und in der Luft zwischen China und Europa auszubauen sowie in allen Transitländern Zollschranken zu beseitigen, also einen gigantischen Freihandelskorridor zwischen Ost und West einzurichten. Der Vertrag trägt sogar die inoffizielle Bezeichnung »Neue Seidenstraße«. Alle waren sich einig, dass dieser euroasiatische Korridor die historische Seidenstraße zum Vorbild haben solle als Beispiel für einen fruchtbaren Austausch von Gütern und Ideen. Die Türkei sieht sich dabei in der Rolle des traditionell Verbündeten aller islamischen Turkvölker. Die gemeinsamen Wurzeln liegen in Zentralasien, in der Welt der Steppennomaden. Bis heute verbindet eine gemeinsame Sprache die Türken mit den Turkvölkern Zentralasiens. Manche pantürkischen Nationalisten träumen gar von einem Groß-Turkestan, von der Wiedervereinigung Zentralasiens. Fakt ist, dass türkische Händler und Geschäftsleute nach dem Zerfall der Sowjetunion als erste Ausländer mit den neuen zentralasiatischen Staaten Beziehungen knüpften. Abends treffen wir uns alle im Hotel, in dem uns die Stadtverwaltung einquartiert hat. Die Zimmer sind zwar kleine fensterlose Räume, aber dafür ist die Aussicht von der Dachlounge atemberaubend, vor allem bei Sonnenuntergang. Orange glühend versinkt die Sonne hinter einem Gewirr ineinander verschachtelter Häuser, aus denen da und dort die schlanken Türme von Minaretten ragen. Dazwischen das Goldene Horn wie mit Honig übergossen. Die Sonne geht im Abendland unter, der Mond aber gleichzeitig in Asien auf. Die Musiker sind ebenfalls von ihrer Casting-Tour zurück und vermelden Erfolg. Serdar Bagdir, Künstlername Emin, heißt das neue Mitglied des Ensembles, das sie von der Straße rekrutiert haben. Die ersten gemeinsamen Proben, so Epi, wären vielversprechend gewesen. Viel Zeit dafür bleibt ohnehin nicht mehr, denn schon morgen Abend findet der erste Auftritt statt. Istanbul ist keine Stadt, in der man viel Zeit im Hotelzimmer verbringt, weder am Tag noch in der Nacht. Überall in den kleinen Seitengassen entlang der İstiklal Caddesi werden nach Sonnenuntergang Tische aufgestellt und frischer Fisch angeboten. Mein Lieblingslokal ist ein Meyhane im Viertel nördlich des Taksim-Platzes. Man wählt aus einer Vielfalt von Meze, kalten und warmen Vorspeisen, die der Wirt auf einem riesigen Tablett an den Tisch jongliert. Die Speisen sind ausgesprochen lecker und haben so gut wie nichts mit den Döner-Köfte-Pizza-Buden, die hierzulande für türkische Speisen zuständig sind, zu tun. Da locken eingelegte Zucchiniblüten, geröstetes Auberginenmus, gefüllte Paprika, in Dill marinierte Makrele, mit Käse gefüllte Börek (türkischer Strudel), frittierte Kalamari oder im Tontopf gekochte Shrimps. Zumeist ist man dann schon satt und verzichtet auf die Hauptspeise, nicht aber auf ein »Efes«, das Nationalbier der Türkei. Nicht ohne Stolz verkündet der Wirt schon bei der Begrüßung, dass sein Lokal nicht zur efesfreien Zone gehöre, wie die Lokale der städtischen Gesellschaft Beltur. Die konservativen Gefolgsleute des frommen Premiers, die die Geschicke der Stadt lenken, betonen, lediglich preiswerte Lokale zu schaffen, die sich auch ärmere und religiösere Familien leisten können, und es gäbe in Istanbul genügend Lokale, in denen Alkohol ausgeschenkt würde. Die Gegner sehen darin ein Menetekel für die schleichende Islamisierung der Gesellschaft.

Der Platz um den Galataturm im Herzen von Beyoğlu ist Tag und Nacht ein belebter Ort. Beliebt bei Touristen, weil sich vom Turm aus ein phänomenaler Rundblick über die Altstadt bietet. Der Turm ist der letzte Rest einer genuesischen Festung aus dem 14. Jahrhundert. Heute gibt es darin ein Café und einen Nachtclub. Doch jetzt, während der »Intercultural Art Dialogue Days«, gibt es dort auch eine große Open-Air-Bühne, die vom frühen Nachmittag bis in die späte Nacht ein multikulturelles Programm bietet. Wir haben dort Roll-Ups in türkischer Sprache aufgestellt, die über »Roads of Dialogue« informieren. Wir nutzen die große Videowand auf der Bühne für audiovisuelle Präsentationen und den Platz davor für die Demonstration von E-Bikes. Abendliche Höhepunkte sind die Konzerte des »Silkroad Ensembles«.

Es ist nicht schwierig, einen Türken für Musik zu begeistern, aber nahezu unmöglich, ihn für das Fahrrad zu erwär-

In Istanbul geht die Sonne im Morgenland auf und im Abendland unter und färbt dabei den Himmel und das Goldene Horn, über das sich die Galatabrücke spannt, allabendlich blutrot ein. Das Schauspiel lässt sich von der Höhe des Galataturms besonders eindrucksvoll erleben.

Fester Bestandteil der Kulturkarawane im Rahmen der »Intercultural Art Dialogue Days« sind Konzerte des »Silkroad Ensembles«. Als Bühne dient der belebte und beliebte Platz vor dem Galataturm.

men. In Istanbul fährt keiner Rad. Der Türke ist heute so verwachsen mit dem Autositz wie einst seine Vorfahren mit dem Sattel eines Pferdes. Neun von zehn Pendlern fahren mit dem Auto zur Arbeit, trotz chronischem Verkehrsinfarkt. Manche Straßen werden tagsüber zu Parkplätzen. Nichts geht mehr, weder vor noch zurück. Und selbstverständlich fährt man mit dem Auto zur Naherholung. Schon mal die Türken beim Picknick gesehen, mitten auf Verkehrsinseln oder im Belgrader Wald, am Wochenende, wenn alle dieselbe Idee haben und dann zwischen den parkenden Autos mit den geöffneten Türen die Picknickteppiche ausgerollt werden? Sven lässt sich nicht entmutigen, jeden Tag vor dem Galataturm zu stehen, um Passanten die Vorzüge der E-Mobilität schmackhaft zu machen. Die einzigen, die sich wirklich ernsthaft für die E-Bikes interessieren, sind jedoch Touristen aus Deutschland. Mit dem Rad Istanbul erkunden? Unsere türkischen Freunde schlagen die Hände über dem Kopf zusammen. Das geht gar nicht, das ist lebensgefährlich, so der Tenor. Wir tun es trotzdem.

Radfahren gilt bei den autovernarrten Türken als »No-Go«. Manch einer hält es sogar für ein selbstmörderisches Unterfangen, in einer Stadt wie Istanbul ein Fahrrad zu benutzen. Sven lässt sich trotzdem nicht entmutigen, türkischen Passanten das E-Bike schmackhaft zu machen.

Das Konzert der Muezzine

Es ist ein Freitag, an dem wir durch Gassen radeln, die so eng sind, dass Autos nur noch mit eingeklappten Seitenspiegeln durchkommen, und so steil wie die Weinberge meiner südsteirischen Heimat. Schließlich geht es hinunter zum Laufsteg, der zwei Welten, zwei Kulturen verbindet: die Galatabrücke über das Goldene Horn. Sie ist das Bindeglied zwischen dem Häusermeer von Beyoğlu, aus dem der Galataturm herausragt, auf der einen und dem alten Machtzentrum mit den Moscheen und dem ehemaligen Palast auf der anderen Seite. Die Galatabrücke ist ein Lebensnerv der Stadt. Dreispurig in jede Richtung wälzt sich der Verkehr über die Brücke, in der Mitte die Schienenstränge für die Straßenbahn und außen die Fußgängerwege, auf denen die Angler wie Sardinen geschichtet dicht an dicht am Geländer stehen. Auf der unteren Etage reihen sich Cafés und Fischrestaurants aneinander, die allerdings kaum ein Einheimischer besucht. Und zu beiden Seiten legen die Fähren an. Sirenen kündigen ihr Kommen und Ablegen an. Sie fahren zum Schwarzen

Blick vom Dach der alten Karawanserei Validehan auf die Galatabrücke und das dahinter ansteigende Häusergewirr von Beyoğlu. Hier, am Goldenen Horn, landeten vor 2700 Jahren die ersten Siedler an, um die Stadt zu gründen.

Meer, nach Asien, zu den Prinzeninseln. Schwärme von Möwen ziehen hinter ihnen her wie Dampfwolken.

Es stimmt nicht ganz, dass es in Istanbul keine Radfahrer gibt. Die Fahrt zu den Prinzeninseln dauert nur eine Stunde, das Schiff verlässt dabei das Stadtgebiet nicht, doch es ist eine Fahrt in eine andere Welt, eine andere Zeit. Schon beim Betreten des Landungsstegs verlangsamt sich der Schritt. Im Sommer fliehen die Istanbuler auf die Inseln und tun dort all die Dinge, die ihnen in der Stadt im Traum nicht einfallen würden. Zum Beispiel Fahrrad fahren.

Wir aber radeln jetzt die engen Gassen des Basarviertels hoch auf der Suche nach einer alten Karawanserei, von der uns ein türkischer Freund erzählt hat. Der Eingang ist in diesem Gewirr von Gassen und Innenhöfen nicht einfach zu entdecken. Noch viel schwieriger ist es dann, den Hüter des Schlüssels zu finden, der den Zugang zum Dach aufsperren kann. Die Karawanserei selbst bietet einen bemitleidenswerten Anblick, aber die Aussicht, die sich vom Dach aus bietet, und das Erlebnis, an einem Freitag dort zu sein, wenn die Muezzine zum Gebet rufen, sind unglaublich. An keiner anderen Stelle in Istanbul lässt sich das Konzert der Gebetsrufe der ältesten und prächtigsten Moscheen des Landes eindrucksvoller erleben als vom Dach der Validehan. Das Goldene Horn und die Galatabrücke liegen uns zu Füßen. Zwischen all den Booten wendet ein riesiges Kreuzfahrtschiff. Dahinter der Bosporus mit seinen beiden Brücken. Hier erkennt man die besondere Lage dieser Stadt, die als einzige Megacity der Welt auf zwei Kontinenten liegt, die eine Hälfte im Abendland, die andere im Orient.

Da steht man nun über Istanbul, und plötzlich stürmen von allen Seiten die Gebetsrufe über einen herein. Bis dahin hat man diese als Salve elektronisch verstärkter Krächzer wahrgenommen, die einen frühmorgens aus dem Schlaf reißen. Das Abspielen vom Tonband ist zwar verboten, aber die Verstärkung durch ein Megafon nicht. Es gibt mehr als dreitausend Moscheen in Istanbul. Zwei Drittel davon beschäftigen Muezzine, deren Stimme und Musikalität ihrer Aufgabe hörbar nicht gewachsen sind. Deshalb hat der Mufti ihnen Schulungen verordnet. Aber hier sind Könner am Werk, die ein Konzert veranstalten, dessen Zauber man sich nicht entziehen kann. Es beginnt mit einem Muezzin, der vorprescht, nach und nach setzen dann die anderen ein, bis sich alles zu einem vielstimmigen Konzert steigert.

Wir bringen den Rest des Tages im Basarviertel zu, um am Abend einem Tanz der Derwische beizuwohnen. Der findet in einem zweistöckigen Restaurant statt. Im Erdgeschoss gibt es Speise, Trank und Bauchtanz, und darüber die tanzenden Derwische. Der Bauchtanz ist keine türkische Tradition, er stammt aus Ägypten, aber die lebenslustigen Istanbuler haben ihn in den 1920er-Jahren übernommen, obwohl er immer wieder aus der streng konservativen Ecke als unzüchtig und untürkisch gegeißelt wird. Der Orden der »tanzenden Derwische« wurde von einem Mystiker gegründet, der im Westen unter seinem Beinamen Rumi (1207–1273), der Römer, bekannt wurde. In Wirklichkeit war er ein im anatolischen Konya wirkender Perser, den die Zeitgenossen Mevlânâ

Sven und Michael lassen es sich nicht nehmen, Istanbul mit den E-Bikes zu erkunden, und ernten dabei manch erstaunten Blick irritierter Autofahrer. Dreispurig in jede Richtung wälzt sich der Verkehr über die Galatabrücke, einen der Lebensnerven der Stadt.

nannten: der Meister. Sein Orden wurde zwar nach der Gründung der Republik verboten, doch die ekstatisch-mystischen Tänze dürfen als »Kulturveranstaltung« dargeboten werden, vorgeführt von Männern in weißen Mänteln und hohen Filzhüten. Während der permanenten Drehungen neigen sie den Kopf in einem ganz bestimmten Winkel, sodass kein Schwindelgefühl aufkommen kann. Das tritt eher beim Zuschauer ein.

Von Europa nach Asien

Am nächsten Morgen sind wir wieder mit unseren vierrädrigen Fahrzeugen unterwegs. Wir fahren entlang der Uferstraße des Bosporus in Richtung Schwarzes Meer. Arnavutköy, Ortaköy, Yeniköy, allesamt Ortsnamen am Bosporus, die auf »köy« enden, also »Dorf«. Aus Albanerdorf, Neudorf oder Mitteldorf sind innerhalb der letzten Generation Stadtteile Istanbuls geworden. Es ist auch noch nicht lange her, da säumten noch Holzhäuser das Ufer. Sogar der osmanische Hofstaat und die Reichen zogen sich im Sommer ans Wasser zurück, in ihre Yalı, hölzerne

Weil der vom anatolischen Mystiker Rumi begründete Orden der »tanzenden Derwische« in der von Kemal Pascha gegründeten modernen Türkei verboten ist, finden die ekstatischen Tänze nur als »Kulturveranstaltungen« statt.

Prunkvillen. Der Aufstieg des Betons Mitte des 20. Jahrhunderts war der Niedergang der Holzhäuser. Die wenigen, die übrig geblieben sind, stehen heute unter Denkmalschutz.

Doch unsere Aufmerksamkeit gilt nicht dem Land, sondern dem Meer. Wir haben unsere Schlauchboote im Anhänger und halten nach einem geeigneten Zugang zum Wasser Ausschau. Jenseits der zweiten Bosporusbrücke, wo die ersten Fischerboote liegen, werden wir fündig. Wir haben die frühen Morgenstunden gewählt, weil wir glauben, um diese Zeit unauffällig zu bleiben. Denn was wir vorhaben, ist eigentlich nicht erlaubt. Der Bosporus ist nicht nur eine der frequentiertesten, sondern auch gefährlichsten Wasserstraßen der Welt. Man stelle sich vor, man wacht morgens auf und blickt auf den Bug eines Öltankers, der sich bis ins Schlafzimmer gebohrt hat. Das ist kein Szenario aus einem Katastrophenfilm, sondern Realität für den einen oder anderen Villenbesitzer am Ufer. Strömungen, Strudel und enge Kehren machen den Schiffen zu schaffen. An der Oberfläche fließen Strömungen zum Schwarzen Meer, ein paar Meter tiefer in die entgegengesetzte Richtung. Doch die größte Gefahr geht von der Verkehrsdichte aus. Hundertfünfzig tonnenschwere Tanker und Containerschiffe passieren die Meeresenge täglich, mitten durch die Millionenstadt. Dazu kommen noch die vielen anderen kleineren Boote. Bei der Vielzahl an Schiffen fallen immer wieder Maschinen aus, blockieren Ruder, und es kommt zu Kollisionen.

Wer – wie wir – mit dem eigenen Paddelboot den Bosporus überqueren will, der braucht eine Sondergenehmigung, die nur selten erteilt wird. Selbst dann ist eine Überquerung nur mit einem motorisierten und autorisierten Begleitboot möglich. So sehr wir diese Maßnahmen auch verstehen, so groß ist die Verlockung, von Europa nach Asien zu paddeln. Unser Versuch endet jedoch, bevor er überhaupt begonnen hat. Wir sind gerade dabei, die Boote aufzupumpen, da ist bereits die Polizei zur Stelle. Wir könnten uns ja ein Taxiboot nehmen oder einen der Fischer fragen, ob er uns übersetzt, sagen die Beamten freundlich. Oder aber gleich die Brücke benutzen. Dafür sei sie schließlich da.

Schweren Herzens packen wir wieder zusammen. »Willkommen in Asien« steht auf dem Schild, das uns schließlich am anderen Ende der Brücke empfängt. Hier findet unsere »Roads of Dialogue«-Expedition vorläufig ein Ende, doch weitere Stationen werden mit Sicherheit folgen.

Blick auf die Moschee Ortaköy Camii und die Bosporusbrücke, die Europa mit Asien verbindet. Dieser Bereich am europäischen Bosporusufer hat sich zu einer beliebten Ausgehmeile entwickelt.

Auf der Strasse der Reiternomaden

Samarkand, Samarkand.
Kaum schließt du die Augen und flüsterst die Worte,
schon flimmern sie vor dir am Horizont: da!
Schon wachsen dort Spitzen und Kuppeln und Tore,
schon ziehn Karawanen die staubige Straße.
MATTHIAS POLITYCKI

Skythen, Hunnen, Mongolen, Türken – wie aufeinanderfolgende Wellen kamen Reiternomaden nach Zentralasien und gingen. Sie alle hatten eines gemeinsam: Mit Pfeil und Bogen bewaffnet flogen sie auf den Rücken ihrer Pferde über die Steppen. Als Nomaden lebten sie in beweglichen Behausungen, den Jurten. Und sie verbreiteten Angst und Schrecken bei den Sesshaften. Sie eroberten und zerstörten blühende Städte, zerschlugen bestehende Reiche und gründeten neue, die häufig nur kurze Zeit überdauerten. Manche dieser Nomadenvölker wurden selbst sesshaft wie die Uiguren oder Tocharer. Die meisten jedoch behielten ihre angestammte Lebensform bei, und das uralte Wechselspiel zwischen sesshafter und nomadischer Kultur prägte das Leben in dieser Region bis in die jüngste Vergangenheit.
Eroberungsheere, Kaufleute und Mönche verbreiteten unterschiedliche Glaubensbekenntnisse. Auf vielfältigen Wegen sickerte die Lehre Buddhas aus Indien kommend ein. In ihrer Heimat verfolgte christliche Nestorianer wanderten entlang der Seidenstraße ostwärts und gründeten neue Gemeinden. Die Bewohner der Oasenstädte hingegen huldigten der persischen Lichtreligion des Mani und dem Feuergott Ahura Mazda. Schon wenige Jahre nach dem Tod des Propheten Mohammed drangen

die ersten, von arabischen Muslimen befehligten Heere in jenes Land ein, das arabische Quellen als »Mawaraannahr« bezeichneten, als »Land zwischen den Flüssen«, und begannen mit der Islamisierung. Doch keines dieser Glaubensbekenntnisse hat das Gesicht von Zentralasien nachhaltiger verändert als die jüngste »Religion«: der Kommunismus. Die Gleichmacherei des Sowjetkommunismus duldete kein freies Nomadentum mehr, auch wenn die Natur in Steppen und Halbwüsten keine andere Lebensform vorgesehen hatte. Die Menschen wurden zwangskollektiviert, in Barackenlager gepfercht, wo sie nach Plansoll produzieren mussten.

Der Kampf um Wasser

Seit Stunden fahren mein Fahrer und ich durch eine scheinbar menschenleere Ödnis, die das flimmernde Teerband durchschneidet. Rechts liegt die Wüste Kyzyl Kum, was so viel bedeutet wie »Roter Sand«, doch hier besteht sie nur aus Kies, von niedrigen Saxaul-Büschen überzogen, die mit ihren tief in den Boden reichenden Wurzeln dem Sturmwind trotzen. Ab und an kreuzen Wüstenschiffe den Weg, Vertreter jener zweihöckrigen Rasse Baktrischer Kamele, die als Urahnen ihrer Spezies gelten. Links beginnt die Wüste Kara Kum, die den größten Teil Turkmenistans einnimmt und noch trockener als die Kyzyl Kum sein soll.

Doch dann glaube ich, einer Sinnestäuschung zu erliegen, als plötzlich ein blaues Band auftaucht. Augenblicke später stehen wir am Ufer des Amu Darya. Hier treffen zwei Lebensadern Zentralasiens zusammen: das Wasser und die Seidenstraße. Wobei kein Zweifel besteht, welche von beiden die größere Bedeutung hat. Der Amu Darya, der im Pamir-Gebirge von Tadschikistan entspringt, ist der wasserreichste Fluss in Zentralasien, Schicksalsfluss einer ganzen Region. Viel mehr als der Syr Darya bestimmt er das Leben der Menschen. In der Antike nannte man ihn »Oxus«, und das Gebiet des heutigen Usbekistan hieß demzufolge Transoxanien, das Land jenseits des Oxus.

Der Amu Darya, Lebensader und Schicksalsfluss Zentralasiens, vermag zwar noch die Kyzyl Kum zu durchfließen, aber nicht mehr den Aralsee zu speisen. Die Folge: Der einstmals viertgrößte See der Welt ist zu einer Lache geschrumpft.

Alexander der Große hat auf seinem Eroberungsfeldzug nicht weit von hier den Oxus überquert, ein Unterfangen, das sein Heer Wochen kostete. Dann unterwarf er den lokalen Herrscher, nahm sich dessen Tochter Roxane zur Frau und vollzog nun auch physisch die Verschmelzung von Hellas mit Zentralasien. Seine Soldaten ermunterte er, seinem Beispiel zu folgen. Das in kürzester Zeit eroberte Weltreich Alexanders überdauerte seinen Tod kaum. Dennoch hinterließ auch er Spuren, die sich bis in den öden Wüstensand der Takla Makan nachverfolgen lassen. In halb vom Sand verwehten Ruinen wurden vom britischen Archäologen Sir Aurél Stein gräko-buddhistische Wandmalereien freigelegt. Selbst der Name des Künstlers, er hieß Titus und stammte wahrscheinlich aus dem östlichen Mittelmeerraum, ist überliefert. Alexander hat Hellas bis nach Nordwestindien getragen, und in der Provinz Gandhara – der Gegend um das heutige Peshawar in Pakistan – entstand das Bild des Buddha mit seinen unverwechselbaren Merkmalen, das zunächst griechisch-römische Züge trug.

»Jaihun« – »der Widerspenstige« – nannten die Araber den Amu Darya, wenngleich er sie nicht in ihren Expansionsbestrebungen aufhalten konnte. Für sie war er weder ein unüberwindliches Hindernis noch ein beliebig auszubeutendes Wasserreservoir. »Wenn der Amu Darya stirbt, sterben wir morgen alle.« Von dieser alten Weisheit ließen sich die Menschen in Zentralasien lange leiten, wie traditionelle Wasserbauten belegen, die umweltschonender und effektiver waren als die später von den sowjetrussischen Kolonialherren geschaffenen. Freilich standen ihnen damals gar nicht die technologischen Möglichkeiten zur Verfügung, um so zerstörerische Eingriffe wie die Sowjetrussen vorzunehmen, und die Frage bleibt offen, ob sie auch dann so nachhaltig gebaut hätten, wenn ihnen diese modernen Mittel zur Verfügung gestanden hätten. In Bezug auf Stalin und seine Nachfolger stellt sich diese Frage nicht. Sie hielten ihre Planer und Ingenieure dazu an, alles umzusetzen, was machbar war, je gigantischer, desto besser. Wer den Klassenfeind besiegen kann, meinte der Stählerne, »schafft auch die Natur«.

Sicher hätte Stalin auch die Seidenstraße nach Sibirien verlegt, wenn sie nicht schon Vergangenheit und Seide als Luxusartikel der Bourgeoisie verpönt gewesen wäre. Das Proletariat braucht Baumwolle, entschied der Diktator. Raum gab es dafür genug, vor allem in Usbekistan. Dort war die Steppe weit und leer, aber trocken – »Hungersteppe«. Daraus sollte eine blühende Landschaft werden. Man grub den beiden Flüssen Syr Darya und Amu Darya, der damals noch breiter als der Nil war, das Wasser ab und goss damit die Steppe. Überall, wo Platz war, pflanzte man Baumwolle. Als die beiden Flüsse kein Wasser mehr in den Aralsee leiteten und das Meer wich, jubelten die Kolchosbauern über neu gewonnenes Ackerland. Um die Industrialisierung der Landwirtschaft voranzutreiben und den Einsatz von Maschinen bei der Baumwollernte zu erleichtern, ließ man aus Flugzeugen das Entlaubungsmittel Agent Orange herabregnen, das die Amerikaner im Vietnamkrieg eingesetzt hatten. Das Ergebnis waren Rekordernten, die der Sowjetunion den Weltmeistertitel im Baumwollexport einbrachten, aber die Umwelt nachhaltig schädigten.
Trotz der verheerenden Folgen, die das Erbe der Sowjetzeit nach sich zieht, findet kein Umdenken statt. Auch die junge unabhängige Republik Usbekistan verdient den überragenden Teil ihrer Deviseneinnahmen mit dem Verkauf von Rohbaumwolle. Daran zu rütteln gilt als Tabu. Also wird weiterhin auf Baumwolle gesetzt, und die Folgen werden billigend in Kauf genommen. Das bedeutet, dass das Wasser des Amu Darya wie bisher weitgehend zur Bewässerung von Baumwollplantagen genutzt wird. Neuerdings auch für Reis, eine Pflanze, die noch mehr Wasser braucht, entgegen aller wirtschaftlichen Vernunft. Eine Tonne in Usbekistan oder Kasachstan produzierter Reis kostet doppelt so viel wie eine Tonne Reis auf dem Weltmarkt. Dahinter steckt das politische Streben nach nationaler Unabhängigkeit. So sehr das Verlangen nach Autokratie nach der jahrelangen Bevormundung durch Moskau nachvollziehbar ist, es steht einer Lösung der Wasserproblematik im Wege. Noch ist es nicht zu spät für den Amu Darya, noch ist nicht eingetreten, was der orientalische Denker und Dichter Omar Chajim (1043–1123) vor fast tausend

Jahren notierte: dass der Oxus nicht mehr sei als »die Spur unserer ausgepressten Tränen«.

Zu spät ist es schon für den Aralsee, einstmals der viertgrößte See der Welt. Der Amu Darya kann ihn nicht mehr nähren, er versiegt schon vorher, wo genau, weiß niemand. Wir fahren auf einer geteerten Straße durch das ehemalige Delta nordwärts. Sie führt nach Muynak, einer Hafenstadt am Ufer des Sees. Karakalpakstan heißt das autonome Gebiet südlich des Sees. Entlang der Strecke hat Usbekistans Präsident Islam Karimov Plakate anbringen lassen, mit denen er die grandiose Zukunft beschwört. Mal sieht man ihn als fürsorglichen Vater seines Volkes, mal inmitten wogender Felder. »Usbekistan blüht«, »Fisch als Reichtum«, »Aral lebt«, lauten die Parolen darunter.

Zunächst sieht es tatsächlich so aus, als ob es hier viel regnet. Der Boden ist feucht und mit Wasserlachen überzogen. Doch der Eindruck täuscht. Die extensive Bewässerung im ehemaligen Delta des Amu Darya hat dazu geführt, dass der Grundwasserspiegel angestiegen ist, dass das versalzene, mit Pestiziden und Schwermetallen vergiftete Wasser vielerorts an die Oberfläche tritt. Es dient den Menschen als Trinkwasser, anderes gibt es nicht. »Aral lebt«? In Muynak lebt nur noch die Erinnerung daran. Damals liefen Fischkutter Tag und Nacht aus. Der Fang wurde in

Sterbende Welt beim einstigen Fischerdorf Muynak. Wo früher der Hafen war und die Fischkutter zum Fang auf den See hinausfuhren, liegen heute verrostete Wracks wie gestrandete Wale. Das Wasser ist verschwunden, aus dem Aralsee wurde Aralwüste.

Fabriken zu Konserven für die Sowjetunion verarbeitet. Im Gegenzug kamen aus allen Teilen des Landes und sogar aus den Bruderstaaten Werktätige zur Sommerfrische. Das Wasser des Aralsees galt als heilend. Dass auf einem Eiland mit dem vielversprechenden Namen »Insel der Wiedergeburt« derweil die Sowjetarmee Biowaffen testete, tat dem Ruf als Kurort keinen Abbruch. Keiner wusste davon. Dann begann der See zu schrumpfen. Den Menschen wurde erzählt, das sei nicht Wüste, was sie sähen, sondern Ebbe. Die Gezeiten hätten nun größere Intervalle.

Das war vor vierzig Jahren. Heute glaubt niemand mehr den Versprechungen, dass das Wasser zurückkommt. Wer kann, geht fort. Wovon sollte man auch leben? »Sehen Sie nur, was unsere Ingenieure gemacht haben«, sagt eine Frau aus Muynak anklagend und deutet zum Hafen. Dort liegen verrostete Fischkutter wie gestrandete Wale im Sand, dazwischen staken Kamele auf der Suche nach Futter umher. Das Meer ist verschwunden und damit auch die Fische. An seiner Stelle gibt es nun ein anderes Meer: Dünen, weiß wie Schnee, vom Wind modelliert. Sie sind geschwängert von Salz und Giften aus den vertrockneten und verseuchten Böden, die sie bis heute nicht losgeworden sind. Aus dem Aralsee ist Aral Kum geworden, die Aralwüste. Der Wind wirbelt den giftigen Staub durch die Luft. »Nordwind ist Mordwind«, sagen die Karakalpaken. Die Folgen für die Gesundheit sind katastrophal. Die Kindersterblichkeit ist eine der höchsten der Welt. Mehr als die Hälfte der Todesfälle sind auf Atemwegs- und Darmerkrankungen zurückzuführen. Trinkwasser und Nahrungsmittel sind genauso toxisch wie die Luft. In der Klinik von Muynak liegen von Tuberkulose, Diphtherie, Typhus und Anämie ausgemergelte Gestalten. Kinder kommen mit Missbildungen zur Welt. Der Schiffsfriedhof wächst nicht mehr, dafür der menschliche. Längst nennen die Überlebenden die Aralregion das »stumme Tschernobyl«.

»Wenn Allah will, dass das Wasser wiederkommt, dann wird er es uns wiedergeben«, trösten sich die in Muynak verbliebenen Bewohner. Doch die Katastrophe ist nicht gottgewollt. Deshalb wird weiterhin viel Wasser den Amu Darya hinunterfließen, aber nichts davon in Muynak ankommen.

So sträflich Usbekistan mit seinen Naturschätzen umgeht, so sehr hätschelt und pflegt es seine Kulturschätze. Nicht einmal dreihundert Kilometer liegen zwischen Muynak und Khiva, aber es ist eine Reise in eine andere Welt. Schon aus der Ferne erscheint die mit Zinnen gekrönte Stadtmauer beeindruckend, und dahinter glänzen türkisfarben glacierte Kuppeln und Minarette in der Sonne. Am Eingang zu Itchan Kala, der Altstadt, sitzt ein Wächter, der Eintritt kassiert. Ein Freilichtmuseum, denkt man also. Nicht ganz. Denn die Stadt beherbergt das Grab eines weithin bekannten islamischen Heiligen. Auf dem Weg durch die Zitadelle begegnet man deshalb immer wieder Pilgern, herausgeputzt in ihren verschiedenen Trachten – Usbeken, Turkmenen, Tadschiken.
Der Heilige Pahlawan Mahmud, ein sagenhafter Held, Dichter und Philosoph aus dem 13. Jahrhundert, ruht heute in einem Mausoleum, dem der Ruf vorauseilt, eines der bedeutendsten Bauwerke der islamischen Welt Zentralasiens zu sein. Das Kenotaph des Verstorbenen befindet sich in einem vollständig mit blauweißer Majolika ausgekleideten Raum, über dessen Eingang ein Vierzeiler des Gelehrten prangt, der seinen Zeitgenossen nicht gerade das beste Zeugnis ausstellt: »Es ist leichter für mich, hundertmal dieselben Worte zu sagen, hundert Jahre im Gefängnis zu sitzen, hundert Berge in Sand zu verwandeln, als auch nur einen einzigen Dummkopf die Weisheit zu lehren.«
Im Garten vor dem Mausoleum gibt es einen Brunnen, der sogar mit der Gründung der Stadt in Verbindung steht. Der Legende nach sollen schon in grauer Vorzeit die Karawanen auf ihrem Weg durch die Kara Kum an diesem Brunnen haltgemacht haben, den ein Sohn Noahs einstmals graben ließ. Das Wasser war so wohlschmeckend, dass sie dem Brunnen den Namen »Cheivak« (»Oh, wie ist das wohltuend«) gaben. Was immer an dieser Überlieferung wahr sein mag, es unterstreicht die überragende Bedeutung des Wassers.
Von der vorislamischen Geschichte finden sich keine Spuren mehr. Der Alleinanspruch des Islam, der seit der arabischen Eroberung im 8. Jahr-

hundert durchgesetzt wurde, hat alle Spuren ausgelöscht. Feingeister wie der große Universalgelehrte Al-Biruni, der vor mehr als tausend Jahren hier lebte, beklagten den kulturellen Kahlschlag: »Qutaiba tötet die Menschen, die die Schriftsprache Choresms beherrschen, die seine Legenden erzählen, die seine Wissenschaften lehren.« In der Tat, Qutaiba ibn Muslim, Statthalter von Choresm in der Zeit des Arabischen Kalifats, riss die alten Wurzeln aus, indem er systematisch alle verfolgte und töten ließ, die noch Träger der vorislamischen Kultur waren. Zudem befahl er, alle Schriften nichtislamischen Inhalts zu verbrennen und die Kultstätten Andersgläubiger zu zerstören. Das betraf vor allem die Anhänger des persischen Feuerkults (Zoroastrismus oder Mazdaismus), die hier eine Hochburg hatten.

Im 6. Jahrhundert soll die Stadt bereits eine Mauer aus gestampftem Lehm und gebrannten Ziegeln umgeben haben. Sie wurde von den Arabern gestürmt, geschleift und hinterher wiederaufgebaut. Als Nächstes waren die Mongolen dran. 1220 rannten die Heerscharen Chinghis Khans gegen die Mauern an, zerstörten sie samt der ganzen Stadt. Kaum waren die Mauern wiederaufgebaut, stand 1388 Timur vor den To-

Ein vollkommen geschlossener Mauerring umgibt die Altstadt von Khiva, trotz der vielen Belagerer und Eroberer, die im Lauf der wechselvollen Geschichte Einlass begehrten. Heute gehört die Stadt zum UNESCO-Weltkulturerbe.

ren. Auch er eroberte die Mauern und ließ sie niederreißen. Der Nächste, der Einlass begehrte, ließ immerhin fast vierhundert Jahre auf sich warten. Es war der persische Nadir Shah, der 1740 das Khanat (Fürstentum) Khiva für kurze Zeit dem Perserreich einverleibte. Erst 1920 floh der letzte Khan vor den heranrückenden zaristischen Truppen Russlands.

In den 1860er-Jahren tauchte eine der seltsamsten europäischen Gestalten in Khiva auf, die je zentralasiatischen Boden betraten. Der Mann befehligte weder eine Armee, noch war er Abgesandter einer europäischen Kolonialmacht. Auch mit Handel hatte er nichts am Hut. Er stammte aus Ungarn, und sein Name war Hermann Vámbéry. Das freilich ahnte niemand, denn er reiste in der Maskerade eines Derwischs, den er so glaubwürdig verkörperte, dass selbst der misstrauische Emir von Khiva ebenso wie sein despotischer Kollege in Buchara, der Fremde unter dem Verdacht der Spionage stets foltern und enthaupten ließ, darauf hereinfielen. Seine Mission: Er war angetreten, um etwas über die verbotene Stadt und das Land zu erfahren, in dem, wie er sagte, »Hören für Unverschämtheit, Fragen für Verbrechen, Notieren für Todsünde gehalten wird«. Vámbéry war in jeder Hinsicht eine bemerkenswerte Persönlichkeit. Als Achtjähriger beherrschte er bereits Deutsch, Ungarisch und Hebräisch. Im Selbststudium erlernte er noch mehrere asiatische Sprachen. Seine Kenntnis des osmanischen Türkisch war so perfekt, dass man ihn in Konstantinopel für einen türkischen Landsmann in europäischer Verkleidung hielt. Dem türkischen Sultan diente er sogar jahrelang als Berater. Obwohl in christlich-jüdischem Umfeld aufgewachsen, war er ebenso vertraut mit dem Islam. Er selbst war aber Atheist.

Vámbéry war sich der Gefahren durchaus bewusst, als er sich auf die Reise begab. Ihm war klar, dass es ihn den Kopf kosten würde, sollte der Schwindel auffliegen, so wie es zuvor Briten ergangen war, die der Khan von Buchara hinrichten ließ. Da erscheint es wie Galgenhumor, wenn er in seinem Reisebericht dem Leser verrät: »Es ist wunderbar, welche Anstrengung es kostet, mit der steten Todesgefahr sich vertraut zu machen.« Seine Augenzeugenberichte aus Khiva, Buchara und Samarkand

sind die letzten authentischen Dokumente über die unabhängigen Khanate und zugleich die ersten der Neuzeit.

Zur Zeit des Besuchs von Vámbéry gab es in Khiva vierundsechzig funktionierende Medresen, islamische Hochschulen mit Studierenden. Die Stadt erlebte zweiundvierzig Herrscher im steten Wechselspiel von Blüte und Niedergang. Bei all den Eroberungen und Zerstörungen gleicht es einem Wunder, dass Khiva überhaupt noch existiert und nicht das Schicksal vieler anderer alter Oasenorte an der Seidenstraße teilt, die der Wüste anheimfielen. Einstmals ein Nest von üblen Karawanenräubern, ist es heute ein einzigartig erhaltenes Juwel persischer Städtebaukunst. Ein vollkommen geschlossener Ring von Mauern umgibt die Altstadt. Im Inneren befinden sich Zitadelle, Palast, Moscheen und Medresen. Trotz des musealen Status als UNESCO-Weltkulturerbe leben immer noch etliche Familien in einstöckigen, aus gestampftem Lehm und getrockneten Ziegeln gebauten Haulis.

Mit Ornamenten versehene Holzsäulen und Decken zieren die Djuma-Moschee, die älteste islamische Gebetsstätte Khivas. Obwohl das Gebäude wie alle anderen Bauwerke der Altstadt unter Denkmalschutz steht, ist es kein Museum.

Rechteckige Flächen glasierter Keramik zieren die Wände des Harems wie herabhängende Perserteppiche. Blumenmuster und Rankenwerk sind krönendes Beispiel zentralasiatischer Ornamentik. Dazwischen finden sich immer noch aus dem Zoroastrismus tradierte Symbole für Glück und Fruchtbarkeit. Am Freitag versammeln sich die Gläubigen in der Djuma-Moschee. Sie ist das älteste in Khiva erhaltene Bauwerk. Decke und Säulen bestehen noch aus Holz, mit Ornamenten reich verziert. Das Halbdunkel der Säulenhalle vermittelt einen mystischen Eindruck. Nicht alle sakralen Gebäude, die geplant waren, wurden auch vollendet. Kalta Menar sollte nach dem Willen der Erbauer das höchste Minarett der islamischen Welt werden. Das Vorhaben erinnert ein wenig an den Turmbau zu Babel. Aber immerhin ist dieser Turm nicht eingestürzt, sondern lediglich etwas zu kurz geraten. Das Ergebnis ist ein Torso von achtundzwanzig Metern Höhe. Deutlich höher ist das Minarett Islam Hodscha geraten, das letzte, das in Itchan Kala errichtet wurde. Anders als Buchara und Samarkand wurde Khiva nicht durch die Russifizierung mit einem Ring von Plattenbauten dekoriert. Das einzige Sowjetbauwerk, das mit den Minaretten konkurriert, ist das Riesenrad in einem Vergnügungspark außerhalb der Stadtmauern. Wer sich nicht scheut, das rostige Ungetüm mit den schaukelnden Gondeln zu besteigen, wird mit fantastischen Aus- und Einblicken in die Altstadt belohnt.

Buchara – »die Edle«

Die Straße nach Buchara durchschneidet die Kyzyl Kum wie eine mit dem Lineal gezogene Linie. Flach wie ein Billardtisch breitet sich die Wüste zu beiden Seiten bis zum Horizont aus. Sie ist keine Bilderbuchwüste, die das Auge des Betrachters mit gerundeten Dünenformationen erfreut. Die Landschaft ermüdet irgendwie, schläfert ein. Für Abwechslung sorgen grün uniformierte Männchen. Manchmal stehen sie nur als Attrappen am Straßenrand, aber oft sind es echte Polizisten. Sie halten uns an, kontrollieren, wollen Geld sehen. Mein Fahrer zahlt ohne Murren, obwohl er sich keiner Übertretung der Verkehrsordnung schuldig gemacht hat. »Fürchte Polizisten und Ärzte«, sagt er, als wir wieder fahren, in Anspielung auf den zweifelhaften Ruf der beiden Berufsgruppen in seinem Land. Er weiß nur zu gut: Ohne Bakschisch geht bei ihnen nichts. Doch wir kommen nicht weit. Vor uns taucht die Attrappe eines Polizeiautos auf. Der besondere Clou der Camouflage: Dahinter versteckt sich ein echtes Fahrzeug. Der Straßenposten beobachtet den Verkehr durch ein ausgeschnittenes Fenster in der Attrappe. Wieder wird abkassiert.

Endlich tauchen die Kuppeln und Türme von Buchara auf. »Getrocknet honigsüße Früchte von Buchara, dem Sonnenland, und tausend liebliche Gedichte auf Seidenblatt von Samarkand«, dichtete J. W. von Goethe in seinem »West-östlichen Divan«, inspiriert von den Versen des Hafiz, des größten Poeten persischer Zunge. »Nähm jener schöne Shiraz-Türke mein Herz in seine Hand, gäb ich für sein Schönheitsfleckchen Buchara und Samarkand«, reimte Hafiz im 14. Jahrhundert. Er lebte in Shiraz, der Stadt der Rosen und Nachtigallen, und hat weder Buchara noch Samarkand je gesehen. Aber er gehörte zu jenen Träumern, die ihren legendären Ruf schufen. Reisende, die dort waren, und solche, die nicht dort waren, haben diesen Traum aufgegriffen und mitgenommen. Er gehört nun zum Bilderschatz des Westens, und es bedarf nur der Märchenworte »Buchara« und »Samarkand«, um die Fantasie zu beflügeln. Wie nirgendwo sonst entlang des siebentausend Kilometer langen Stranges der Seidenstraße kreuzen sich hier die Wege der Träumer mit den realen Wegen der Händler, Nomaden, Spione, Missionare, Religiosen, wüsten Horden und Tyrannen, den Routen von Jade, Lapislazuli, Seide, Porzellan, Papier, neuerdings von Baumwolle und afghanischem Opium.

Die Stadtmauer von Buchara hat Sand-, Hunnen- und Mongolenstürmen standgehalten, aber nicht dem Einzug der Moderne. Die Sowjets ließen sie abtragen und durch einen Ring von breiten Straßen, Fabrikschloten und kommunistischen Parteibüros ersetzen. Sie umzingeln die Altstadt, die noch erstaunlich gut erhalten ist. Mehr als jede andere Stadt Turkestans konnte Buchara etwas von seinem orientalischen Gepräge

bewahren, ohne dabei wie ein Museum zu wirken, wie es in Khiva der Fall ist. Im Gegensatz zur großen Schwester Samarkand hat Buchara immer am gleichen Platz gestanden. Trotz häufiger Zerstörungen infolge von Nomadeneinfällen und Eroberungen veränderte sich die Stadt in ihrer Grundkonzeption kaum. Sie setzt sich aus einer Zitadelle (Ark), der Shahristan (Innenstadt) und dem Rabat (Vorstadt) zusammen.

Wir stehen vor dem Ark, dem festungsähnlichen Herrscherpalast, in dem bis zum Sturz des Emirats 1920 eine Reihe von Despoten herrschten, von denen ein gewisser Nasrullah (er regierte 1827–1860) durch die Berichte europäischer Reisender zweifelhafte Berühmtheit erlangte. Der Anblick der Mauern stimmt mich nachdenklich, nicht nur wegen all der Grausamkeiten, die hier in der Vergangenheit geschehen sind, sondern weil sich heute ein nationalistisch verbrämter Mantel darüberbreitet und man von jener Epoche zu sprechen beginnt, als wäre sie das Goldene Zeitalter gewesen. Hatten die Kommunisten hier ein Gruselmuseum eingerichtet, um die Tyrannei des alten Feudalsystems darzustellen und ihr Befreiungswerk ins rechte Licht zu rücken, so wird heute die Vergangenheit unkritisch glorifiziert. Der geräumige Platz vor dem Eingangstor, auf dem früher die Hinrichtungen stattfanden, dient heute als Parkplatz für Touristenbusse, und in den Nischen, wo früher die Wachen standen, sind nun Andenkenläden untergebracht. Zur Zeit des Emirats war der Platz abschüssig und aus gestampftem Lehm. Hier befand sich auch das berüchtigte »Schwarze Loch«, in dem Nasrullah seine Opfer einsperrte und von fleischfressendem Ungeziefer martern ließ, bis sie der Scharfrichter erlöste.

Blick vom Ark, dem festungsähnlichen Herrscherpalast, auf die Altstadt von Buchara, aus der sich das Kalan-Minarett und die blauen Kuppeln und Portale der Moscheen und Medresen erheben.

Eines der Opfer war der Italiener Orlandi. Nach allerlei orientalischen Abenteuern landete er als Sklave in Buchara. Als er sich weigerte, zum Islam überzutreten, verurteilte ihn Emir Nasrullah zum Tode. Um sein Leben zu retten, bot Orlandi dem Despoten an, ihm eine große Uhr zu bauen, die er oberhalb des Tores anbringen wollte. Der Emir war von der Idee begeistert und begnadigte ihn. Später baute der Italiener auch noch ein Teleskop, womit der Emir die Sterne betrachten konnte. Eines Tages fiel das Teleskop zu Boden, und der Emir rief nach Orlandi, damit er es

repariere. Der Italiener aber war betrunken, und so verurteilte der Emir ihn ein zweites Mal zum Tode, es sei denn, er nähme den islamischen Glauben an. Um zu zeigen, dass er es diesmal ernst meinte, schickte der Emir den Scharfrichter, der Orlandi mit einem scharfen Messer die Kehle anritzte. Doch der Italiener gab nicht nach, und so schnitt man ihm anderntags den Kopf ab.
Die Uhr von Orlandi, die noch zwischen den beiden Wachtürmen hing, als die Schweizer Reisende Ella Maillart im Jahr 1932 Buchara besuchte, ist verschwunden. Aber das Fenster ist noch da, von dem aus der Emir die Hinrichtungen zu beobachten pflegte. Im Gegensatz zum düsteren Gemäuer des Ark ist der Blick von seiner Höhe über die Altstadt berückend. Das Zentrum bildet eine Ansammlung von türkisfarbenen Kuppeln, mächtigen Portalen und filigranen Türmen, um die sich ringförmig ein ineinander verschachteltes Gewirr aus flachen Häuserwürfeln drängt. Über allem aber erhebt sich »der Große«, ein fünfzig Meter hohes Minarett, das den Karawanen schon aus der Ferne den Weg nach Buchara wies.
Unten am Eingangstor werden wir schon erwartet. Im blütenweißen Hemd, mit Strahlemann-Lächeln präsentiert sich Ammon radebrechend als dienstältester und kundigster Fremdenführer Bucharas. Der Mann ist in jedem Fall ein Original und für uns ein Glücksfall. Die Erfahrung mit ausländischen Touristen hat ihn gelehrt, dass es nur eines nicht geben darf, nämlich »ein Problem«. Und deshalb kommt bei ihm in jedem zweiten Satz »no problem« vor. Wir sagen ihm, dass wir dem Koranunterricht in der ehrwürdigen Medrese Mir-i-Arab beiwohnen wollen. »Nooo problem«, erklärt er uns; das ließe sich sofort arrangieren, denn einer seiner Vettern sei dort Lehrer. Er hätte auch noch eine Koranschule für Mädchen anzubieten, die einzige in ganz Usbekistan; ebenfalls »nooo problem«, weil dort seine beiden Töchter studieren. Das überrascht uns, denn bis dahin wurden wir stets abgewiesen mit der Begründung, dafür sei eine Sonderbewilligung notwendig. »Brauchen wir da keine Akkreditierung?«, fragen wir irritiert. »Ich bin die Akkreditierung!«, donnert er los, als ob es sich um einen schlechten Witz handele.

Er ist auf der Stelle engagiert. Aber bevor wir losziehen, wollen wir noch ins Hotel zum Frühstück. »Hotel? Zu welchem Hotel?«, fragt er ungläubig. »Zum Hotel Buchara.« Kaum ist das Wort gefallen, verzieht sich sein Gesicht zu einer Grimasse. »Hotel Buchara Essen nix gut!«, ruft er und macht dabei eine abfällige Handbewegung. »Basar: Essen gut!« Minuten später finden wir uns in einem Hinterhof wieder, in dem bunt gekleidete Frauen frisches Fladenbrot, Eier und süßen Milchrahm verkaufen. Während wir Tee trinken und in Rahm getauchtes Brot verzehren, ist er unterwegs, um bei der Familie eines anderen Vetters unser Abendessen zu arrangieren.

Die Altstadt von Buchara lässt sich am besten zu Fuß erkunden. Wir schlendern die alte Basarstraße entlang, die vom Ark über den Registan durch überkuppelte Märkte bis zu den Hochburgen islamischer Gelehrsamkeit führt. Buchara ist wie ein aufgeschlagenes Geschichtsbuch, und mit jedem Schritt blättert man eine Seite weiter. Das unabhängige Kha-

Im Licht der untergehenden Sonne leuchtet das Portal der Kalan-Moschee wie pures Gold. Unmittelbar daneben erhebt sich das Wahrzeichen von Buchara, ein 47 Meter hohes Minarett, von dem nicht nur der Muezzin die Gebetsstunde verkündete, sondern auch Delinquenten in den Tod gestürzt wurden.

nat, regiert von Emiren, ist, gemessen an der Geschichte dieser Stadt, nur eine kurze Episode. Es stellt die letzte Phase des Niedergangs am Vorabend der russischen Annexion dar. Bucharas Wurzeln aber reichen zweitausendfünfhundert Jahre zurück. Der Name könnte von Vihara – Kloster – abgeleitet worden sein. Dank ihrer guten Lage spielte die Stadt eine bedeutende Rolle an der Seidenstraße. Hier trafen sich verschiedene Routen, die über den Tien Shan beziehungsweise den Hohen Pamir führten; von hier aus gingen Karawanenstraßen weiter nach Persien und an das Kaspische Meer.

Bereits Anfang des 7. Jahrhunderts wurde die Stadt islamisiert. Die Anhänger des Buddhismus, der persischen Feuerreligion und anderer entlang der Seidenstraße vertretener Glaubensbekenntnisse wurden teilweise gewaltsam konvertiert. Die Armen köderte man damit, dass die Araber jeden Besuch der Moschee mit einem Dirham belohnten. Schon damals existierte an der Stelle des heutigen Ark eine Zitadelle, die immer wieder zerstört und am selben Platz wiederaufgebaut wurde. 1220 war Chinghis Khan an der Reihe. Er ging bei seinem Verwüstungszug gründlicher vor als alle seine Vorgänger. Nur das mächtige Kalan-Minarett und das Mausoleum der Samaniden wurden verschont. Buchara erholte sich von diesem Schlag nur sehr langsam. Noch im 14. Jahrhundert empörte sich der arabische Reisende Ibn Battuta über den Vandalismus: »Diese Stadt war einstmals die Hauptstadt jenseits des Oxus. Sie wurde von dem verfluchten Chinghis Khan zerstört …!«

Erst unter Timur erlangte Buchara neuen Glanz, wenngleich im Schatten von Samarkand, das er zur Hauptstadt seines Reichs erkoren hatte. Ulugh Beg, einer seiner Nachfolger, gründete 1417 in Buchara die erste Medrese Zentralasiens. Aus dieser Zeit stammt der legendäre Ruf der Stadt als geistiger Mittelpunkt der islamischen Welt, obwohl sie auch schon vorher ein Hort der Gelehrsamkeit war. Hier hatten einige der führenden Denker gewirkt, die bis heute jeder gebildete Muslim kennt: der Philosoph Ibn Sīnā (Avicenna), der Dichter Rudaki, der Universalgelehrte Al-Buchari. Ihre Werke erwiesen sich als unzerstörbar. »Siehe, die Paläste sind Ruinen«, schrieb Nureddin Chami, ein Zeitgenosse Ulugh

Die engen Gassen der Altstadt von Buchara mit den aneinandergereihten Wohnhäusern gehören zum Lebensraum der Menschen. Hier machen Kinder ihre Schulaufgaben, gehen Erwachsene ihrem Handwerk nach oder treffen sich zum Gedankenaustausch.

Begs, triumphierend. »Der Zorn der Herrscher hat sich in Luft aufgelöst. Keine Spur von Pomp und Glorienschein blieb, aber die Dichter leben in ihren Werken durch die Zeiten.«

Auch Medresen und Moscheen sind erhalten geblieben. Einstmals rühmte sich die Stadt ihrer hundertsiebenundneunzig Moscheen und hundertsiebenundsechzig Medresen, in denen zwanzigtausend Studenten aus allen Teilen der muslimischen Welt studierten. Nach wie vor wetteifern ihre Kuppeln mit dem Blau des Himmels, nur die Plätze davor und die Innenhöfe liegen schweigend unter sengender Sonne. Wir stehen auf dem Registan. Der weite, geräumige Platz ist leer, und die Pflastersteine strahlen eine unerträgliche Hitze aus. Einst, so heißt es, war er eine Oase in der Oase, mit blühenden Gärten, einladenden Gasthäusern und kühlenden Bassins, überschattet von üppigen Baumkronen, die ein »Zeltdach« bildeten.

Dann sind wir mitten in der Altstadt. Ein Labyrinth aus regellos aneinandergereihten Häusern nimmt uns auf. Wir folgen engen Gassen aus Lehm, vorbei an weiß getünchten Häuserfronten mit offen stehenden Toren, die in großzügige Innenhöfe führen. Das Leben spielt sich weitgehend im Freien ab, selbst die Gasse wird zum Wohnraum. Hier machen Kinder ihre Schulaufgaben, sitzen bärtige alte Männer in anregende Gespräche vertieft, sieht man Frauen beim Weben. Neben den Usbeken gibt es auch eine starke tadschikische Minderheit in Buchara. Sie sprechen ein ostpersisches Idiom und sind seit altersher Träger der persisch beeinflussten Hochkultur. Auch in Buchara ist die Vergangenheit übermächtig, und die Zukunft lässt noch auf sich warten. Sie findet sich in den Namen der Menschen – die kosten nichts: auffallend viele heißen Olmas, »der Unsterbliche«, Gayrat, »der Kräftige«, oder Timur, »der Eiserne«.

Unvermittelt rücken die Häuser auseinander und geben einen Platz frei, um den sich ein Ensemble von Bauwerken schart, deren Farben und Formen die Sinne berauschen. Golden aufleuchtende Fassaden, in allen Grün- und Blautönen schimmernde Mosaike – wie Gärten in der Wüste. Der Blick gleitet an einem braunen Turm nach oben, der sich im Himmel verliert. Das Kalan-Minarett ist trotz seiner imposanten Höhe nur aus gebrannten Ziegeln gebaut, die von einem Mörtel aus Eiweiß und Kamelmilch zusammengehalten werden. Angeblich soll Chinghis Khan so davon beeindruckt gewesen sein, dass er es verschonte. Keine Schonung hingegen gab es für die zum Tode Verurteilten, die in einen großen Sack gesteckt und vom Minarett heruntergestoßen wurden. Bis ins 20. Jahrhundert hinein diente es nicht nur dazu, den Ruf des Muezzin zu verkünden, sondern auch als öffentliche Richtstätte.

Schräg gegenüber befindet sich eine der altehrwürdigsten islamischen Universitäten: die Medrese Mir-i-Arab. Sie ist die einzige Koranschule, die auch während der Sowjetzeit in Betrieb war – wenn auch auf Sparflamme. Seit der Unabhängigkeit ist die Zahl der Studierenden wieder gestiegen, aber so viele wie vorher sollen es auf keinen Fall mehr sein. Die usbekische Regierung versucht einen schwierigen Spagat. Es geht um die Frage: Wie viel Islam braucht das Land und wie viel kann es vertragen? Die Regierung fördert offiziell den Islam, besteht aber auf einer strikten Trennung von Staat und Religion. Sie lässt Gläubige nach Mekka pilgern, und seit der Unabhängigkeit wurden mehr als fünftausend Moscheen wieder oder neu eröffnet. Der Islam ist ein wichtiger Mörtel der

jungen Nation, das weiß auch Karimov, andererseits besteht die Gefahr, dass ihm durch die Religion das Machtmonopol streitig gemacht wird. Jenseits des Gebäudeensembles beginnen die überkuppelten Basare, die sogenannten Tak und Tim. Sie bilden die Kreuzungspunkte von mehreren Gassen, die aus der Altstadt kommend hier zusammentreffen. In jüngster Zeit hat das Kunsthandwerk zunehmend die Massenware verdrängt. Es gibt Seide, Metallwaren und auch jene berühmten Teppiche, die turkmenische Nomaden knüpfen und die als typische Buchara-Teppiche gehandelt werden. Die Kuppelbasare enden oder beginnen, je nachdem, aus welcher Richtung man kommt, am Lab-e Haus. Dieser Platz atmet noch orientalisches Flair. Um ein erfrischendes Wasserbecken und im Schatten von Maulbeerbäumen stehen Teehäuser. Früher diente das Wasser des künstlichen Bassins zum Trinken und zum Waschen. Heute ist es ein beliebter Badeplatz für die Kinder im Herzen von Alt-Buchara. Auf der Wasseroberfläche spiegelt sich die blaue Fassade

Tak und Tim heißen die überkuppelten Basare in Buchara, in denen heute wieder althergebrachte Handwerkskunst feilgeboten wird, vor allem Teppiche, für die Buchara einst berühmt war.

der alten Pilgerherberge Nadir Divan-Beghi. »Vor dem Tee fehlt die Kraft zum Arbeiten, nach dem Tee die Lust«, besagt ein usbekisches Sprichwort. Wie an keinem anderen Platz treffen sich hier tagsüber bärtige Männer zum Schwatzen oder Dominospielen. Sie sitzen auf bettähnlichen Gestellen und schlürfen grünen Tee aus gemusterten Porzellanschalen. Die anregenden Gespräche werden immer häufiger durch schrille Klingeltöne von Mobiltelefonen unterbrochen. Auch in Buchara hat längst das Zeitalter moderner, aber unpersönlicher Kommunikation begonnen.

Samarkand – »die Goldene Stadt«

Am östlichen Stadtrand von Buchara beginnt die »Königliche Straße«, der uralte Verbindungsweg nach Samarkand. Zur Blütezeit der Seidenstraße verkehrten hier die Handelskarawanen, die die Nordroute eingeschlagen hatten. Im Mittelalter war die Strecke in sechs bis sieben Tagen zu bewältigen, heute legt man sie in einer fünf- bis sechsstündigen Autofahrt auf einer Teerstraße zurück. Baumwollfelder ziehen vorbei und die unvermeidlichen Karimov-Plakate. Auf halber Strecke, inmitten von verwüstetem Brachland, steht ein monumentales Tor, das ins Nichts führt. Es ist der letzte Rest einer Karawanserei, von der nur noch das Portal und ein überkuppelter Wasserspeicher übrig sind. »Es ist die größte und eindrucksvollste Karawanserei, die entlang der Seidenstraße gefunden wurde«, sagt die Archäologin Nina Nemzewa, die mit einer Gruppe lokaler Hilfskräfte die Ausgrabungen leitet. Sichtlich erfreut über unser Interesse führt sie uns durch das Ruinenfeld. Wir erfahren, dass hier über siebenhundert Jahre lang Karawanen Rast gemacht haben. Sie zeigt uns, wo die Tiere eingestellt wurden, wo die Händler und Karawanenführer schliefen, bewirtet wurden und wo sie, gegen Mekka gewandt, vor dem Mihrab, der Gebetsnische, beteten.
Während auf der einen Seite noch Spuren der Vergangenheit der Seidenstraße zu sehen sind, hat auf der anderen die Zukunft bereits begon-

In Ribat-i Malik begegnen sich alte und neue Seidenstraße. Unmittelbar neben den Relikten einer Karawanserei, von der nur noch ein Portal und ein überkuppelter Wasserspeicher übrig geblieben ist, gibt es eine Raststätte für die modernen Karawaniers mit ihren tonnenschweren Trucks.

nen. Unmittelbar neben dem antiken Wasserspeicher hat ein geschäftstüchtiger Usbeke einen Parkplatz angelegt und eine Imbissbude aufgestellt. Da versammeln sich nun die modernen Reisenden der »Neuen Seidenstraße«, die Fernfahrer aus der Türkei, dem Iran oder Russland, mit ihren Sattelschleppern und befördern – wie früher – Waren aller Art von Europa nach Asien und umgekehrt.

Dann taucht sie auf, Scheherazades Stadt, deren Name schon pure Verheißung ist: »Goldene Stadt«, »Spiegel der Welt«, »Garten der Seele«, »Rom Asiens«, »schönstes Antlitz, das die Erde der Sonne je zugewandt hat« sind nur einige huldvolle Umschreibungen, mit denen man Samarkand im Lauf der Geschichte bedacht hat. Die gegenwärtige Wirklichkeit kann da freilich nicht mehr mithalten. Der erste Eindruck ist, gelinde gesagt, ernüchternd. Keine Spur von der märchenhaften Schönheit, wenn man die Peripherie erreicht und an einförmigen Wohnsilos und Fabrikschloten vorbeifährt. Die alten Stadtmauern sind genauso verschwunden wie die krummen Gassen der Altstadt. Stattdessen wurden schnurgerade mehrspurige Boulevards gebaut. Nein, der erste Anblick

Reiterstandbild von Timur in Tashkent. Der blutrünstige Eroberer und Bauherr gilt heute als nationale Lichtgestalt und Identifikationsfigur Usbekistans.

lässt sich nicht mit den träumerischen Bildern im Kopf in Einklang bringen.

Erst auf den zweiten Blick erahnt man etwas vom Glanz, der den legendären Ruf begründete. Zwischen den Betonbauten ragen granatförmige Kuppeln wie aufgeblasene Ballons hervor, blau und türkisfarben. Da und dort erhebt sich eine monumentale Fassade, flankiert von schlanken, sich nach oben verjüngenden Minaretten. Aus einem Markttor strömen bunt gekleidete Frauen mit prall gefüllten Körben voller Obst und Gemüse. Am Straßenrand sitzen Männer mit viereckigen, schwarz-weiß bestickten Kopfbedeckungen. Sie trinken Tee unter einem aufgespannten Zeltdach. Daneben brät jemand Lammspieße auf einem qualmenden Metallgestell.

Vom Hotelzimmer blicke ich auf Gur-e Amir, die Grabstätte Timurs, mit ihrer geriffelten Kuppel. Schon früh am Morgen sieht man die ersten Busse vorfahren. Die Besucher kommen aus allen Teilen der Republik, in Gesellschaftsklassen eingeteilt. Ganze Schulklassen sind darunter, hochdekorierte alte Kader mit Orden auf der Brust, einfache Baumwollarbeiter, die einen Betriebsausflug machen. Samarkand zieht auch Scharen von Religiösen an. In ihren dunklen Mänteln, schwarzen Schaftstiefeln und weißen Käppis pilgern sie zu den Moscheen, Medresen und Mausoleen. Timurs palastähnliches Grabmal gehört zum Pflichtprogramm. Noch vor wenigen Jahren galt er als Unperson, und die bloße Erwähnung seines Namens war verboten, heute ist er Teil des von Präsident Karimov verordneten Selbstfindungsprogramms. Den blutrünstigen Eroberer zum Vater der usbekischen Nation zu stilisieren ist ein ziemlich verwegenes Unterfangen. Timur-Leng, der Lahme, oder Tamerlan war gar kein Usbeke, sondern ein Turkmongole und selbst ernannter Abkömmling von Chinghis Khan. Zu der Zeit, als Timur sein Weltreich gründete und Samarkand zum Zentrum ausbaute, gab es die Usbeken hier noch gar nicht. Timur, den sie nun als Gründerkaiser verehren, lag schon hundert Jahre in seinem Sarkophag, als die Usbeken 1501 dieses Gebiet an sich rissen. Doch die Geschichtsbücher sind längst umgeschrieben, und um Timur wuchert ein üppiger Personenkult. Man erklärte ihn zum »gerechten Kaiser«, Vorbild eines autoritären, aber aufgeklärten Herrschers und Wohltäters seines Volkes, was natürlich auf die Legitimation des aktuellen Machtinhabers ausstrahlen soll. Gemeint ist damit Islam Karimov, der einen Kurs zwischen Vetternwirtschaft und Timuriden-Nachfolge fährt und ansonsten für Friedhofsruhe sorgt, indem er jegliche Opposition zum Schweigen bringt. Autoritär in der Führung, liberal in der Wirtschaft, lautet die Maxime. Das gilt gemeinhin als Erfolgsmodell in vielen Ländern Asiens, einschließlich China.

»In Amerika gibt es Indianerreservate. Wir haben ein Reservat für Kommunisten: Usbekistan«, spottete die Schriftstellerin Ishahovar Dilarova nach der »Wahl« Karimovs zum Präsidenten. Karimov, der Oberkommunist Usbekistans, der zuvor noch als Parteisekretär der Sozialistischen Sowjetrepublik den Putsch gegen Gorbachev offen unterstützt hatte, ließ die Kommunistische Partei, als er es an der Zeit fand, leise sterben, um sie anschließend, mit dem Etikett »Demokratische Volkspartei« versehen, wie Phönix aus der Asche neu erstehen zu lassen. Diese wundersame Verwandlung geschah im September 1991 im Rahmen eines Parteitags, den er selbst einberufen hatte. Seitdem gilt der Kommunismus auch in Usbekistan als tot – offiziell jedenfalls. Seine repressiven Strukturen aber haben sich gehalten, nationalistisch verbrämt, mit Timur als Leitfigur.

Das heutige Samarkand mit den Bauwerken Timurs und seiner Nachfolger ist die zweite Ausgabe der Stadt. Die Erstausgabe, Marakanda, das alte Samarkand, findet sich nordöstlich des Stadtzentrums auf dem Hügel Afrasiyab. »Alles, was ich über die Schönheit Marakandas gehört habe, ist wirklich wahr, nur mit einer Ausnahme: Es ist viel schöner, als ich es mit vorstellen konnte«, soll Alexander der Große beim Anblick der Stadt am Ufer des Zeravshan ausgerufen haben. Das hinderte ihn jedoch nicht daran, die Stadt gewaltsam zu erobern. Wenn man heute auf den Hügel Afrasiyab hinaufsteigt, ist es ratsam, dabei nicht an die Worte Alexanders zu denken, denn die kühnste Fantasie reicht nicht aus, um sich aus den spärlichen Überresten ein Bild der Vergangenheit zu machen. Man wird beim Anblick eines unförmigen Lehmhügels kaum an einen Königspalast denken und in überwucherten Furchen und Gräben nicht unbedingt ein sogdisches Herrscherhaus wiedererkennen, dessen Innenwände einstmals mit erlesenen Malereien ausgestaltet waren.

Die Sogdier konnten sich als Reichsgründer nur bis zum 2. vorchristlichen Jahrhundert behaupten. Dann setzte mit der Expansion Chinas eine Völkerbewegung ein, die auch in Marakanda ihre Spuren hinterließ. Für Jahrhunderte wurde die Stadt zum Zankapfel zwischen den Persern und den Nomadenvölkern, die in immer neuen Wellen aus der Steppe anritten. Verschiedene Völker gaben sich nacheinander die Schlüssel der Stadttore in die Hand. Den Kuschana folgten die »weißen Hunnen«, die ihrerseits von den Türken verdrängt wurden. Aber stets blieb die verfeinerte sogdische Kultur tonangebend in Marakanda.

Als der chinesische Pilgermönch Xuanzang im 7. Jahrhundert auf seiner Reise nach Indien in Samarkand vorbeikam, erlebte die sogdische Kultur gerade ihre letzte und vielleicht größte Blüte. »Der König und das Volk glauben keineswegs an die Gesetze Buddhas«, empörte sich der fromme buddhistische Mönch, »ihre Religion besteht vielmehr im Feuerkult.«

Xuanzang betrat die Stadt mitten in der Phase mazdaistischer Renaissance, und der König musste ihn unter Schutz stellen, als der aufgebrachte Mob ihn mit brennenden Holzscheiten verfolgte. Trotzdem dürfte es auch buddhistische, manichäische und wohl auch nestorianische Gemeinden in der Stadt gegeben haben.

Bald darauf erschien eine neue Religion in Marakanda – zunächst in der Gestalt eines Märtyrers. Zu den ersten Arabern, die in die Stadt kamen, um ihr Glaubensbekenntnis als das einzig wahre zu verkünden, gehörte – so will es die Überlieferung – auch ein islamischer Heiliger. Ob Kussam ibn Abbas wirklich ein Vetter Mohammeds war, wie manche glauben machen wollen, sei dahingestellt. Tatsache ist jedenfalls, dass die Anhänger des persischen Feuerkults und anderer Religionen, die lange vorher da waren, von der neuen Lehre nichts hören wollten und dem Störenfried kurzerhand den Kopf absäbelten. Das schien dem seltsamen Heiligen nicht viel ausgemacht zu haben, denn er nahm seinen Kopf unter den Arm, wie die Legende ausführt, und verschwand damit auf den Grund eines tiefen Brunnens.

Die Untat sollte nicht ohne Folgen bleiben. Nach dem Fall von Merv – heute Mary in Turkmenistan – überschritten die arabischen Heere den Oxus. Im Jahr 712 fiel Marakanda in die Hände von Qutaiba ibn Muslim, Heerführer des Kalifen von Bagdad. Mit der arabischen Eroberung wurde den Bewohnern auch der Islam aufgezwungen – wenn nötig auch mit Gewalt.

Der Versuch des chinesischen Tang-Reichs, die Araber zurückzudrängen, endete 751 mit einer verheerenden Niederlage unweit der Stadt Talas im heutigen Kirgistan. Die Schlacht war nicht nur von politischer, sondern auch von eminent kultureller Bedeutung. Dem Bericht des arabischen Chronisten zufolge erbeuteten die Sieger eine im Tross der Chinesen mitgeführte Papiermanufaktur, deren Handwerker in Marakanda angesiedelt wurden. In der Folgezeit entwickelte sich die Stadt – wie auch das westlich gelegene Buchara – zu einem Zentrum islamischer Kultur, die unter der Herrschaft der Samaniden einen Höhepunkt erreichte.

Der Registan ist unumstritten der schönste Platz Zentralasiens. Der einstige Marktplatz von Samarkand wurde durch Timurs Enkel Ulugh Beg zum »Königsplatz« umgestaltet.

Diese Blütezeit nahm ein jähes und schreckliches Ende, als 1220 die Mongolen unter Chinghis Khan vor den Toren der Stadt auftauchten. Marakanda war trotz seiner mächtigen Wehrmauern durch die Abhängigkeit von ihrer künstlichen Wasserversorgung verwundbar. Die Mongolen bauten einen Damm und schnitten die Stadt vom lebenswichtigen Wasser ab. Marakanda konnte sich nicht lange halten. Nach der Eroberung zerstörten die Mongolen nicht nur die Stadt, sondern auch das gesamte Bewässerungssystem. Wer nicht hingerichtet, versklavt oder als

Handwerker in die Fron gezwungen wurde, hatte in der Stadt keine Lebensbasis mehr. Marakanda erholte sich von diesem Schlag nie mehr. Die neue Stadt – Samarkand – entwickelte sich weiter südlich und erlangte hunderfünfzig Jahre nach dieser Katastrophe die Bedeutung ihrer Vorgängerin zurück, als Timur sie zum Zentrum seines Reichs erkor und großzügig ausbauen ließ.

Ganz im Stil seines berüchtigten Vorfahren Chinghis Khan schuf sich Timur sein Weltreich durch grausame Eroberungsfeldzüge. Auch er hat-

te gnadenlos Reiche und Städte vernichtet, ganze Landstriche entvölkert. Nur Gelehrte, Handwerker und Künstler verschonte er, um sie nach Samarkand zu bringen, notfalls mit Gewalt. Anders als Chinghis Khan war Timur kein Sohn der Steppe mehr, sondern hatte die Kultur der Sesshaften, das Leben der Städter angenommen, das Chinghis Khan noch verachtete. So setzte Timur alles daran, um Samarkand zur würdigen Metropole eines Weltenherrschers auszubauen, zu einem neuen Zentrum der Seidenstraße. Mit einer Geschwindigkeit, wie es nur in einer Despotie mit unbeschränkter Machtfülle möglich ist, entstanden Bauwerke von noch nie gesehener Schönheit und Komplexität: Moscheen, Medresen, Mausoleen, Karawansereien und Basare. Etliche dieser Bauwerke sind bis heute erhalten, sie gehören zum Großartigsten, was die islamische Welt zu bieten hat.
Zu diesen Prachtbauten gehört eines der erstaunlichsten Bauensembles der Welt: ein Dreigestirn von Medresen, die sich am Registan rechtwinklig gegenüberstehen. Beim ersten Hinsehen entsteht der Eindruck, als würden die Proportionen nicht stimmen, denn die monumentalen Fassaden scheinen nach vorne zu fallen. Mit den hohen, einander zugewandten Portalen, die den Platz nur an einer Seite offen lassen, wirken die drei Koranschulen wie eine geschlossene Festung des Glaubens. Die ungeheure Farbenpracht löst den Eindruck der Unnahbarkeit wieder auf: großflächige geometrische Muster in Türkis, Lila und Blau auf hellem Untergrund, Inschriften in Kufi, Sterne und Blumenmuster mit Farben und Glasuren, deren Herstellungsmethode verloren ging. Die Minarette gleichen in Teppiche gewickelten Säulen.
Ursprünglich und auch noch zu Timurs Zeit war der Registan nichts anderes als ein großer Marktplatz, auf dem sich das orientalische Leben entfaltete – wo auf sandigen Flächen Waren aller Art angeboten wurden, wo Barbiere und Garköche im Freien ihrem Handwerk nachgingen, wo Derwische, Märchenerzähler und Taschenspieler lautstark um Aufmerksamkeit buhlten. Es war der Ort, an dem vor den Augen der neugierigen Menge öffentliche Hinrichtungen vollzogen wurden und die Herrscher von Samarkand ihre prachtvollen Paraden abhielten. Timur

ließ den Platz überkuppeln und davon ausgehend strahlenförmig Straßen anlegen.

Blick vom Minarett der Medrese Tella Kari auf die Medrese Sher Dor, die der Medrese Ulugh Beg wie gespiegelt gegenübergestellt wurde.

Die entscheidende Umwidmung erfuhr der Platz durch Timurs Nachfolger Ulugh Beg – er regierte 1409 bis 1449 –, den Gelehrten auf dem Herrscherthron. Er transformierte das merkantile Zentrum in ein geistig-spirituelles, machte den Registan zum Meidan-e Schah, zum »Königsplatz«, und bereicherte ihn mit dem Bau einer Medrese. Die verschwenderisch mit Fayencen geschmückte »Ulugh Beg« gehört nicht nur zu den ältesten Hochschulen Zentralasiens, sondern auch zu den künstlerisch außergewöhnlichsten Bauwerken dieser Art. »Riesig wie ein Berg steht mein Koloss, das stürzende Gerüst des Himmels. Mein Gewicht erschüttert das Rückgrat der Erde«, so lässt ein unbekannter Dichter aus Samarkand die Medrese Ulugh Beg sprechen. Es ist, als ob seine Worte Gehör fanden, denn der Boden gab unter dem tonnenschweren Gewicht wirklich nach, und die Medrese neigte sich bedenklich nach vorn. Später, als die Bauten Timurs bereits zu verfallen begannen, erfuhr der Registan seine letzte und bis heute gültige Gestaltung. Aus Gründen der

Symmetrie oder aus Mangel an Fantasie wurde Anfang des 17. Jahrhunderts die Medrese Sher Dor jener von Ulugh Beg wie gespiegelt gegenübergestellt. Und schließlich vollendete die Medrese Tella Kari, die »Goldgeschmückte«, dieses Ensemble.

Das Licht der untergehenden Sonne haucht den musealen Bauwerken etwas Leben ein. Die siebenfarbigen Fayencen mit den Blumenmustern scheinen zu erblühen, während der mächtige Schatten der Medrese Ulugh Beg wie ein Mantel über den Platz fällt. Ein Wächter schlurft herbei und deutet vielversprechend auf eines der beiden Minarette. Dort hinaufzusteigen sei zwar strengstens verboten, aber gegen eine Zuwendung in harten Dollars ließe sich was machen. Ich kenne die Masche schon von vorangegangenen Besuchen, aber seit dem letzten Mal hat sich die »Gebühr« verzehnfacht. Dem Muezzin blieb die Kletterei über die enge und dunkle Wendeltreppe erspart, denn dieses Minarett diente nur der Optik, als schlankes Gegengewicht zum massigen Portal. Der Aufstieg aber lohnt sich, denn aus luftiger Höhe eröffnen sich neue Perspektiven, nicht nur auf den zu Füßen liegenden Registan, sondern auch auf die türkisfarbene Monsterkuppel der Moschee Bibi Hanim, die in einiger Entfernung aus dem uniformen Häusergewirr herausragt. Der Wächter blickt nervös auf die Uhr und drängt zum Abstieg. Unten wartet zahlungskräftige Kundschaft. Eine französische Reisegruppe ist eingetroffen. Sie hat das allabendliche Licht-Ton-Spektakel gebucht, das mehrsprachig per Knopfdruck abrufbar ist. »Ich bin der Registan«, dröhnt es pathetisch aus Lautsprechern, während die Bauwerke in grellen Farben illuminiert werden.

Im 15. Jahrhundert fielen dem Besucher allerdings zwei noch wesentlich imposantere Bauwerke ins Auge, wenn er durch das Haupttor die Stadt betrat: Timurs Hauptmoschee Bibi Hanim, »die alte Königin«, und die Medrese der Saray Mulk Khanum. Heute ist nur noch erstere übrig, mehr oder minder verfallen. Nach Timurs Willen sollte sie für die Ewigkeit sein, noch größer und schöner als jedes andere Bauwerk Samarkands. Ungewöhnlich für die islamische Welt ist, dass diese Moschee einer Frau gewidmet war, nämlich Timurs Lieblingsfrau Bibi Hanim, einer mongolischen Prinzessin. Noch ungewöhnlicher war, dass Timur selbst bei den Bauarbeiten eingriff, zum Schrecken der Baumeister und Architekten. Portale, die zu bescheiden ausfielen, befahl er, umgehend einzureißen und neu aufzubauen. Täglich ließ er sich in einer Sänfte zur Baustelle tragen, um die Arbeiten zu überwachen und voranzutreiben. Wohl ahnend, dass ihm nicht mehr viel Zeit bleiben würde, spornte er die Handwerker und Frondiener bis zur Erschöpfung an.

Nach nur vier Jahren Bauzeit war die Moschee fertig. Vierhundert Kuppeln sollen den Gebäudekomplex überwölbt haben. Vierundvierzig Meter hoch und dreißig Meter im Durchmesser ragt noch heute der Tambour des Hauptgebäudes auf. Die Höflinge Timurs überschlugen sich in Lobeshymnen und fanden keine angemessenen irdischen Vergleiche mehr: »Die Kuppel könnte wohl einzigartig sein, wenn es da nicht das Himmelszelt gäbe«, liest man bei Yazdi. Und vorsichtshalber fügte er noch hinzu: »Einzig in seiner Art wäre auch der Bogen des Iwan [eine dreiseitig geschlossene Halle], wenn er nicht durch die Milchstraße zurückversetzt würde.« Aber die Eile, mit der das Bauwerk errichtet wurde, rächte sich. Schon bald nach der Vollendung begannen die Mauern abzubröckeln. Stück für Stück stürzte das Bauwerk im Lauf der Zeit ein, zuletzt durch den Beschuss russischer Kanonen im Jahr 1868. Als die Bolschewiken an die Macht kamen, vertrieben sie die letzten Mullahs und Gläubigen und überantworteten das Heiligtum dem weiteren Verfall.

Erst in jüngster Zeit wurde ein Teil des Bauwerks mit modernsten Mitteln restauriert. Dort, wo früher Hunderte runder Marmorsäulen und Stützpfeiler mehr als vierhundert Kuppeln trugen, gibt es heute einen Schatten spendenden Hain, in dem ein gemeißelter, pultartiger Steintisch steht. Er war dazu bestimmt, den Koran zu tragen, aus dem Osman, der Schwiegersohn Mohammeds, gerade gelesen haben soll, als er 656 hinterrücks ermordet wurde. Die Blutstropfen Osmans, die auf ihn fielen, machten den Koran zu einer besonderen Reliquie, die hier aufgestellt wurde. Nach der Eroberung Samarkands nahmen die Russen den Koran als Kriegsbeute mit nach St. Petersburg. Erst zur Erlangung der

Im Innenhof der Moschee Bibi Hanim, die Timur zu Ehren seiner Lieblingsfrau errichten ließ, befindet sich ein monumentaler Koranständer, der dem Volksglauben zufolge Frauen, die dorthin pilgern, Kindersegen schenken soll.

Unabhängigkeit haben sie ihn den usbekischen Muslimen wieder zurückgegeben. Er befindet sich nun in Tashkent. Doch auch ohne Koran ist das Steinpult, das Timurs Enkel Ulugh Beg aus der Mongolei herbeischaffen ließ, verehrungswürdig. Ich beobachte eine Gruppe junger Frauen, die es wie Satelliten umkreisen. Dem Volksglauben zufolge verhilft dies den Frauen zu Kindersegen.

Nur im Tod wurde der Wille des Weltenherrschers missachtet. Ursprünglich hatte Timur vorgesehen, in seinem Heimatort Shahr-e Sabz südlich von Samarkand bestattet zu werden. Dort hatte er zu diesem Zweck eine Familiengruft anlegen lassen. Doch sein Grabmal befindet sich in Samarkand. Gur-e Amir, Timurs Mausoleum und Staatsheiligtum, präsentiert sich so restauriert, dass man ihm sein Alter kaum noch ansieht. Ich drücke mich in die äußerste Ecke der Umfriedungsmauer, lehne den Kopf weit zurück, um das Bauwerk in seiner Gesamtheit zu erfassen. Auf den achteckigen Unterbau mit großen, streng geometrischen Mustern ist ein zylindrischer Tambour aufgesetzt, den in mehr als dreißig Metern Höhe eine alles beherrschende Kuppel krönt, gleich einer riesigen Jurte.

Die Imbissbude neben Gur-e Amir, dem Grabmal von Timur, ist ein beliebter Treffpunkt für Frauen, die in der parkähnlichen Anlage mit ihren Kleinkindern Spaziergänge unternehmen.

Durch eine mit Schriftzeichen und Arabesken umwölkte Türöffnung gelangt man ins Innere des Kuppelbaus. Hier stehen mehrere Grabblöcke, allen voran das kostbare Kenotaph Timurs: ein großer polierter Jadeblock, der in der Mitte gespalten ist. Der persische Nadir Shah hatte im 18. Jahrhundert nach der Einnahme von Samarkand vergeblich versucht, das Grab zu öffnen. Er hätte sich die Mühe sparen können. Denn die Gebeine Timurs und der vier anderen, die hier bestattet sind, liegen ein Stockwerk tiefer, in einer verborgenen unterirdischen Krypta.
Der Wächter macht mich unter vorgehaltener Hand darauf aufmerksam, dass der Besuch der Krypta eigentlich verboten ist und darüber hinaus sein Kollege den Schlüssel verwahre. Ich verstehe. Ein förderungswürdiger Fall von kollegialer Zusammenarbeit. Die obligaten Dollarscheine bringen den Schlüssel schnell zum Vorschein. Der Zugang erfolgt von außen, über eine schmale tunnelartige Treppenflucht. Sie endet in einem wohltuend kühlen Raum mit roten Backsteinwänden. Die Krypta befindet sich genau unterhalb des Mausoleums, und die Anordnung der wirklichen Gräber entspricht exakt den Grabsteinen darüber. Sie sind alle mit Marmorplatten verschlossen, in die Inschriften eingemeißelt sind. Links ne-

ben Timur liegen seine beiden Söhne, auf der anderen Seite ruhen die Gebeine seines Enkels Ulugh Beg. Den Ehrenplatz an der Kopfseite erhielt Timurs Lehrer, und etwas abseits ist eine nicht identifizierte Persönlichkeit bestattet.

Was dem persischen Grabräuber nicht gelang, geschah zweihundert Jahre später im Auftrag der Wissenschaft. Der sowjetische Anthropologe Professor Gerasimov erhielt den Auftrag, mit einem Team von Archäologen Timurs Grab zu öffnen. Die Nachricht schlug in Samarkand wie eine Bombe ein und versetzte die Einwohner in Angst und Schrecken. Einer alten Prophezeiung zufolge sollte an dem Tag, an dem Timurs Grabesruhe gestört wurde, schlimmes Unheil über das Land hereinbrechen. Um Unruhen unter der Bevölkerung zu vermeiden, öffneten Gerasimov und seine Mitarbeiter das Grab nachts. Es war der 21. Juni 1941. Am darauffolgenden Morgen traf in Samarkand die Nachricht ein, dass Hitlers Truppen nach Russland einmarschiert waren. Für die Sowjetunion hatte der Zweite Weltkrieg begonnen.

Aus wissenschaftlicher Sicht erbrachte die Untersuchung der Gebeine nur die Bestätigung der über Generationen weitererzählten Geschichten: Timur lahmte wirklich an beiden Beinen, und

Entgegen dem Willen des Weltenherrschers wurde Timur nicht in seinem Heimatort, sondern in Samarkand bestattet. Gur-e Amir, das Mausoleum mit den Gräbern Timurs und seiner Familie, gilt als usbekisches Nationalheiligtum.

sein Gesicht hatte mongolische Züge. Die Überlieferung hatte behauptet, Timur sei ein Nachfahre Chinghis Khans gewesen und er hätte aufgrund einer in der Schlacht erlittenen Verletzung humpeln müssen.
»Glücklich ist, der die Welt verlässt, bevor die Welt auf ihn verzichtet«, ließ Timur in kufischen Lettern auf den Sockel des Gur-e Amir schreiben. Er starb auf dem Höhepunkt seiner Macht Anfang des Jahres 1405, im Alter von neunundsechzig Jahren, in seiner Stadt Samarkand, die er zum glanzvollen Mittelpunkt seines Weltreichs ausgebaut hatte. Er war ein Zerstörer, aber einer, der eine Kultur zum Blühen brachte, die ihn überlebte, von der unsere Träume und die kleinen Potentaten Zentralasiens noch heute zehren.

Die Passage nach China

Als die Welt noch nicht so umfassend vermessen, vermarktet und aufgeteilt war, entstanden Wege und Grenzen aufgrund topografischer und ethnischer Gegebenheiten. Die Routen der Seidenstraße folgten dieser Logik. Das Jadetor bezeichnete den westlichsten Eingang ins Reich der Mitte und zugleich die Stelle, an der sich die Seidenstraße in eine Nord- und eine Südroute teilte; der Steinerne Turm war jener Ort, an dem sich chinesische und persische Händler trafen, um ihre Waren auszutauschen; das Ferganator war jener Durchbruch des Syr Darya, durch den die große Seidenstraße zwischen Samarkand und Kashgar führte; und der Irkeshtam war der niedrigste Pass über das Dach der Welt, den Hohen Pamir.
Am Anfang befanden sich an diesen Orten vielleicht prähistorische Lagerstellen. Später, als sich Herrschaftsgebiete und Reiche konsolidierten, wurden daraus Wegstationen, schließlich befestigte Posten. Damit waren Grenzen ins Spiel gekommen und Politik. Das vorläufige Ergebnis ist nun, dass man auf der etwa fünfhundert Kilometer langen Strecke zwischen Samarkand und Osh, wenn man der Route der Seidenstraße folgt, zuerst von Usbekistan nach Tadschikistan einreist, dann wieder nach Usbekistan ausreist, um schließlich in Kirgistan einzureisen. Wem das

zu kompliziert erscheint, der kann den dreihundert Kilometer langen Umweg über Tashkent nehmen, mit einem Grenzübertritt weniger. Auf alle Fälle führt die kürzeste Passage nach China über das Ferganatal, an dessen nordöstlichem Rand die uralte Seidenstraßen-Station Osh liegt, und dann weiter über den Irkeshtam-Pass nach Kashgar. Es gibt zwar noch einen zweiten, heute offenen Grenzübergang nach China auf dem Torugart-Pass, aber dieser liegt viel weiter östlich und führt über die kirgisische Hauptstadt Bishkek.

Zunächst führt die Straße durch hügeliges Terrain. Am Ende passieren wir einen schwarzen Felsriegel, der als die »Säulen Tamerlans« bekannt ist. Dann geht es ein Stück durch eine flache trockene Steppenlandschaft. Nach dem Syr Darya-Durchbruch öffnet sich das viel gerühmte Ferganatal, das heute unter drei Staaten aufgeteilt ist: Tadschikistan, Usbekistan und Kirgistan. An jeder Grenze dasselbe Ritual: Komplizierte Formulare werden ausgefüllt, Drogenhunde schnüffeln nach Opium aus Afghanistan, und unterbezahlte Zöllner durchforsten jedes Gepäckstück auf der Suche nach einer Möglichkeit, ihr Salär aufzubessern.

Endlich sind wir in Tadschikistan und steuern auf die zweitgrößte Stadt des Landes zu: Khujand, das bis 1939 Khodjend hieß und noch viel früher Alexandria Eschate – »das entfernteste Alexandria«. 329 v. Chr. gründete Alexander der Große diese Stadt. Einen Schritt weiter, und er wäre in China gewesen. Bis ins tiefste Herz Zentralasiens hatten ihn seine Pferde getragen. Hier fand er neue Rösser, stärkere und schnellere, als er je gesehen hatte – von ihnen werden wir später noch hören.

Die dreihundert Kilometer lange und hundertfünfzig Kilometer breite Ebene, die ringsum von Gebirgsketten eingeschlossen ist, ist eines der am intensivsten landwirtschaftlich genutzten Gebiete Zentralasiens. Eine riesige Schüssel voller Obst- und Gemüseplantagen, schachbrettartig angelegter Baumwollfelder, Wälder aus Maulbeerbäumen. Allenthalben künden Bohr- und Fördertürme vom neuen Reichtum.

Je näher wir der kirgisischen Grenze kommen, desto sorgenvoller werden die Mienen meines Fahrers und des Guides, der uns seit Samarkand begleitet. Immer öfter sehe ich sie in Gespräche mit Landsleuten, die von

Nur in abgelegenen Gebieten des Tien Shan und Pamir leben Kirgisen noch als Halbnomaden in ihren traditionellen Jurten, züchten Schafe, Ziegen und Kamele. Die Gleichmacherei des Sowjetkommunismus duldete kein freies Nomadentum.

drüben kommen, vertieft. Sie führen lange Telefonate mit Leuten aus der Zentrale ihrer Reiseagentur in Tashkent. Am Anfang heißt es nur, dass es Probleme in Osh gäbe, aber in Andijan, der letzten größeren Stadt auf usbekischem Staatsgebiet, spitzt sich die Situation dramatisch zu. Sie erklären, keinen Schritt mehr weiterreisen zu wollen. In Osh gäbe es Krieg zwischen Usbeken und Kirgisen, und von geflohenen Usbeken hätten sie gehört, dass Kirgisen dort Jagd auf sie machten. Die Grenzen seien dicht. Dass Osh ein Unruheherd in der Region ist, wusste ich schon vorher, aber die neuerliche Eskalation kommt trotzdem überraschend. Jetzt steht uns nur noch der Weg über Bishkek und den Torugart-Pass nach China offen. Das bedeutet, erst einmal zurück nach Tashkent, dann per Flugzeug nach Bishkek, weil der Landweg durch Kasachstan führt und wir dafür erst Visa beschaffen müssten.

Auch Bishkek ist eine Erfindung der Russen. Die Kirgisen sind traditionell Steppennomaden, die in ihren beweglichen Jurten lebten und keine

Städte bauten. Ihre Herkunft und die frühen Wanderbewegungen bleiben im Dunkeln. Im Jahr 840 tauchten sie aus den Tiefen der Steppe auf, um ein für die Kultur der Seidenstraße folgenschweres Ereignis auszulösen. Sie zerschlugen das Steppenreich der Uiguren im Gebiet der heutigen Mongolei, woraufhin diese in das Tarimbecken einwanderten und dort ein Oasenkönigreich mit dem Zentrum in Turfan gründeten. Später wurden die Kirgisen ihrerseits von den Mongolen in ihre heutige Heimat, in die Steppen und Gebirge des Tien Shan und Pamir, abgedrängt. Alles, was dieses Volk in seiner langen Geschichte erfuhr, erschuf und durchlebte, wurde mündlich überliefert im »Manas«-Epos, bestehend aus einer halben Million Verszeilen, das sind achtzehnmal so viel wie in den homerischen Epen »Ilias« und »Odyssee« zusammengenommen. In ihm ist die Geschichte der Kirgisen überliefert als eine Aneinanderreihung historischer Begebenheiten, vor dem Hintergrund eines schamanisch geprägten Weltbilds, getragen von der heldenhaften Lichtgestalt

Wenn heute junge kirgisische Familien wieder in die Jurte zurückkehren, dann tun sie es nicht aus nostalgischer Sehnsucht, sondern aus wirtschaftlicher Not, weil sie in den von den Russen gebauten Retortensiedlungen kein Auskommen finden.

des Manas, einer Art kirgisischen Siegfrieds. Erst in der zweiten Hälfte des 19. Jahrhunderts hat es der deutschstämmige Russe Wilhelm Radloff schriftlich fixiert. Am zentralen Platz von Bishkek, wo früher eine Leninstatue mit ausgestrecktem Arm den revolutionären Geist beschwor, steht nun Manas als nationale Identifikationsfigur. Während das Nachbarland den Despoten Timur auf den Sockel stellte und in Turkmenistan der herrschende Autokrat sich selbst, haben sich die Kirgisen eine epische Gestalt aus ihrer reichen Erzähltradition zum Idol genommen.

Chinghis Aitmatov und seine Vision einer »Neuen Seidenstrasse«

Ich denke an die Begegnung mit einem großen Erzähler Kirgistans, während ich einen der breiten, von übereinandergreifenden Baumkronen beschatteten Boulevards entlanglaufe, die Bishkek den Eindruck einer Gartenstadt verleihen. Vor mehr als einem Jahrzehnt war ich hierhergekommen, um Chinghis Aitmatov zu treffen, der gerade auf Besuch war in seiner fernen Heimat Kirgistan. Damals spazierten wir durch den parkähnlichen Garten seiner Residenz, und er sprach von seiner Vision einer »Neuen Seidenstraße«, die er dem Präsidenten eingeflüstert hatte. Der wiederum hatte eine pompöse Feier zum siebzigsten Geburtstag des wohl berühmtesten Sohnes des Landes organisiert, die in einem Festakt in der Oper kulminierte, bei dem Aitmatovs Leben als Bühnenstück aufgeführt wurde, verknüpft mit den Figuren seiner Werke – von Manas bis zu den Apparatschiks. Was für ein Leben! Allein die Namenskombination ist schon ungewöhnlich. Der Vorname eines blutrünstigen mongolischen Eroberers und ein russifizierter kirgisischer Familienname. Er spiegelt die unterschiedlichen Welten wider, in denen Aitmatov sich bewegte – im Leben wie in seinen Werken. Aitmatov schrieb in kirgisischer und russischer Sprache, er schöpfte aus der reichen Mythen- und Sagenwelt seiner Väter und vollzog den Zeitensprung in die Moderne. Ebenso mühelos vollführte er den Spagat zwischen Schriftsteller und Politiker.

Bruno Baumann im Gespräch mit Chinghis Aitmatov in seinem Haus in Bishkek. Der populäre Schriftsteller, dessen Werke auch im Westen eine große Lesergemeinde besitzen, war bis zu seinem Tod engster Berater des kirgisischen Präsidenten.

Wie in einem Brennglas bündelt sich in Aitmatovs Biografie die jüngste Geschichte. Sein Vater, ein kirgisischer Kommunist der ersten Stunde, wurde 1935 an die Funktionärsakademie nach Moskau berufen. Die Familie zog in das sowjetische Machtzentrum. Zwei Jahre später kehrte sie wieder zurück – ohne ihr Oberhaupt. Aitmatovs Vater geriet in die »Säuberungsaktionen« Stalins und fiel – nachdem es ihm gelungen war, seine Familie in Sicherheit zu bringen – der Todesmaschinerie des Diktators zum Opfer. Danach wuchs Aitmatov in der Obhut seiner Großmutter auf, inmitten kirgisischer Steppennomaden, deren Weltsicht noch stark von überlieferten Mythen geprägt war. Es war die Zeit, in der aus nomadisierenden Hirten sesshafte Kolchosbauern wurden. Mitten in dieser Umbruchphase bot sich Aitmatov eine Chance: Der lokale Sowjetkader hatte gehört, dass es im Dorf einen Jungen gab, der des Schreibens mächtig war, und stellte den Fünfzehnjährigen als Sekretär ein. Seine Hauptbeschäftigung aber war, Steuern einzutreiben und die sogenannten schwarzen Papiere auszustellen, die Totenscheine für die an der Front des Zweiten Weltkriegs Gefallenen.

Obwohl seine ersten Werke in der UdSSR nicht unumstritten waren, startete er eine sagenhafte Karriere. Zunächst wurde er Sonderberichterstatter der *Prawda* in Mittelasien, dann, im Jahr 1966, sogar Abgeordneter im Obersten Sowjet. In der Phase der Perestroika stand Aitmatov als Berater Gorbachevs an vorderster Front und wurde von ihm als Botschafter in den Westen entsandt. Nach der Unabhängigkeit seiner Heimat wurde er enger Berater des Präsidenten Akayev und Botschafter in Brüssel. Chinghis Aitmatov starb im Juni 2008 fernab seiner Heimat in einer Klinik in Nürnberg. Sein politischer Mentor wurde aus dem Amt gejagt. Er hatte seinem Volk zwar bürgerliche Freiheit gewährt, aber der Wohlstand blieb aus. »Die Freiheit will auch fressen«, schrieb einmal der russische Dichter Yevgeny Yevtushenko. Akayev musste gehen, die Probleme aber blieben. Nach wie vor ist das Land im Vergleich zu den Nachbarstaaten bettelarm. Es besitzt keine Gas- oder Ölvorkommen wie Kasachstan, keine Baumwolle wie Usbekistan, freilich auch nicht die gravierenden Umweltschäden. Doch Kirgistan verfügt über einen Rohstoff, der in Zukunft womöglich viel wertvoller als Öl sein wird, nämlich Wasser.

Das Land in den Bergen von Tien Shan und Pamir sitzt buchstäblich am Wasserhahn.

Dennoch herrscht in Kirgistan Mangel an vielem, außer an Landschaft. Davon gibt es genug. Gleich außerhalb von

Jenseits von Bishkek eröffnet sich eine kirgisische Bilderbuchlandschaft, ganz so wie Chinghis Aitmatov sie in seinen Werken beschreibt. Grüne und braune Hügelketten, aus denen sich Schneeberge recken.

Bishkek umzingelt sie uns von allen Seiten; rollende grüne Hügelketten, weit und offen, die Berge erhaben, die Täler fruchtbar, ganz so, wie Chinghis Aitmatov mit seiner klaren, lyrisch anmutenden Sprache seine Heimat beschrieb. Nur das Leben, von dem er erzählte, noch ganz verwoben mit dem mythisch durchtränkten Weltbild der Steppennomaden, gibt es nicht mehr. »Meine Großmutter Aimchan war eine großartige Erzählerin«, erinnerte sich Aitmatov. »Ihr Märchenschatz war unerschöpflich … und wenn er wirklich einmal ins Stocken geriet, dann sagte sie: Ich geh zur Nachbarin und leih mir einen Traum aus.«

Die Nomaden sind nicht freiwillig gegangen, das freie Leben in der Steppe wurde ihnen während der Sowjetzeit ausgetrieben. Am grünen Tisch wurde die Zwangskollektivierung der Bauern und Viehzüchter beschlossen. Heute sieht man zuweilen wieder Jurten am Wegesrand. Sie gehören jungen Familien, die in den Plattenbausiedlungen keine Arbeit finden und, um nicht zu verhungern, wieder Vieh züchten. Das Leben in der Jurte ist billig, und sie sind autark. Das Erwirtschaftete reicht aus, um die Familie durchzubringen. Überschüsse an Milch und Joghurt werden an Vorbeikommende am Straßenrand verkauft. Die Rückkehr in die Jurte ist keine nostalgische Rückwendung zur überkommenen Lebensform. Die Kirgisen betrachten sie eher als Strafe. »Sobald mein Mann in der Stadt eine Arbeit findet, geben wir dieses Leben auf«, sagt eine junge Frau entschlossen, die ihr Baby auf dem Arm hält. Aber welche Arbeit gibt es in einer Stadt wie Naryn, die wie ein Fremdkörper wirkt, den die Steppe abstößt wie ein nutzlos gewordenes Organ? Die Plattenbausiedlung wurde zur Sowjetzeit errichtet und künstlich am Leben erhalten. Nach der Unabhängigkeit sind die Russen in ihre Heimat zurückgekehrt. Sie waren hier nicht mehr erwünscht. Das kirgisische Jungvolk ist ebenfalls abgewandert, nach Bishkek vor allem, weil es hier keine Arbeit, keine Zukunftsperspektive mehr gibt. Zurückgeblieben sind die Verlierer der postkommunistischen Gesellschaft.

Nördlich von Naryn entfaltet sich eine kirgisische Bilderbuchlandschaft. Baumlose, gerundete grüne Hügelketten, durchbrochen von schroffen Felsbergen. In die Falten eingesprenkelt liegen kleine Seen und Tümpel.

Pferde grasen auf den üppigen Weiden und Schafe, wie Reiskörner darauf verstreut. Hoch oben zeichnet ein Falke seine Kreise in die blaue Himmelsjurte und verschwindet hinter filzig-weißen Wolkenlappen.
Lastwagen, so rostig wie der Schrott aus den stillgelegten Kolchosen der Sowjetzeit, den sie befördern, quälen sich zum viertausend Meter hohen Torugart-Pass hinauf. Die Fracht ist für das rohstoffhungrige China bestimmt. Dort wird der Stahl eingeschmolzen und für die boomende Bauwirtschaft genutzt. Die Straße ist neu, aber die Route ist uralt. Ihren Windungen folgten bereits die Heere der Han auf der Suche nach den »himmlischen Pferden« und nach Möglichkeiten, wie man die Barbaren »garen« konnte, um sie so zu schwächen, dass sie keine Gefahr mehr für das Reich der Mitte darstellten. Jene Völker an Chinas Westgrenze, die zu stark waren, um sie militärisch in die Knie zu zwingen, versuchte man zu assimilieren und ihnen durch die Abhängigkeit von chinesischen Luxuswaren den Stachel der Gelüste ins Fleisch zu treiben. So empfahl der Staatsmann und Gelehrte Jia Yi am Han-Hof, Erzfeinden wie den Xiongnu (Hunnen) chinesische Seide, Lack- und Jadewaren sowie Reis und Alkohol zu liefern, damit sie sich daran gewöhnten. Wie die Geschichte zeigt, verfehlte die kommerzielle Penetration ihre Wirkung nicht. Selbst die Mongolen, die China eroberten, wurden auf diese Weise sinisiert.
Die »chinesischen Trojanischen Pferde« der Gegenwart funktionieren ähnlich. Tonnenschwere Containerlastzüge, bis zum Anschlag beladen mit Konsumgütern, die so billig sind, dass sie eine eigene Produktion in den zentralasiatischen Republiken von vornherein unrentabel machen, kommen uns jenseits der Grenze bei der Abfahrt vom Torugart-Pass in Kolonnen entgegen. Es sind vor allem Schuhe und Bekleidung in den buntesten Farben, billiger Nippes und nachgemachte Unterhaltungselektronik mit verkaufsfördernden Markenlogos. Oben an der Grenze wird die Ware auf Plastikbahnen geworfen, zwischen Schaschlik-Grills gestapelt und von Zwischenhändlern für die Basare Zentralasiens übernommen.
Allmählich beginnen sich die Berge in Sand und Staub aufzulösen, Futter für die Takla-Makan-Wüste, an deren nordwestlichem Rand die uralte Oasenstadt Kashgar liegt.

Oasen der Takla Makan -
Perlen der Seidenstrasse

Es ist ein reines Wunder,
dass eine solch verfeinerte Kultur
sich so lange am Rande der Steppe halten konnte,
wo sie nur von einem Stück Wüste geschützt war
und täglich durch Raubüberfälle der Nomaden bedroht war.
RENÉ GROUSSET

Wenn man einen Bereich der Seidenstraße als das Herzstück bezeichnen kann, dann ist es das Tarimbecken mit der Wüste Takla Makan und der sie umgebenden Oasenwelt. Wie Perlen auf einer Schnur reihen sich Oasen sowohl entlang des nördlichen als auch des südlichen Randes der Wüste. Ihre Existenz verdanken sie den gewaltigen Gebirgen, die die Takla Makan an drei Seiten einkesseln. Im Süden und Südwesten das Kunlun-Gebirge, im Norden der Tien Shan und im Nordwesten der Hohe Pamir. Von dort sprudeln die Flüsse herab und damit das Leben spendende Wasser, von dem die Oasen abhängig sind.

Politisch befanden sich diese Oasen lange Zeit im Spannungsfeld zwischen dem Reich der Mitte und den Nomadenvölkern. War in China die Dynastie stark wie zur Zeit der Han oder Tang, dann dehnte sie ihren Machtbereich bis ins Tarimbecken aus. Wann immer aber die Zentralmacht schwächelte, nutzten Nomadenvölker wie die Yuezhi oder Xiongnu das Vakuum, um sich der Oasen zu bemächtigen. Die Xiongnu stellten eine ständige Bedrohung für China dar, weil sie Zugriff auf den strategisch so wichtigen Gansu-Korridor hatten und damit die Verbindung in das Tarimbecken, also die Seidenstraße, blockieren konnten. Deshalb

suchten die Chinesen schon sehr früh, mit Völkern jenseits der Xiongnu, die im Gebiet des Tarimbeckens und des heutigen Usbekistan lebten, in Kontakt zu treten, mit dem Ziel, sie als Verbündete gegen den lästigen Dauerfeind zu gewinnen.

Die Yuezhi, ein indogermanisches Volk, das bei Herodot unter dem Namen Issedonen firmierte, lebten ursprünglich ebenfalls in Gansu und wurden dort von den Xiongnu vertrieben. Die Yuezhi wichen nach Westen ins Tarimbecken aus und bewirkten einen Dominoeffekt, durch den die dort lebenden Völker ihrerseits in Bewegung gerieten. Zwischendurch gelang es einzelnen Oasen für kürzere oder längere Zeit, eine gewisse Unabhängigkeit zu erlangen. Die Völkerwanderungen, aber auch Handel und Glaube hatten zur Folge, dass sich in den Oasen eine multikulturelle und multireligiöse Gesellschaft herausbildete, die von erstaunlicher Toleranz geprägt war. Wie Zeugnisse eindrucksvoll belegen, lebten Vertreter unterschiedlichster Glaubensbekenntnisse – Buddhisten, Manichäer, Nestorianer – bis zum Einbruch des Islam friedlich mit-

Der 7546 Meter hohe Muztagh Ata – der Vater der Eisberge – ist die zweithöchste Erhebung des Kunlun-Gebirges. Ihm zu Füßen liegt der Karakulsee, an dem auch Marco Polo auf seinem Weg von Venedig nach China vorbeikam.

Bis in die 90er-Jahre des letzten Jahrhunderts gab es in Kashgar eine Altstadt und jeden Sonntag einen der letzten großen Märkte Zentralasiens, doch dann begann die staatlich verordnete Umgestaltung unter dem Deckmantel der Modernisierung.

und nebeneinander. »Karawansereien der Götter« hat der französische Orientalist Grousset diese Oasen deshalb auch genannt.

Doch die Oasen waren nicht nur Umschlagplätze und Schmelztiegel, sondern leisteten selbst auch einen Beitrag zum Austausch entlang der Seidenstraße. Aus Khotan kam die Jade, der Exportschlager der Oase Kucha waren Musik und Tanz, Hami wurde wegen der besonders wohlschmeckenden Melonen gerühmt und Turfan wegen der Weintrauben, die im getrockneten Zustand ebenfalls gehandelt wurden. Kashgar hingegen besaß als Knotenpunkt enorme geopolitische Bedeutung. Hier vereinigten sich die beiden Zweige der Seidenstraße, die vom Jadetor ausgehend die Takla-Makan-Wüste nördlich und südlich umgingen, und von Kashgar aus führten Routen weiter über das Karakorum-Gebirge in das Industal, über den Hohen Pamir durch den Wakhan-Korridor in das heutige Afghanistan und über die Pässe des Tien Shan an den Amu und Syr Darya. Nicht weit von Kashgar befindet sich der Solarplexus Asiens, der Pamir-Knoten, ein strategisch eminent wichtiger Punkt, an dem heute die vier Staaten China, Pakistan, Afghanistan und Tadschikistan direkt aneinandergrenzen. Hier standen sich noch im letzten Jahrhundert die europäi-

schen Kolonialmächte England und Russland im Kampf um die Vorherrschaft in Ostturkestan und Tibet gegenüber, aus dem ein Dritter als lachender Sieger hervorging. China beherrscht heute den Solarplexus Asiens und steht dort nach dem militärischen Eingreifen der USA in Afghanistan einer neuen Macht gegenüber. Als Provinz »Xinjiang« – das »neue Grenzland« – bezeichnen die Chinesen das ehemalige Ostturkestan. Der Name sagt bereits alles, worum es aus chinesischer Sicht geht: um Neuland, das es zu kolonisieren gilt, und um Grenzland, das bewacht werden muss. Jahrzehntelang, insbesondere während der sogenannten Proletarischen Kulturrevolution, wurden die kulturellen Eigenheiten der hier lebenden Turkvölker unterdrückt. Moscheen und Basare waren geschlossen. Mao contra Mohammed, die Lehre des Islam gegen die kommunistische Ideologie, hieß es früher. Heute wird zwar ein Mindestmaß an Toleranz geübt, aber die Uiguren fühlen sich als Bürger zweiter Klasse und werden von den Han-Chinesen wirtschaftlich an die Wand gedrückt. Die Folgen sind bitterer Hass, der überall zu spüren ist.
Wir halten bei der Einfahrt nach Kashgar in einer Garküche am Straßenrand, in der ein bärtiger Uigure Langnudeln zubereitet. In einem unbe-

obachteten Augenblick zeigt er mir mit eindeutiger Gestik, was er am liebsten mit der Gruppe chinesischer Fernfahrer anstellen würde, die sich am Nebentisch lautstark unterhalten. Unter der Oberfläche glüht ein explosives Gemisch aus aufkommendem Nationalismus und vorrückendem islamischem Fundamentalismus, das sich allenthalben in blutigen ethnischen Auseinandersetzungen entlädt.

Kashgar

Es ist das Los des modernen Reisenden, dass er, wo immer er heutzutage hinkommt, bereits irgendwo in einem Reiseführer etwas darüber gelesen, Bilder oder Filmberichte gesehen hat. Noch problematischer ist es, wenn man schon einmal da war, denn dann stellt man unwillkürlich Vergleiche an, die meistens so ausfallen, dass es vorher viel schöner und interessanter war. Genau das ist bei mir in Kashgar der Fall. Auch wenn ich mir den Vorwurf gefallen lassen muss, die Vergangenheit zu verherrlichen, so müsste ich lügen, wenn ich behauptete, den Neuerungen etwas abzugewinnen.

Als ich 1987 zum ersten Mal nach Kashgar kam, fand ich hier einen der letzten großen Märkte Zentralasiens, den Bazar Kun, den großen Wochenmarkt. Jeden Sonntag kamen Hunderte Uigurenfamilien aus den umliegenden Dörfern auf Eselskarren und Pferdefuhrwerken in die Oase gerollt. Auf sandigen Flächen wurden Waren aller Art feilgeboten, selbst Kamele konnte man noch erstehen. Das Geschäft wurde per Handschlag besiegelt. So will es das ungeschriebene Gesetz des Basars. Ein buntes Völkergemisch aus Uiguren, Kirgisen, Kasachen und Tadschiken gab sich hier ein Stelldichein. Das händlerische Element liegt den Menschen im Blut, es ist das gemeinsame Erbe der Seidenstraße. »Die Kaufleute des Landes ziehen in alle Welt hinaus«, vermerkte Marco Polo zu Kashgar.

Bis Ende der 1980er-Jahre gab es noch ein Altstadtviertel mit verwinkelten Gassen und Geschäften als Spiegelbild uralter Handwerkskunst und

Dienstleistungen. In der Zwischenzeit hat die chinesische Verwaltung die einstmals orientalisch anmutende Stadt bis zur Unkenntlichkeit aufräumen lassen. Die Altstadt musste Betonbauten weichen, die aus dem Supermarkt der totalitären Architektur geordert scheinen. Breite Boulevards wurden angelegt, Eselskarren und Pferdetaxis davon verbannt. Auf der großen freien Fläche des Bazar Kun stehen heute nummerierte Metallbuden. Nur noch ein paar Gassen rund um die Id Khan-Moschee, das größte islamische Gebetshaus Chinas, sind uigurisch geblieben.

Dort befindet sich auch der Laden des Instrumentenbauers und Musikers Muhtar Tawakkul. Er ist vollgestopft mit kunstvoll verzierten Sai-

teninstrumenten. Wenn Muhtar keine Kundschaft hat, was häufig der Fall ist, dann nimmt er am liebsten seine Dutār zur Hand, die sich besonders gut zum Solospielen eignet. Das aus Aprikosen- und Maulbeerholz gefertigte Instrument mit dem birnenförmigen Klangkörper und dem langen Hals erzeugt einen warmen, wohlklingenden Ton. Es ist schon seit mehr als tausend Jahren bekannt und nach wie vor das beliebteste uigurische Musikinstrument, das nahezu in jedem Haushalt zu finden ist. Aber kaum jemand in Kashgar beherrscht es so virtuos wie Muhtar. Als ich vor Jahren an seinem Laden vorbeikam und ihn spielen hörte, habe ich spontan einige Kostproben seines Könnens aufgezeich-

»Zerschlagt das Alte und baut das Neue«, lautete die Devise von Maos Kulturrevolution. In Kashgar gilt sie bis heute. Das neue Kashgar besitzt die gleiche Uniformität chinesischer Städte.

net und die Aufnahmen zu Hause einer Konzertveranstalterin für Weltmusik vorgespielt, die ihn sofort engagieren wollte. Doch Muhtar besitzt weder einen Reisepass noch spricht er eine Fremdsprache, abgesehen von rudimentärem Chinesisch. So ist aus der großen Reise damals nichts geworden, aber er möchte uns diesmal zumindest in seiner Heimat ein Stück weit musikalisch begleiten.

Am nächsten Morgen steht er reisefertig vor dem Hotel. Blütenweißes Hemd, dunkle Bundfaltenhose, schwarze chinesische Lackschuhe und als einziges Gepäckstück seine Dutār, gut verpackt in einem »Gitarrenkoffer«. Unsere grobe Reiseroute sieht folgendermaßen aus: zunächst mit dem Fahrzeug entlang der Südroute nach Khotan, dann ein mehrwöchiger Wüstenmarsch durch die Takla Makan und zum Schluss eine Bergtour zu den höchsten Gipfeln des Tien Shan. Um all unsere Ausrüstung unterzubringen und noch genügend Platz für die Passagiere zu haben, habe ich einen Kleinbus angemietet.

Für die knapp fünfhundert Kilometer lange Strecke nach Khotan benötigte der chinesische Pilgermönch Xuanzang vor tausenddreihundert Jahren einen ganzen Monat. Marco Polo bewältigte die Distanz schon in achtzehn Tagen, und der schwedische Asienforscher Sven Hedin schaffte es in zwei Wochen. Heute ist es nur noch eine Tagesfahrt auf einer gut ausgebauten Straße. Von der Südroute, dem Weg durch die Wanderdünen, die einstmals allein des Handels wegen geschaffen wurde, ist nicht mehr viel zu sehen. Die Takla Makan mit ihren Sanddünen bleibt unsichtbar, so als ob sie dem flüchtigen Besucher, der sich nur an ihrem Rand entlangbewegt, nichts von ihrer Schönheit preisgeben wolle.

Über weite Passagen fahren wir zwischen dichten Reihen hoher Pappeln, die den Eindruck einer unendlichen Allee vermitteln. Dahinter verbergen sich riesige Farmen, die ihrerseits von Pappelwällen umgeben sind. Das war nicht immer so. Auch hier wurde, nachdem sich die Volksrepublik China Ostturkestan einverleibt hatte, die Landwirtschaft industrialisiert, Staatsfarmen wurden angelegt, in den Oasen neue Satellitenstädte aus dem Boden gestampft und Menschen aus den aus allen Nähten platzenden Millionenstädten im Osten Chinas hierher umgesiedelt. Mehr

Menschen brauchen auch mehr Wasser. Um dieses zu beschaffen und die ehrgeizigen Farmprojekte zu bewässern, entnimmt man das Wasser dem »Selbstbedienungsladen Natur«, also jenen Flüssen, die von den Gebirgen in die Wüste herabströmten und dort Flussoasen schufen und Seen speisten. Die Folge der exzessiven Nutzung: Der Lop-Nor-See, das einstige Wunder der Takla Makan, ist zur Gänze ausgetrocknet, weil die exzessive Wassernutzung den Fluss Tarim so schwächte, dass er kein Wasser mehr in den See leitete. Der Khotan Darya, der bis zur Mitte des letzten Jahrhunderts die Takla Makan von Süden nach Norden durchfloss, ist heute die meiste Zeit des Jahres ein Wadi.

Während draußen eine langweilige Szenerie vorbeizieht, verfallen wir im Fahrzeug in einen Halbschlaf. Einzige Abwechslung bieten die Stopps an kleinen Märkten mit Essenständen. Wo immer wir anhalten und Muhtar mit seiner Dutār aussteigt, sind wir sofort von Menschen umringt, die ihn spielen hören wollen. Er lässt sich nicht lange bitten. Schnell ist ein Holzschemel zur Hand, auf dem er Platz nimmt, und wäh-

Muhtar bei einer seiner spontanen Darbietungen auf der Fahrt von Kashgar nach Khotan. Er ist Instrumentenbauer und Musiker zugleich. Am liebsten spielt er auf seiner Dutār, einem Saiteninstrument mit birnenförmigem Klangkörper und langem Hals.

rend wir frisches Fladenbrot und Früchte besorgen, unterhält er die Zuschauer mit Musik und Gesang.
Nach Yarkand, der größten Oasenstadt zwischen Kashgar und Khotan, öffnen sich die Pappelreihen und geben einen Blick auf die Berge frei. Leuchtend weiße Gipfel zeigen sich über dem flimmernden Dunst, als würden sie schwerelos in der Luft schweben. Es sind die eisgepanzerten Wände von Kongur (7719 Meter) und Muztagh Ata (7546 Meter), den höchsten Erhebungen des Kunlun-Gebirges, deren Südwände in das Tarimbecken abbrechen. Sogleich kommen Erinnerungen auf an die Wochen, die ich 1987 dort zubrachte. Wir waren ebenfalls von Kashgar aufgebrochen, ein Stück den Karakorum-Highway hochgefahren und dann auf Kamelstärken umgestiegen. Ganz im Stil der Seidenstraße beluden wir »Wüstenschiffe«, um unsere alpine Ausrüstung auf über viertausend Meter Höhe zum Basislager des Muztagh Ata zu befördern. Dann sind wir mit Skiern bis zum Gipfel aufgestiegen. Die Wüste lag uns zu Füßen mit ihren Dünen, die von oben wie Wellen eines erstarrten Meeres aussahen.

Das alte und das neue Khotan

Oase reiht sich nun an Oase, dazwischen liegt Brachland, versandete Ebenen mit Kumushgras und Tamarisken. Parallel zur Straße verläuft der noch in Bau befindliche Schienenstrang. Die Uiguren betrachten die Weiterführung der Bahnstrecke nach Khotan mit gemischten Gefühlen, denn sie befürchten, wie das Beispiel Kashgar zeigt, die verstärkte Zusiedlung von Han-Chinesen. In Khotan bilden die Uiguren noch die absolute Mehrheit, aber das könnte sich nach der Fertigstellung der Bahnlinie ändern. Die Sicherheitskräfte sind bereits jetzt im Straßenbild allgegenwärtig.
Vom Fenster meines Hotels in Khotan kann ich auf den Hauptplatz blicken, gewöhnlich ein Ort, an dem Kinder spielen, Pärchen sich zum Tête-à-Tête treffen und folkloristische Darbietungen stattfinden. Das war einmal. Jetzt fahren jeden Morgen Militärlastwagen vor, von denen

Kampfübungen martialisch ausgerüsteter chinesischer Soldaten auf dem Hauptplatz von Khotan dienen als Einschüchterungstaktik, um Proteste der mehrheitlich von Uiguren bewohnten Stadt gegen die chinesische Fremdherrschaft zu unterbinden.

martialisch bewaffnete Soldaten springen, die den Platz besetzen, um dort stundenlang Kampfübungen zu absolvieren. Es ist eine pure Machtdemonstration, die darauf abzielt, die Menschen einzuschüchtern.

An einem Ende des Platzes steht eine monumentale Figurengruppe. Sie zeigt den chinesischen Steuermann Mao Zedong beim Handschlag mit einem lokalen uigurischen Anführer. Aber welche Bildsymbolik! Die Figur von Mao ist viel größer und lässt den Uiguren wie einen Zwerg erscheinen. Die Botschaft ist klar. Es gibt keinen Umgang auf Augenhöhe zwischen Han-Chinesen und Uiguren, keine Gleichberechtigung. Uiguren wie auch andere Völker, die als sogenannte nationale Minderheiten gelten, werden im chinesischen Selbstverständnis nicht als gleichwertig betrachtet. Erst am Abend ist der Spuk vorbei, die Soldaten ziehen sich wieder in die Kasernen zurück, und die Uiguren können ihren Platz wieder in Besitz nehmen. Essenstände werden ringsum aufgebaut, Jugendliche spielen Fußball, und der beliebte Rummelplatz für die Kinder ist ebenfalls geöffnet.

Die heutige Stadt Khotan ist relativ neu und liegt ein paar Kilometer südöstlich jenes antiken Zentrums an der Seidenstraße, von dem die chinesischen Indien-Pilger Xuanzang und Faxian eindrucksvolle Berichte überliefert haben. Damals hieß die Stadt Yotkan, noch früher Kustana, ein Sanskritname, der auf die enge Beziehung zu Indien hinweist. Ausgrabungen haben dies bestätigt. Nach dem britischen Archäologen Aurél Stein war das Territorium des gegenwärtigen Khotan ein uraltes buddhistisches Kulturzentrum, »seinem Ursprung und Wesen nach eindeutig indisch«. Es dürfte einer der ersten Orte im Tarimbecken gewesen sein, wo der Funke des Buddhismus aus Indien übersprang und ein religiöses Feuer entfachte. Der Pilgermönch Faxian geriet im Jahr 399 n. Chr. ob der Pracht der Stadt ins Schwärmen: »Das neue Kloster des Königs ist ungefähr fünfundachtzig Meter hoch, mit reichen Ornamenten versehen, mit Gold und Silber belegt und geziemend mit allen sieben Kostbarkeiten geschmückt«, notierte er sichtlich beeindruckt. Gold und allerlei andere Kostbarkeiten gibt es auch heute noch in Khotan, wenngleich der himmelstrebende Klosterbau nebst aller anderen Gebäude, die einstmals in Yotkan standen, geschrumpft ist, zusammengeschmolzen zu einer kulturtragenden Erdschicht, die sich vom Boden der umliegenden Felder nur durch die dunklere Farbe unterscheidet.

»Das ist der Altun Jar« – der »Goldbach« –, sagt einer der Bauern, die mich zu einem künstlichen Bewässerungskanal führen, der die schachbrettartig angelegten Gemüsegärten durchschneidet. Dann steigt er hinunter in das Bachbett, das sich tief in den weichen Boden eingegraben hat, und beginnt, mit bloßen Händen zu graben. Es dauert nicht lange, da hält er eine Tonscherbe in der Hand. Andere Bauern eilen herbei. Einer von ihnen zieht eine Handvoll alter Tang-Münzen aus der Hosentasche, ein anderer hält mir eine Terrakottafigur entgegen.

Trotz der genauen Angaben der Pilgermönche war es dennoch lange nicht möglich, die antiken Überreste von Khotan zu finden. Bis zur Mitte des 19. Jahrhunderts ahnte niemand, dass sich unter den Feldern die alte Stadt befand. Da wurde die Natur selbst zum Archäologen. Bauern hatten einen Bewässerungskanal in die Felder geführt, der sich nach und nach immer tiefer in den Boden grub. Alsbald tauchten höchst bemerkenswerte Dinge auf: antike Tonstücke, Münzen, Jadeschmuck und Blattgold. Die Bauern interessierten sich vor allem für Letzteres und begannen, nach Gold und Jade zu suchen. Die Ausbeute war so reichhaltig, dass auch die Obrigkeit Kunde davon erlangte und einen Trupp schickte mit dem Auftrag, den Boden umzugraben und die Erde auszuwaschen. Der Fluss an Funden ist bis heute nicht ganz abgerissen, wenngleich niemand mehr systematisch sucht.

In diesem Teil der Oase findet sich noch das traditionelle Leben der Uiguren. Beiderseits der Gassen reihen sich flache Lehmbauten mit heimeligen, von Weinlauben beschatteten Innenhöfen aneinander, in denen sich die Menschen bevorzugt aufhalten. In den heißen Sommermonaten wird der Innenhof sogar zum Schlafzimmer umfunktioniert, indem man die Betten ins Freie stellt und Alt und Jung die Nächte dort verbringen. Auch die Gasse gehört zum Lebensraum. Vor den Toren der Häuser sitzen Kinder und machen ihre Schulaufgaben, Erwachsene gehen ihrem Handwerk nach. Da rasieren die Friseure, arbeiten die Schuster, Messerschleifer und Drechsler. Daneben verrichtet der Schlachter sein blutiges Geschäft.

Bazar Kun – der grosse Wochenmarkt

In den kleinen Dörfern im Umkreis von Khotan gibt es ihn noch, den Bazar Kun, den wöchentlichen großen Markttag. Man muss nur herausfinden, an welchem Wochentag er wo stattfindet. Im Dorf Laika ist es ein Sonntag. Der Weg dorthin führt durch eine Aneinanderreihung von Pappelalleen und entlang eines Bewässerungskanals, an dem eine der letzten noch in Gebrauch befindlichen alten Mühlen der Oase liegt. Die natürliche Wasserkraft treibt die aus grobem Stein gehauenen Mühlsteine an. Den ganzen Tag über herrscht hier ein ständiges Kommen und Gehen. Es gilt Selbstbedienung. Jeder Bauer mahlt sich sein Getreide selbst, zumeist Weizen, dessen Mehl für Brot- und Teigwaren Verwendung findet.

Uigurische Familie auf dem Weg zum Bazar Kun, dem großen Wochenbasar in Khotan. Aller Wahrscheinlichkeit nach werden moderne Kommunikation wie Mobiltelefon und Internet hier mehr verändern als Mao und Islam.

Man würde meinen, dass ein uigurischer Basar allein schon wegen der sommerlichen Gluthitze frühmorgens beginnt und mittags wieder zu Ende ist, doch weit gefehlt. Morgens sind die Bauern noch bei der Feldarbeit. Auch mittags ist noch tote Hose. Erst am frühen Nachmittag geht es richtig los. Dann kommen aus allen Richtungen die Bauern auf Eselskarren und Pferdefuhrwerken angerollt. Auf den schmalen Wegen und Gassen droht der Verkehrsinfarkt. Zwei- und dreispurig fahren sie nebeneinander her. »Posch, Posch!« – »Platz, Platz!« –, tönt es immer wieder. In das Glockengebimmel der von Vierbeinern gezogenen Gefährte mischt sich das Hupen von Traktoren, Zugmaschinen und Motorrädern, dazwischen der markerschütternde Schrei eines Esels. Das Gurren der Tauben, die als heilige Tiere gelten, geht im ohrenbetäubenden Lärm genauso unter wie die Stimme des Muezzins, die sich vergeblich gegen die profane Geschäftigkeit erhebt. Auf dem weitläufigen Areal, das als Marktplatz dient, herrscht ein beängstigendes Gedränge und Geschiebe.

Trotz des scheinbaren Chaos herrscht in Bezug auf das Angebot an Waren und Dienstleistungen eine Ordnung. Ähnlich wie im Supermarkt ist das Sortiment nach Branchen getrennt. In einer Reihe finden sich nur die Hutmacher. Beeindruckend ist die Vielfalt an Kopfbedeckungen, die feilgeboten werden. Darunter sind dicke Fellmützen mit Ohrenklappen für den nächsten Winter, schwarz-weiß bestickte zylindrische Käppis und

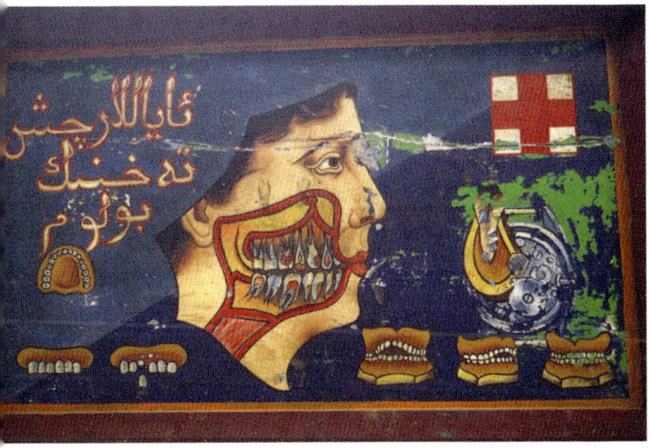

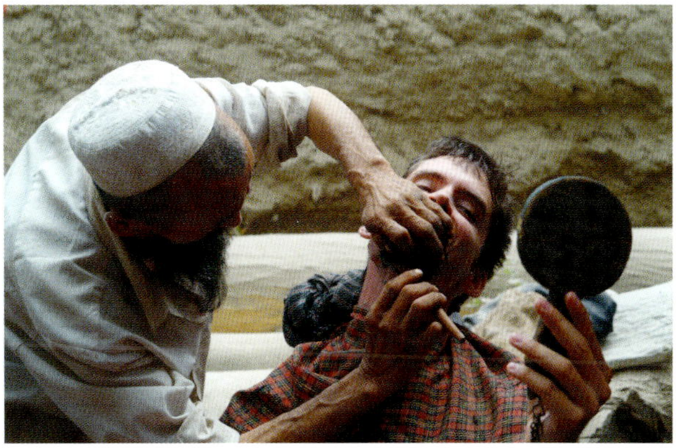

Auch die Zahnärzte praktizieren auf dem Basar und werben mit selbst bemalten Tafeln um Laufkundschaft. Gleich daneben rasieren die Friseure. Normalerweise wird der Kopf kahl geschoren und der Bart bleibt stehen – es sei denn, der Kunde ist ein Ausländer.

alle Arten von Schirmmützen, wie man sie aus amerikanischen Filmen der 1950er-Jahre kennt. Gleich daneben befinden sich die Schneider und Schuster. Daran schließt sich der Kleider- und Stoffbasar an. Hochhackige Schuhe, durchsichtige Strümpfe und Figur betonende Röcke, so farbenfroh wie möglich, sind bei den jungen Frauen groß in Mode. Die meisten von ihnen tragen bunte Kopftücher, aber nur selten Gesichtsschleier. Die Uiguren sind zwar glaubige Muslime, aber keine Fanatiker. Verschwunden ist mittlerweile der berüchtigte »Fliegenbasar«, wie man die Secondhandabteilung für abgetragene Kleidung nannte.

Nicht weit entfernt hört man das laute Hämmern der Kupferschmiede, die hölzerne Truhen beschlagen, die zum festen Inventar jedes uigurischen Haushalts zählen. Daneben haben die Mattenflechter ihre Erzeugnisse wie gerollte Teppiche drapiert. In einer anderen Abteilung rasieren die Friseure. Normalerweise wird bei der Kundschaft – es sind ausschließlich Männer – der Kopf kahl geschoren, und der Bart bleibt ste-

Vorhergehende Doppelseite: Uralte Handwerkskunst und Dienstleistungen prägen den Bazar Kun, den Wochenbasar in Laika. Auf Tischen türmt sich uigurisches Brot, daneben verrichtet der Fahrradflicker sein Handwerk. In einer der Gassen werden Kopfbedeckungen aller Art angeboten, in einer anderen Messer aus Kashgar.

hen. Daher ist es für mich schwierig, den Friseurmeister davon zu überzeugen, dass dies bei mir ganz umgekehrt zu geschehen habe. Auch die Zahnärzte praktizieren auf dem Basar und werben mit fantasievollen, handbemalten Schautafeln um Laufkundschaft. Eine Zahnbehandlung geschieht hier schnell, weil ohne Wartezeit, unbürokratisch, weil ohne Voranmeldung, und extrem kostengünstig. Dazu noch umweltschonend, denn die Bohrer werden mit Muskelkraft betrieben. Gebisse sind stets schon vorgefertigt in Marmeladegläsern vorrätig, und die beliebten Goldzähne können aus Schaukästen ausgewählt werden.
Gegenüber verrichten die Messerschleifer ihr Handwerk. Das geschieht auf umgebauten chinesischen Fahrrädern durch strammen Tritt in die Pedale. Auf dem Tiermarkt wechseln Lämmer, Stiere und Maultiere nach erhitztem Feilschen ihre Besitzer. Pferde können auf einer Rennbahn Probe geritten werden, wie man bei uns zu Hause Autos testet. Vor einem Holzgestell, in dem ein Maultier angegurtet in der Luft baumelt, sitzt ein Hufschmied mit Hammer und Eisen, um dem Tier einen neuen Beschlag zu verpassen. Auf der anderen Seite vergnügen sich Kinder auf einer Schiffschaukel. Ein Stück weiter hängt blutiges Hammelfleisch.
In den Geruch von Eselsdung und Kinderurin mischt sich der Duft dampfender Garküchen. In großen Kupferkesseln werden Langnudeln gekocht. Allein das Kneten des Teigs ist eine Kunst für sich und erinnert an eine Zirkusdarbietung. Er wird wie ein Sprungseil auf und ab geschlungen, dann werden die beiden Enden so gehalten, dass der Teig durch die Drehung einen Zopf formt. Blitzschnell ergreift der Akteur das untere Ende, und die Übung beginnt von vorne. Auf diese Art geknetet wird der Teig so elastisch, dass sich daraus mit geschickten Fingern meterlange Nudeln ziehen lassen. Womöglich hat Marco Polo hier das Vorbild der italienischen Spaghetti entdeckt. An anderer Stelle werden im Akkord Teigecken mit Hammelfleisch gefüllt und zu Maultaschen geformt. Hinter qualmenden Metallgestellen stehen biblisch aussehende Männer in langen Mänteln und Schaftstiefeln. Sie bereiten Schisch Kebab zu, frische Lammspieße. In der Abteilung für Gemüse und Früchte türmen sich all die Köstlichkeiten, die der gut bewässerte und intensiv

Ein Nudelmacher beim Kneten des Teiges, das ebenso viel Geschicklichkeit erfordert wie das Ziehen der Langnudeln. Nudelgerichte gehören neben gefüllten Teigtaschen und gegrillten Lammspießen zu den Hauptspeisen der uigurischen Küche.

genutzte Oasenboden hergibt. Körbe voll weißer und blauer Weintrauben, frische Feigen, Pfirsiche und alle Arten von Melonen.

Neben einem Koranverkäufer bietet ein professioneller Briefschreiber seine Dienste Analphabeten an. Scheinbar mühelos vollzieht sich der Wechsel zwischen überkommener Tradition und adaptierter Moderne. Inmitten des Menschengewirrs sitzt ein professioneller Geschichtenerzähler, der gegen die dröhnenden Lautsprecher eines Musik-CD-Verkäufers anredet. Die größten Menschenschlangen aber finden sich vor der »Videothek«. Man braucht kein Prophet zu sein, um vorherzusehen, dass Fernsehen, Mobiltelefon und Internet in Zukunft mehr verändern werden als Mao und Islam zusammen.

Doch nicht immer sind alte Traditionen am Verschwinden. Manchmal ist auch das Gegenteil der Fall, wie das Beispiel der Jade zeigt. Als ich in den 1980er-Jahren Khotan besuchte, hatte ich Mühe, überhaupt Jadekiesel zu finden. Der Jadehandel, der einstmals blühte und die Oase an der Seidenstraße berühmt machte, schien völlig verschwunden. Heute erlebt Khotan einen wahren Jaderausch.

Die Jagd nach dem Stein des Himmels

Um das Gieren der Chinesen nach Jade zu verstehen, muss man wissen, dass Jade der wertvollste Stein ist, den man in diesen Breiten kennt, vergleichbar ist ihr Ansehen vielleicht mit der Bedeutung des Goldes in Europa. Sie ist »der Stein des Himmels«, dem man heilende Kräfte zuschreibt. In manchen Zeiten glaubte man sogar, er könne Unsterblichkeit schenken, insbesondere die weiße Jade. Sie besitzt einen milchigen Glanz, der an verschleierte Bergspitzen erinnert, und repräsentiert alles Gute, Schöne und Kostbare. Das chinesische Schriftzeichen »Yu«, das für Jade steht, bedeutet gleichzeitig »Edelstein« oder »Schatz«. In vielen chinesischen Namen findet sich der Begriff »Yu«. Nicht zufällig hat man die Festung westlich von Dunhuang, durch die die Seidenstraße und damit auch die Jadetransporte führten, »Yumenguan« genannt, »das Jadetor«.

Jade gilt als Stein des Himmels, dem man heilende Kräfte zuschreibt. Die begehrte weiße und schwarze Jade wird in Khotan und Umgebung gefunden, vorzugsweise im Yurung Kash und im Kara Kash, dem weißen und dem schwarzen Jadefluss.

Alle weiße Jade kommt aus Khotan und Umgebung. Eine uralte taoistische Legende bestätigt die Herkunft der Jade. Sie berichtet von der Jadekönigin Xi Wangmu, die auf einem Gipfel des Kunlun-Gebirges in einem märchenhaft schönen Palast residierte, umgeben von zwölf Prinzessinnen. Xi Wangmu bedeutet »Königinmutter des Westens«. Wie die Überlieferung fortfährt, soll der Kaiser Mu aus der Zhou-Dynastie im 10. Jahrhundert v. Chr. mit einem verzauberten Hengst nachts durch die Lüfte geflogen sein, um mit der Jadekönigin in nähere Beziehung zu treten. Da in jeder Legende auch ein Körnchen historischer Wahrheit steckt, könnte die Reise von Kaiser Mu als eine Annäherung an jenes Volk verstanden werden, das im Besitz der Jadevorkommen war, die den Zweck verfolgte, an die begehrte Kostbarkeit zu gelangen. Die Jade findet sich in den Abhängen des Kunlun-Gebirges und den davon herabströmenden Flüssen Yurung Kash (weißer Jadefluss) und Kara Kash (schwarzer Jadefluss). Beide Flüsse begründen die Oase Khotan.

Die sagenhafte Geschichte der unsterblichen Jadekönigin findet tausend Jahre später, in der Zeit der Han-Dynastie, eine Fortsetzung. Da soll sie sich nämlich in den Kaiser Han Wudi (156–87 v. Chr.) verliebt haben und stieg, um ihn zu treffen, in Begleitung ihrer Prinzessinnen von ihrem Bergpalast im Kunlun-Gebirge herab. Darunter könnte die Anerkennung der chinesischen Oberhoheit des bis dahin unabhängigen Königreichs verstanden werden. Historischer Fakt ist, dass Han Wudi enorme Anstrengungen unternahm, um mit den Völkern Turkestans Kontakt aufzunehmen. Neben dem politischen Motiv, Verbündete gegen gefährliche Gegner wie die Xiongnu zu gewinnen, könnte durchaus auch der Wunsch, direkten Zugriff auf die begehrte Jade zu bekommen, eine Rolle gespielt haben. Es ist bekannt, dass Han Wudi ein großer Anhänger des Taoismus war und an das Elixier der Unsterblichkeit glaubte, das nach Ansicht der Taoisten nur unter Beimengung pulverisierter Jade gewonnen werden konnte. Man hat der Jade magische Fähigkeiten zugeschrieben. Das Leben selbst wurde als Jadebaum begriffen, wie die Inschrift eines Grabes von Astana in der Turfanoase zeigt: »Wie das Licht, das durch einen Ritz geht, nicht andauert, wie der Lichtstrahl nicht erhalten werden kann, so sind die Jahre an ihrem Ende angekommen, und das Leben ist erschöpft. Der Jadebaum ist vertrocknet.«

Wenn die Jade schon nicht Unsterblichkeit schenken konnte, wie die alltägliche Todeserfahrung zeigte, so glaubte man, könne sie zumindest ein langes Leben schenken und über den Tod hinaus den Körper vor dem Verfall bewahren, wenn man ein Stück mit ins Grab legte. Darauf deuten die Gewänder aus Jadeplättchen hin, die man in Gräbern der kaiserlichen Familie aus der Han-Zeit gefunden hat. Eines dieser Jadegewänder besteht aus sage und schreibe zweitausendeinhundertsechsundfünfzig Jadeplättchen, die mit Golddrähten zusammengehalten werden. Der Wert lässt sich erst ermessen, wenn man bedenkt, dass die Jade aus dem fernen Khotan an den Han-Kaiserhof auf Kamelrücken geschafft werden musste und dann von Dutzenden Jadeschleifern zehn bis zwölf Jahre bearbeitet wurde. Natürlich konnten sich nur der Kaiser und seine Familie einen solchen Luxus leisten. Einfache Edelleute und Staatsbeamte mussten sich mit kleinen Jadestückchen begnügen, mit denen man im Grab die sieben Körperöffnungen bedeckte.

Kaiser und Poeten stimmten gleichermaßen das »Hohelied« der Jade an. Sogar die konfuzianischen Tugenden sollten sich in ihr verkörpern, wie die folgende Lobeshymne des Guanzi aus dem 7. Jahrhundert v. Chr. glauben machen will: »Die glänzende Oberfläche erinnert an die Güte: Die Jade ist wohl hart, aber nicht scharf und verletzend – so sollte die Gerechtigkeit sein; ist sie in Schmuckperlen auf eine Kordel gereiht, dann ähnelt sie der angemessenen Bescheidenheit; sie verdeckt ihre Vorzüge nicht mit den Sprenkeln, noch verbergen die Flecken ihren Wert – darin ist sie der Loyalität zu vergleichen. Ein inneres Licht scheint von ihr auszugehen – das ist das Vertrauen; hell wie ein Regenbogen ist sie dem Himmel vergleichbar; geheimnisvoll und kostbar entsteht sie in den Bergen und Flüssen und ist das Abbild der Erde; sie ragt unter den Rangemblemen hervor und ist wie der Weg der Pflicht und der Wahrheit. Deswegen schätzt sie der Edle.«

Die Menge der Jadeobjekte einer bestimmten Epoche kann durchaus als Barometer für die politische und wirtschaftliche Situation im Tarimbecken und den Zustand der Seidenstraße in diesem Bereich gewertet werden. Wie die Menge der Fundstücke belegt, war der Jadehandel auf der Seidenstraße während der Han-Dynastie sehr bedeutend. Mit den Wirren und der Aufsplitterung des Reiches nach dem Untergang der Han wird auch der Handelsweg unterbrochen, und korrespondierend dazu finden sich aus dieser Zeit nur wenige Jadestücke. Erst im Goldenen Zeitalter der Tang-Dynastie, die ihren Machtbereich wieder bis ins Tarimbecken ausdehnen konnte, ging auch eine Wiederbelebung des Jadehandels einher.

Marco Polo, der auf seinem Weg an den Hof des Mongolenkaisers in Beijing durch die Region kam, berichtete von wunderbar anzusehenden Steinen, die einen hohen Preis erzielten und auf den Rücken von Kamelen in großen Mengen nach Osten transportiert wurden. Er hat nicht ausdrücklich erwähnt, dass es sich dabei um Jade handelte, das konnte er auch gar nicht, denn diese war damals in Europa noch unbekannt. Er bezeichnete die Steine als »diaspis« – wahrscheinlich Jaspis –, wohl weil er diese damals in Venedig bekannten harten Halbedelsteine mit der Jade verwechselte. Erst später fanden die ersten Jadegegenstände ihren Weg von China nach Portugal und mit ihnen auch der Glaube an ihre heilenden Kräfte. Auf der bloßen Haut getragen soll Jade vor Nieren-

Seit einigen Jahren gibt es in Khotan aufgrund der großen Nachfrage wieder einen Jadebasar, auf dem professionelle Händler, aber auch glückliche Finder Jadestücke anbieten. Doch nicht alles, was als echt angepriesen wird, ist tatsächlich Jade aus dem Fluss.

leiden bewahren und eine normale Harnabsonderung gewährleisten. Demzufolge wurde sie mineralogisch als »lapis nephriticus« (Nephrit), also Nierenstein, klassifiziert.

Der Ort für den Jadehandel der Gegenwart an der Seidenstraße ist das Hotel Yudu, nach eigenem Bekunden die beste Herberge in Khotan. Schon ab dem frühen Morgen belagern einheimische Händler die Lobby, ihre Mobiltelefone hinters Ohr geklemmt. Es geht zu wie auf einer Börse für Jade. Die Kunden, überwiegend wohlhabende Chinesen, sitzen in den Zimmern und feilschen um Stücke, die schon mal einen fünfstelligen Eurobetrag kosten können. Hier bin ich mit Helil verabredet. Er selbst ist kein Jadehändler, aber sein Bruder, den er häufig begleitet, gehört zur Elite. Weil er leidlich gut Englisch spricht, jobbt er zwischendurch bei einer örtlichen Reiseagentur. Ich habe ihn schon bei früheren Khotan-Besuchen als ortskundigen Begleiter kennen- und schätzen gelernt. Diesmal werden wir länger zusammen sein als sonst, denn ich habe beschlossen, ihn in die Wüste mitzunehmen, die er bis jetzt nur vom Hörensagen kennt, obwohl er in einer Oase am Wüstenrand aufge-

In früheren Zeiten wurde die weiße Jade hauptsächlich von Frauen und Mädchen gesucht, vorzugsweise in Vollmondnächten, weil der milchig-weiße Stein das Mondlicht reflektiert und somit leichter von den gewöhnlichen Flusskieseln unterschieden werden kann.

wachsen ist und lebt. Doch vorher möchte ich mit seiner Hilfe etwas mehr über die Gewinnung der Jade erfahren.

Während Muhtar die Rückreise nach Kashgar antritt, fahren wir in die andere Richtung. Östlich der Altstadt hat sich der Yurung Kash ein breites Bett gegraben. Seit Jahrtausenden wird im Geschiebe des Flusses nach den begehrten Jadekieseln gesucht, vorzugsweise bei Niedrigwasser in den Monaten nach der großen Schneeschmelze, wenn das Wasser frisches Gesteinsmaterial aus dem Kunlun-Gebirge zu Tal getragen hat. Der König selbst soll in früheren Zeiten alljährlich die Jadeernte eröffnet haben. Doch es ist nicht einfach, sie zu finden, denn mit ihrer verwitterten Oberfläche lassen sich die Jadekiesel nur schwer von gewöhnlichen Bachkieseln unterscheiden. Deshalb suchte man gerne im Mondlicht, weil es von den Jadekieseln hell reflektiert wird. Mädchen und Frauen sollten in besonderer Resonanz mit der Jade stehen. Dahinter steckt das uralte taoistische Prinzip von Yin und Yang, den polaren männlichen und weiblichen Kräften des Universums. Die Jade gilt als männlich und kann deshalb nur vom Weiblichen angezogen werden. Auch der Mond verkörpert das weibliche Prinzip.

Arme Oasenbauern versuchen sich als Glücksritter und setzen dabei Haus und Hof aufs Spiel, manchmal sogar ihre Gesundheit wie Abdullah, dem der Steinschlag den Knöchel zertrümmert hat.

Von dieser sensiblen Geisteshaltung, die eine Balance zwischen Mensch und Natur suchte, ist nichts mehr übrig geblieben. Heute sind es ausschließlich Männer, die nach der Jade suchen. Mit großen Schaufelbaggern wühlen sie das Flussbett um, das mit seinen Warzen und Trichtern aussieht, als hätte gerade ein Krieg stattgefunden. Um jeden Bagger lauern Helfer wie Hyänen, die sich auf die Gesteinshaufen stürzen, um sie zu durchwühlen. Etwas entfernt warten die Händler auf ihre Beute. Die Aussicht auf schnellen Reichtum zieht jede Menge Glücksritter an. Damit sie gegen die rabiate Methode der Bagger überhaupt eine Chance haben, müssen sie schneller sein und mehr riskieren. Hunderte Bauern schürfen auf eigene Faust weiter flussaufwärts bis tief in die unzugänglichen Schluchten, wo der Yurung Kash durch das Gebirge bricht. Nur die wenigsten landen einen Coup im neuen »uigurischen Roulette«. Die meisten kommen ärmer zurück, als sie es vorher waren.
Wir treffen Abdullah, der Haus und Hof verlassen hat, um mit dem Ersparten hier sein Glück zu suchen. Jetzt sitzt er in einem winzigen Zelt mit schmerzverzerrtem Gesicht und kann sich nicht vom Fleck rühren.

Wer es sich leisten kann, der heuert einen Baggerfahrer an, der mit schwerem Gerät das Flussbett umpflügt. Am Ufer warten die Händler, um sich wie Hyänen auf ihre Beute zu stürzen.

Beim Graben in der steilen Uferböschung hat ihm ein herabstürzender Felsbrocken den Knöchel zertrümmert. Seine Mittel sind längst aufgebraucht, sodass er sich nicht einmal mehr die Heimfahrt leisten kann, geschweige denn eine medizinische Betreuung. Freunde gibt es hier keine, nur Konkurrenten. Ihm bleibt nichts anderes übrig, als weiter auszuharren, in der Hoffnung, bald wieder nach Jade schürfen zu können und fündig zu werden. Die Hoffnung, so heißt es, stirbt zuletzt.

Noch weiter oben im Gebirge, in eisigen Höhen von dreitausendfünfhundert Metern, befinden sich die berüchtigten Jademinen. Der Abbau von jadeführenden Gesteinsadern scheint erst in späterer Zeit an Bedeutung gewonnen zu haben, als die Ausbeute an Jadekieseln aus dem Fluss nicht mehr ausreichte, um die Nachfrage zu befriedigen. Viele der großformatigen Jadeobjekte der letzten Dynastie der Qing stammen aus Stollen, die man in die Berge getrieben hat. Dort erfolgte die Jadegewinnung auf sehr primitive Weise. In den Stollen entfachte man tagsüber große Feuer, die das Gestein erhitzten. Durch die rasche nächtliche Abkühlung entstanden Risse, in die man Holzpflöcke trieb, um Gesteinsbrocken loszusprengen.

Dabei entstand nicht nur sehr viel splitternder Abfall, sondern die Jadebrocken selbst erlitten unsichtbare Risse, die sich erst bei der Bearbeitung zeigten und das Stück zerspringen lassen konnten. Deswegen wird die Jade aus Flussbetten weitaus höher geschätzt als die aus Minen stammende.

In Khotan gibt es heute wieder mehrere Jadebasare. Einer davon findet an bestimmten Tagen gleich neben der Brücke über den Yurung Kash statt, ein anderer ist im Basarviertel der Altstadt zu finden. Entlang einer Gasse reihen sich Stände mit Jade mehr oder minder bescheidener Qualität und auch Steinen, die für Jade ausgegeben werden, aber in Wirklichkeit gar keine sind. Auf der Ladefläche von Zugmaschinen werden riesige Jadebrocken aus den Minen angeboten, die nur schwer ins limitierte Fluggepäck moderner Reisender passen dürften. Ich bin auf der Suche nach einem Armband aus Jadekieseln oder einzelnen Stücken, aus denen sich ein Armband fertigen lässt. Sofort sind wir von Händlern umringt, die mir von allen Seiten ihre Jadestücke in die Hand drücken wollen. Helil berät mich dabei bezüglich Preis und Qualität. Sein Urteil ist oft vernichtend. Dafür trifft ihn manch böser Blick seiner »Brüder«, die seine Anwesenheit gelinde gesagt als geschäftsstörend empfinden. Um den Zorn der Händler nicht weiter zu provozieren, hält Helil sich, so gut es geht, von mir fern und versucht nur noch heimlich, mir Tipps zu geben. Am Ende ist es so wie immer auf dem Basar. Nach ausgiebigem Feilschen ergibt sich ein Preis, mit dem beide Parteien zufrieden sind.

Hinter den Marktständen der Jadeverkäufer befinden sich die Läden der Jadeschleifer. Der hohe Härtegrad der Jade erlaubt nur das Sägen, Schneiden, Bohren, Schleifen und Polieren. Dies geschieht heute mit Maschinen und mithilfe eines Schleifmittels, das am bewegten Werkzeug haftet. Nach wie vor ist das ein mühevoller und langwieriger Prozess – besonders für den Künstler, der die Jade dann bearbeitet. Trotz des hartnäckigen Widerstands, den die Jade der Bearbeitung entgegensetzt, verstanden es chinesische Künstler zu allen Zeiten, den Werkstoff virtuos zu meistern.

Während die Jade heute einen Boom erlebt, gehen andere alte Handwerkszweige Khotans zugrunde. Allen voran die traditionelle Papierher-

stellung. Im Jahr 1992 hat der vorletzte Papiermacher sein Handwerk aufgegeben, jetzt gibt es nur noch einen. Vieles spricht dafür, dass es sich bei der bis heute praktizierten Technik zur Papierherstellung um eine uralte Methode handelt, die womöglich nicht aus China importiert wurde, sondern sich schon vor der »Erfindung« der chinesischen Handpapiermacherei hier entwickelt hatte. Wir wissen, dass Khotan eines der frühesten Zentren des Buddhismus und der Gelehrsamkeit im Tarimbecken war und lange Zeit als ein selbstständiges Königreich existierte mit einer Vielzahl an Klöstern. Der Buddhismus stützt sich auf Schrifttum, und schon deshalb ist ein großer Papierbedarf vorauszusetzen. Nicht zufällig hat sich hier ein ganzes Papiermacherviertel entwickelt, und aus den Berichten von Sven Hedin und Aurél Stein ist zu entnehmen, dass um 1900 das Handwerk noch von etlichen Familien ausgeübt wurde. Der Weg zum letzten Papiermacher der Stadt führt in dieses Viertel von Alt-Khotan, von dem allerdings nur noch ein kleiner Teil übrig ist. Auf

Masum Ahon, der letzte Papiermacher von Khotan, posiert mit seiner Frau neben einem Stapel aus Maulbeerzweigen gefertigten Papierbögen. Da keines seiner Kinder das alte Handwerk fortführen will, wird diese Tradition mit ihm aussterben.

den ersten Blick unterscheidet sich das Anwesen der Familie Masum nicht von anderen uigurischen Häusern. Durch ein Tor tritt man in einen von einer hohen Mauer umfriedeten Innenhof, in dem sich ein aus Lehmziegeln errichtetes Wohnhaus befindet mit einer überdachten und durch Holzsäulen gestützten Veranda. Wie überall dient der Innenhof als Wohn- und Arbeitsraum. Erst dann erblickt man die gestapelten rechteckigen Siebe, ein großes Metallbecken und altertümlich anmutende Gerätschaften wie einen großen Holzhammer und einen Quirl. Es ist unschwer zu erkennen, dass das Handwerk nur noch zur Schaustellung ausgeübt wird, aber auch das nicht mehr lange, wie uns der Hausherr Masum Ahon erklärt, weil keines seiner neun Kinder in seine Fußstapfen treten möchte. Er ist damit der letzte Vertreter einer langen Generation von Papiermachern, und auch seine Frau entstammt einer Papiermacherfamilie.

Der eigentliche Prozess des Papiermachens beginnt mit dem Schneiden der Zweige des Maulbeerbaumes, der den Rohstoff dafür liefert. Übrigens bleibt am Maulbeerbaum so gut wie nichts ungenutzt: Die Blätter werden an die Seidenraupen verfüttert, der Bast dient der Herstellung von Papier oder Flechtwerk, die Früchte werden als Färbemittel oder für die Zubereitung von Sirup und Wein verwendet. Als Nächstes werden die Maulbeerzweige geschält, und der Bast wird von der Rinde getrennt und in Wasser eingeweicht. Dann muss dieser in einem Metallbecken in Aschenlauge mehrere Stunden lang gekocht werden. Danach folgt das Klopfen der gekochten Baststreifen auf einer Steinplatte mit einem Holzhammer, bis ein zäher Brei entsteht. Dieser wird dann unter Zugabe von Wasser zu einer dickflüssigen Fasersuspension verquirlt. Jetzt wird ein Sieb in ein Wasserbecken getaucht, und mit einem Schöpfer wird eine bestimmte Menge Faserbrei in das Sieb gegossen und mit einem kleinen Quirl gleichmäßig über die Bespannung verteilt. Anschließend hebt der Papiermacher das Sieb aus dem Wasser und stellt es in die Sonne, die den Rest erledigt. Sobald der dünne Faserbrei getrocknet ist, kann das Papier abgezogen werden. Zum Schreiben wird es allerdings schon lange nicht mehr benutzt. Es dient Seidenraupenzüchtern zum Belegen der Zucht-

Seidenherstellung in Khotan. Im entscheidenden Arbeitsgang werden die Kokons in kochendes Wasser geworfen, sodass sich der Seidenleim auflöst und der Faden abgehaspelt werden kann. Die Raupe im Kokon wird dabei getötet.

bänke, Hutmachern zur Fütterung der Filz-, Fell- und Textilkappen oder als Packmaterial für Medikamente.

Während Güter wie der begehrte »Stein des Himmels« von Khotan Richtung China gebracht wurden, nahm ein anderes wertvolles Gut genau die umgekehrte Richtung. Gemeint ist die chinesische Seide. Man darf annehmen, dass Seide gegen Jade getauscht wurde. Aber in Khotan begnügte man sich nicht damit, die Seide aus China zu importieren, sondern entwickelte schon früh eine eigene Seidenfabrikation, die bis heute existiert. Doch nur eine einzige Familie betreibt das Handwerk noch mit jener Technik, die sich Jahrtausende zuvor im Osten Chinas entwickelt hatte. Freilich ist auch hier die touristische Vermarktbarkeit der Hauptgrund. Der große Parkplatz vor dem Laden, die mehrsprachigen Beschriftungen und der großzügige Verkaufsraum für Seidengewebe und Teppiche legen diesen Schluss nahe. Der Lehrpfad über die Seidenherstellung soll in erster Linie verkaufsfördernd wirken. Immerhin vermittelt er einen Eindruck von der Herstellungsmethode, die bis in die Neuzeit angewandt wurde. Hinter einer Metallschüssel, die in einen Lehmofen eingelassen ist, sitzt eine Frau und rührt in einer köchelnden Suppe, in der weiße Kokons schwimmen. Nach einiger Zeit beginnen die Kokons, sich in Fäden aufzulösen, und die getöteten Larven des Seidenspinners kommen hervor. Die Frau nimmt mehrere Fäden auf und verwindet sie zu einem Garn. Daneben sitzt ein Mann, der das Garn mithilfe eines Metallrads, das wie eine Riesenfelge aussieht, aufrollt. In einem nächsten Schritt wird es bündelweise gefärbt und dann in altertümlichen Webstühlen zu Stoffen verwoben. Es dominieren geometrische Muster, Blumenmotive und chinesische Stilelemente.

Teppichknüpferin in Khotan. Nur noch dieser Betrieb stellt Teppiche in Handarbeit her. Alte Khotan-Teppiche gelten heute als begehrte Sammlerstücke.

Die Antwort auf die Frage, wie das Geheimnis der Seide konkret nach Khotan gelangen konnte, trotz des kaiserlichen Verbots und trotz Todesstrafe, die auf den Verrat stand, liegt im öden Wüstensand der Takla Makan verborgen.

Schätze im Wüstensand

Was du suchst, findest du nicht mit dem Kamel
im Sand von Raum und Zeit.
Was du suchst, liegt verborgen in der Wüste deines Herzens!
In keinem Tempel aus Stein, in keinem Buch wirst du es finden.
Allein nach mühsamer Wanderung durch die Wüste
der Täuschungen und Verlockungen, nach dem innersten Innen,
wirst du ganz klein geworden, im Ich erstorben,
das Wunder der Wunder entdecken.
HYMNE AUS EINER MANICHÄISCHEN SCHRIFT

Wer in der vom Islam geprägten Oasenwelt am Rande der Takla Makan etwas von der vorislamischen Vergangenheit sehen will, und zwar außerhalb von Museen, der muss bereit sein, in die Wüste zu gehen. Schon vor mehr als hundert Jahren waren europäische Forscher angetreten, um die vom Sand verwehten Überreste der antiken Seidenstraße freizulegen. Einer dieser Pioniere war Sven Hedin. Er läutete ein Kapitel ein, in dem sich Archäologen ein internationales Wettrennen nach dem Motto »Wer zuerst kommt, gräbt zuerst« lieferten, bis die Chinesen Mitte des letzten Jahrhunderts die Tür zu den Schätzen im Wüstensand zuschlugen. Dabei war der Schwede weder Archäologe noch ein für eine Kolonialmacht spionierender Kundschafter, wenngleich man in seinen Reiseschilderungen zuweilen den Eindruck gewinnt, er bedauerte, anstatt eine Armee nur ein Heer von Kulis zu befehligen. Er war Geograf und Kartograf und angetreten, die weißen Flecken auf der Landkarte Zentralasiens zu tilgen. Doch bereits seine erste Bekanntschaft mit der Takla-Makan-Wüste kostete ihn beinahe das Leben.

Hedins Ziel war mehr als verwegen. Er beabsichtigte, die Takla Makan zu durchqueren und sich anschließend durch die »Hintertür« nach Tibet einzuschleichen, um die damals »verbotene Stadt« Lhasa zu erreichen. Er brach zur ungünstigsten Jahreszeit in einen Teil der Wüste auf, den die Einheimischen wegen seiner Wasserlosigkeit den »Yaman Kum«, den »bösen Sand«, nennen und gemeinhin meiden. Was dann folgte, schilderte der Forscher in seinem Reisebericht als Kette von Widrigkeiten und Katastrophen. Ein Kamel nach dem anderen verdurstete, dann waren die Menschen an der Reihe. Am Ende schaffte er es mit nur einem seiner Männer, das rettende Wasser zu erreichen. Hinterher schob er die Schuld an diesem Desaster einem seiner einheimischen Begleiter in die Schuhe, dem er unterstellte, er hätte absichtlich zu wenig Wasser aufgeladen. Das klingt wenig plausibel, denn dann hätte sich dieser vorsätzlich sein eigenes Grab geschaufelt.
Wer meint, dem Schweden wäre damit die Lust auf weitere Wüstenabenteuer vergangen, der irrt. Kaum hatte er sich wieder erholt, rüstete er in Kashgar eine neue Karawane und zog wieder in Richtung Takla Makan. Zunächst hielt er sich noch am Rande, folgte der Südroute der Seidenstraße von Oase zu Oase. Dort lauschte er den Geschichten der Einheimischen, den »Wüstenmärchen«, wie er sie nannte. So wurde ihm erzählt, dass es inmitten der Wüste ganze Städte gäbe, die unter dem wandernden Sand begraben lägen. Doch in diesen Geisterstädten herrschte »Talesmat« – Zauberei. In den Türmen, Mauern und Häusern wären Gold und andere Schätze aufgestapelt, doch käme einer mit seiner Karawane dorthin und belüde seine Kamele damit, dann würde er von den Geistern der Wüste festgehalten.
Hedin glaubte den ersten Teil der Geschichte, nämlich dass es versunkene menschliche Siedlungen in der Wüste gab. Bereits der Pilgermönch Xuanzang hatte von verschollenen Städten in der Wüste berichtet, die dem wandernden Sand zum Opfer gefallen waren. Die Warnungen vor den Wüstengeistern hingegen hielt Hedin für einen Versuch der Einheimischen, ihn davon fernzuhalten. Damit lag er ziemlich richtig. Denn zur selben Zeit, als der Schwede sich anschickte, der Wüste ihre letzten

Geheimnisse zu entreißen, blühte ein schwunghafter Handel mit Altertümern, insbesondere mit antiken Schriften, die angeblich allesamt aus dem öden Wüstensand stammten.
Befeuert wurde der Hype durch die in Kashgar positionierten Vertreter der russischen und britischen Kolonialmächte. Die beiden Gegenspieler hießen Petrovsky und Macartney. Der Russe hatte zunächst die Nase vorn und belieferte die Museen von St. Petersburg mit Antiquitäten. Bald darauf wurde Macartney von London angehalten, ebenfalls auf diesem Gebiet aktiv zu werden, um die britischen Interessen zu wahren. Es kam zu einem bizarren Wettbewerb zwischen den beiden Kontrahenten, der die Nachfrage so ankurbelte, dass die einheimischen Schatzsucher in Lieferschwierigkeiten gerieten. Da kam einer von ihnen, ein Händler namens Islam Akhun aus Khotan, auf die Idee, die Antiquitäten selbst herzustellen, in Heimarbeit. Warum sollte er sich länger den Gefahren der Wüste aussetzen und mühsam im Sand graben, wenn es auch viel einfacher ging? Zeitweise unterhielt der umtriebige Mann eine ganze Fälscherwerkstatt und verkaufte seine »original« Blockdrucke sowohl an Macartney als auch an Petrovsky. Derweil mühten sich namhafte Fachgelehrte, die die vermeintlichen Fundstücke aus der Wüste für echt befanden, vergeblich ab, den Kauderwelsch des Islam Akhun zu entziffern.
Um ein Wüstendrama wie beim ersten Versuch zu vermeiden, brach Hedin dieses Mal mitten im Winter, im Januar 1896, von Khotan auf. Die Wasservorräte in Form von Eisblöcken trugen Kamele. Aus Sicherheitsgründen folgten sie zunächst dem Khotan Darya nordwärts und bogen erst dann in die Wüste ab. Dieser Vorsichtsmaßnahme hätte es nicht bedurft, denn anders als im westlichen Teil der Wüste bewegten sie sich hier zwischen den Flussläufen des Khotan und Keriya Darya in einer Komfortzone, wo beliebig nach Wasser gegraben werden konnte. Der Schwede hätte kaum eine Chance gehabt, eine der abgelegenen, vom Sand verborgenen Ruinenorte zu finden, hätten ihn nicht erfahrene Uiguren dorthin geführt. So erreichte er mit seiner Karawane nach fünf Marschtagen Dandan Oilik, ein »Pompeji der Wüste«, wie es Hedin nannte.

Obwohl der Schwede kein Archäologe war, erkannte er schnell, dass er eine bedeutende Entdeckung gemacht hatte, denn die Relikte unterschieden sich grundlegend von den bis dahin bekannten antiken Stätten am Rande der Wüste. Nutznießer war vor allem der britische Archäologe Aurél Stein, der den Spuren Hedins vier Jahre später folgte, wobei er nicht nur dessen Karten benutzte, sondern auch den erfahrenen Jäger Turdi anheuerte, der auch Hedin nach Dandan Oilik gelotst hatte. Im Frühjahr 1928, mitten in der Sandsturmsaison, erreichte dann noch eine Expedition unter der Führung des Deutschen Emil Trinkler die Ruinenstätte. Sie sollten die letzten »der fremden Teufel« sein, wie sie später von den Chinesen tituliert wurden, die die Ruinenstätte betraten, ehe der Dunganenaufstand im Jahr 1931 und der darauffolgende Bürgerkrieg in China die Region für Jahrzehnte in unerreichbare Ferne rückte.

Rawak - Leuchtturm des Glaubens

Als ich 1989 die Takla Makan von Süden nach Norden durchquerte und dabei auch das Dünengebiet zwischen dem Keriya und Khotan Darya in Begleitung einer Kamelkarawane durchwanderte, da flirtete ich bereits mit der Idee eines Abstechers nach Dandan Oilik. Doch ganz abgesehen davon, dass die chinesischen Aufpasser uns jegliche Ruinensuche untersagten, behaupteten sie außerdem, Dandan Oilik wäre inzwischen gänzlich unter dem Sand verschwunden. Als ich im Rahmen einer historischen Spurensuche im Jahr 2000 der Route Hedins folgte, erfuhr ich, dass Dandan Oilik wieder aus dem Sand aufgetaucht war.

Unser Ziel ist daher klar: Wir möchten mit einer Karawane in diesen Teil der Takla Makan ziehen, um Hedins »Pompeji der Wüste« zu suchen. Ausgangspunkt soll die kleine Hirtensiedlung Daheyen am ausgetrockneten Delta des Keriya Darya sein. Von dort bin ich schon mehrfach in die Wüste aufgebrochen. Hedin hatte einst im Hinblick auf bürokratische Hürden die Feststellung gemacht, wonach »man mit den Chinesen alles erreichen kann, aber gegen sie hoffnungslos verloren ist«. Meine

Erfahrung hat mich gelehrt, möglichst Stillschweigen zu bewahren, denn je weniger Personen von einem Vorhaben wissen, desto geringer ist die Zahl derer, die einem Schwierigkeiten machen können.
Zuvor aber will ich einen Ort besuchen, der mich schon lange interessiert und als einstiges Wunder gräko-buddhistischer Kunst gerühmt wird: den Rawak Stupa. Das Relikt aus buddhistischer Zeit schlummert unweit von Khotan im Wüstensand. Wir müssen eine Sondererlaubnis im lokalen Kulturbüro einholen und einen Mitarbeiter desselben mitnehmen. Dann geht es auf einer Staubpiste bis zum Oasenrand. Dort stehen wir vor einer Schranke. Der Guide verschwindet in einem daneben stehenden Gehöft und erscheint bald darauf mit einem Wärter, der uns öffnet. Die Piste führt nun in sandiges Terrain und endet schließlich inmitten von Dünen. Jetzt geht es nur noch zu Fuß weiter.
Die Relikte sind nicht schwer zu finden. Schon nach knapp einstündigem Marsch taucht ein Lehmkubus auf, der sich weithin sichtbar von den Sandformationen abhebt. Es ist die bei Weitem eindrucksvollste Ruine aus buddhistischer Zeit, die ich im Bereich der südlichen Seidenstraße gesehen habe. Neben dem mehrstufigen zylinderförmigen Stupa ist auch noch der südliche Teil der Umfriedungsmauer zu sehen, während der nördliche unter einer mächtigen Wanderdüne begraben liegt. Entsprechend der vorherrschenden Windrichtung staut sich der Flugsand vor allem an der Nord- und der Westseite. Er verhüllt gnädig die Spuren früherer Grabungen und lässt nicht erkennen, ob noch etwas von den figürlichen Darstellungen übrig ist.
Als Aurél Stein am 11. April 1901 vor dem Stupa stand, war er sichtlich überrascht, hier ein so mächtiges Bauwerk vorzufinden, denn die einheimischen Führer hatten lediglich von einem »alten Haus« erzählt. Er hatte viel zu wenige Männer dabei, um den zum Teil unter einer sieben Meter hohen Sanddüne begrabenen Stupa freizulegen. Deshalb schickte er gleich einen seiner Männer los mit dem Auftrag, in Khotan zusätzliches Personal zu rekrutieren. Neun Tage gruben Steins Männer unter zunehmender Hitze. Dabei legten sie insgesamt zweiundneunzig überlebensgroße Stuckstatuen frei.

Trotz der Nähe zur Oasenstadt Khotan, und obwohl er dadurch dem Zugriff des Menschen und dem zerstörerischen Einfluss von Feuchtigkeit viel stärker ausgesetzt ist als abgelegene Orte inmitten der Wüste, ist der Stupa von Rawak noch erstaunlich gut erhalten.

Rawak ist von seiner Konzeption her ein dreidimensionales Mandala, das die Gläubigen begehen konnten. Es muss einen enormen Eindruck auf den Pilger gemacht haben, wenn er die Außenmauern entlangschritt, vorbei an den fünfhundert rot bemalten Buddha- und Bodhisattvafiguren, die auf ihn herabblickten. Die Gesichter und die Art der Faltengewänder ließen deutlich den Einfluss des indischen Gandhara-Stils erkennen. Stein wurde schnell klar, dass sich die großen Figuren nicht von der Mauer ablösen und fortschaffen ließen. Das lag vor allem daran, dass durch die Nähe zur Oase der Boden noch relativ viel Feuchtigkeit enthielt und das innere, tragende Holzskelett der Figuren vermodert war. Der angewehte Sand stützte die Statuen. Sobald sie aber freigelegt wurden, fielen ihnen die schweren Köpfe ab oder sie brachen ganz auseinander. Stein musste es dabei bewenden lassen, die Stuckfiguren lediglich zu fotografieren, und selbst dabei war es notwendig, die Köpfe mit Stricken zu sichern. Dann befahl er seinen Männern, die zuvor mühsam ausgegra-

Wenn die Sonne sich auf den Horizont im Westen herabsenkt und die Dünen immer längere Schatten werfen, schlägt die magische Stunde in der Wüste. Wie auf einer Schnur aufgefädelt zieht die Karawane dahin, beherrscht von der Richtung zur nächsten Oase.

benen Objekte wieder sorgfältig mit Sand zu bedecken. »Es war eine traurige Pflicht, die ich hier erfüllen musste«, schrieb Stein später in seinem Bericht, »und sie erinnerte mich auf seltsame Weise an eine Beerdigung.«

Doch selbst wenn er wirklich hoffte, wie er vorgab, durch diese Maßnahme die Kunstwerke schützen zu können, dann war es naiv. Jedermann in Khotan wusste von den Grabungstätigkeiten Steins, und es gab genügend Augenzeugen, denen es nicht entgangen war, dass an manchen der Statuen Goldplättchen hafteten. Gläubige hatten sie dort angeklebt, ein Brauch, der noch heute in Burma zu beobachten ist. Als Stein dann ein paar Jahre später Rawak noch einen zweiten Besuch abstattete, musste er feststellen, dass Schatzräuber inzwischen die monumentalen Figuren an der südlichen Umwandlungsmauer allesamt zerstört hatten, weil sie hofften, darin Gold zu finden.

Knapp zwanzig Jahre später erreichte die Trinkler-Expedition die Ruinenstätte. Inzwischen waren die mächtigen Dünen, die bei Steins Besuch noch einen großen Teil der Anlage bedeckten, weiter ostwärts gewan-

dert. Der Deutsche ließ seine Männer an der nördlichen und westlichen Ringmauer graben. Das Ergebnis waren neununddreißig Figuren, die zum Zweck der fotografischen Dokumentation freigelegt und anschließend wieder vergraben wurden. Was heute davon noch vorhanden ist, weiß nur der Sand, und der schweigt. Zu sehen ist heute ein imposanter, zehn Meter hoher, dreistufiger Rundbau, der einst von einer Kuppel gekrönt wurde. Entsprechend den vier Himmelsrichtungen führten Treppen zur obersten Ebene hinauf. Münzfunde legen den Schluss nahe, dass Rawak seine Blütezeit im 2. und 3. Jahrhundert erlebt hat und die Preisgabe des Heiligtums in der Tang-Zeit erfolgte. Nachdem der Ort von den Menschen verlassen worden war, versank er im Sand der Wüste. Ein Glücksfall, denn sonst wäre er kaum von den Bilderstürmern im Zuge der Islamisierung verschont geblieben.

Ein Besuch ist auf alle Fälle lohnenswert, denn wo sonst lässt sich so einfach Geschichte atmen und zugleich etwas Wüstenluft schnuppern, wenn auch die Anbindung an die Straße und der Maschendrahtzaun aus jüngster Zeit dem Ort das abenteuerliche Flair rauben.

Das Teerband der Straße von Khotan nach Yutian, wie die Chinesen den alten Oasenort Keriya heute nennen, folgt einer Kombination von Pappelalleen und Tamariskenbüschen. Doch die Dünen kommen näher, immer häufiger gibt es Lücken und Schneisen, in die sich der Wüstesand zwängt. Als messerscharf gezogene Linie verläuft die Grenze zwischen Wüste und Oase, zwischen Fruchtbarkeit und Unfruchtbarkeit: ein erster Pappelwall, der vor der Versandung schützt, dahinter Felder und weitere Pappelreihen entlang feinadriger Kanäle, die zu einzelnen Gehöften führen.

Wir sind in Yutian angekommen. Das Wasser stammt aus dem Keriya Darya, einem Fluss, der vom Kunlun-Gebirge herabströmt, aber inmitten der Wüste versiegt. Ursprünglich, so haben Geologen festgestellt, gab es hier einmal einen riesigen See, der das ganze Tarimbecken ausfüllte, einen »Ur-Lop-Nor«. Spätestens vor zwanzigtausend Jahren trocknete er aus und entwickelte sich zu einer Dünenwüste. Damit veränderten sich auch die Windsysteme und wurden zu jahreszeitlich bedingten Zirkulationen, die die Dünenformen prägen. Noch zur Zeit der Han-Dynastie, also vor rund zweitausend Jahren, durchfloss der Keriya Darya die ganze Takla Makan von Süden nach Norden und mündete in den Tarim ein. Alten Reiseberichten ist zu entnehmen, dass der Fluss vor vierhundert Jahren noch hundertfünfzig Kilometer weiter nach Norden reichte als heute.

Wir verlassen in Yutian die geteerte Straße entlang der Südroute der Seidenstraße und folgen einer Piste nordwärts. Bald bleibt der letzte Gürtel schlanker Pappeln hinter uns zurück und damit auch die künstlich bewässerte Oase. Pappeln gibt es weiterhin, aber nicht mehr die kultivierte Oasenpappel, sondern die wild wachsenden Verwandten, Toghraks, wie man sie hier nennt, die aussehen, als würden sie verkehrt herum wachsen, mit den Wurzeln in der Luft. Sie bilden breite Gürtel von Galeriewäldern entlang des Keriya Darya. Dann ist der Fluss selbst plötzlich da. Fast unwirklich mutet das Bild an. Da schlängelt sich ein blaues Band, gesäumt von einem Pflanzengürtel wie grüne Seide, durch eine Dünenlandschaft, deren gelb gezackte Kämme sich wie Wellen bis zum Horizont ausbreiten. Ein Wildentenpaar erhebt sich schnatternd aus dem Wasser, und eine frische Brise fährt durch die Blätter der Toghraks, die sich bereits herbstlich zu färben beginnen. Schwer vorstellbar, dass der Fluss, der hier noch so munter dahinfließt, als könne nichts seinen Lauf hemmen, knapp hundert Kilometer weiter versiegt. Doch genau so ist es. Die dynamische Kraft des Wassers kann dem beharrlichen Drängen des Sandes nicht standhalten. Als wir ein paar Stunden später wieder auf den Keriya Darya treffen, ist er nur noch ein bemitleidenswertes Rinnsal. Ein Stück weiter läuft sein Wasser wie eine Pfeilspitze aus. Danach ist nur noch ein flaches versandetes Bett übrig.

Wir halten an einem einsamen Gehöft und trinken Tee. Die Hirten leben hier am Rand des Existenzminimums. Ihr Überleben hängt weitgehend von ihren Schaf- und Ziegenherden ab, die das karge Grün beiderseits des Wadi abweiden. Bald danach beginnt sich das ausgetrocknete Flussbett in viele Arme aufzufächern. Wir haben das Delta des Keriya Darya erreicht, der auf immer neuen Wegen nach Norden durchzubrechen versuchte. Inmitten dieses Labyrinths aus ausgetrockneten Flussläufen liegt Daheyen, eine Ansammlung von Hütten um einen Brunnen. In der Sprache der Uiguren trägt der Ort den einladenden Namen Tongguzbasti – das »aufgehängte Wildschwein«. Von Wildschweinen ist allerdings nichts zu sehen, stattdessen hängen Ziegenhäute auf einer Wäscheleine zum Trocknen. Hier endet die befahrbare Piste. Für unseren Fahrer bedeutet es das Ende der Welt, eine Sackgasse, die nirgendwo hinführt. Postwendend tritt er die Rückfahrt an. Wir bleiben – für uns ist dies der Anfang eines neuen verheißungsvollen Kapitels unserer Reise.

Ginge man von Tongguzbasti weiter in Richtung Norden, käme man bereits nach einer Tagesreise an das Ende des Deltas, erzählt uns der Dorfchef. Danach hörten die Pappelwälder auf, und es komme nur noch Sandwüste. Nach Westen brauche man eine gute Woche, um bis nach Mazar Tagh am Khotan Darya zu gelangen. Nach Osten aber sei es unmöglich, die Wüste zu durchqueren, denn man würde einen Monat lang

In Daheyen, der letzten Hirtensiedlung im ausgetrockneten Delta des Keriya Darya, formiert sich die Karawane. Die Lasten werden genau austariert und dann auf die Rücken der prächtig aufgezäumten Kamele geladen.

kein Wasser finden. »Und wie weit ist es bis Dandan Oilik?« Er blickt mich verständnislos an. Von dem Ort habe er noch nie gehört. »Auch unsere Kamelführer kennen den Weg dorthin nicht«, bekennt Helil kleinlaut. Das hatte ich auch gar nicht erwartet. Die einzigen touristischen Aktivitäten spielen sich zwischen Daheyen und Mazar Tagh ab. Nur der neunzig Kilometer breite Wüstenstreifen wird gelegentlich von Trekkinggruppen begangen und ist den lokalen Kamelhirten daher vertraut. Von anderen Teilen der Sandwüste haben sie kaum Kenntnis. Wie sollten sie auch? Sie haben keinen Grund, zum Zeitvertreib in die Wüste zu laufen. »Nur wenn sich eines unserer Tiere verirrt«, so erklärte mir einmal ein Hirte, »dann folgen wir seiner Spur in die Wüste … und wenn wir es gefunden haben, dann kehren wir auf derselben Strecke wieder zurück.«

Da mir keine GPS-Daten von Dandan Oilik zur Verfügung stehen, die mich navigieren könnten, wird es auf die Fähigkeit ankommen, die Zeichen der Wüste zu lesen und diese richtig zu interpretieren. Damit hatte ich bereits auf meiner allerersten Wüstenreise Erfolg, als ich 1989 an derselben Stelle aufbrach, um nach Kara Dong, einer weiteren antiken Ruinenstätte, zu suchen. Damals besaß ich als einzige Navigationshilfe einen Peilkompass und eine alte Karte von Sven Hedin, aus der nicht mehr als die grobe Marschrichtung zu entnehmen war. Freilich liegt Kara Dong nur etwa fünfundzwanzig Kilometer von Daheyen entfernt an einem antiken Seitenarm des Keriya Darya, während sich Dandan Oilik in exponierter Lage inmitten der Sandwüste befindet, nach meinen Schätzungen sechs bis sieben Tagesmärsche entfernt. Dafür vertraue ich nun auf zwanzig Jahre Wüstenerfahrung, darunter Grenzerfahrungen wie der Alleingang in der Gobi. Keine andere Naturlandschaft ist mir besser vertraut als die Wüste.

Ich blicke in ein bärtiges, wettergegerbtes Gesicht und drücke eine knöcherne Hand. Vor mir steht Abdul, einer der drei Kamelführer. Er wird die Karawane leiten. Mit von der Partie sind außerdem Met Tochti und Abshgar, die ihn dabei unterstützen werden. Damit ist unser Team vollständig. Es besteht aus den vier Uiguren und fünf Gefährten, die sich mir angeschlossen haben, um ein Wüstenabenteuer zu erleben. Nach dem Austausch der üblichen Höflichkeiten geht es gleich zur Sache. Abdul möchte sich vor allem einen Überblick über unser Gepäck verschaffen, denn dieses gilt es, zu ausgewogenen Einheiten zu verschnüren. Daraus ergibt sich die Anzahl der Kamele. Die Ausrüstung der Kamelführer ist im Vergleich zu unserer minimalistisch. Jeder von ihnen hat eine chinesische Steppdecke dabei, in die er sich nachts einrollt, und ihre Verpflegung für die nächsten zwei Wochen besteht aus einem Sack voll Mehl, mit dem sie sowohl Brot- als auch Nudelteig zubereiten, sowie etwas getrocknetem Hammelfleisch. Einziger Luxus, der auch ins Gewicht fällt, sind etliche Melonen. Auch ich würde gerne frisches uigurisches Brot mit in die Wüste nehmen, selbst wenn es nach einiger Zeit hart wie Stein wäre. »Gibt es hier einen Ofen zum Brot backen?«, frage ich das Dorfoberhaupt. »Das ist unsere Bäckerei, und die kann jeder benutzen«, verkündet er nicht ohne Stolz und deutet dabei auf einen kleinen Rundbau

aus Lehm. Aha, eine öffentliche Backstube also, zur Selbstbedienung. »Ich kann fragen, ob jemand im Dorf für uns Brot backt«, mischt sich Helil ein. Gesagt, getan. Am nächsten Morgen haben wir einen Jutesack voller Fladenbrot zum Frühstück. Was übrig bleibt, wird mit der Verpflegung, die überwiegend aus frischem Gemüse und Nudeln besteht, staubdicht verpackt.

Mich interessieren vor allem die Wasservorräte, die den größten Teil der Kamellasten ausmachen. Ich kontrolliere jeden einzelnen der Plastikkanister »Made in China«. Nicht nur einmal habe ich die Erfahrung gemacht, dass Verschlüsse leckten oder heruntergefallene Kanister zerplatzten. Deshalb lasse ich alle Schraubverschlüsse mit Plastiktüten zusätzlich absichern und jeden der lebenswichtigen Kanister in Decken einschlagen, sodass sie auch den Sturz eines Kamels unversehrt überstehen würden.

Es ist Mittag, als sich die Karawane in Bewegung setzt. Wegen des unübersichtlichen Geländes müssen wir zusammenbleiben. Ich versuche, im Labyrinth der ausge-

Wie ein Schiff, das im Hafen liegt, um aufgetakelt zu werden, ruht dieses Kamel im Sand, damit die Traglast befestigt werden kann. Wüstenschiff! Wie sinnfällig dieser Name doch ist.

trockneten Flussläufe einen Seitenarm zu finden, der in etwa unserer Zielrichtung entspricht. Aus den alten Karten von Hedin und Stein mit ihren groben Maßstäben habe ich den ungefähren Kurs nach Dandan Oilik ermittelt, dem wir folgen müssen. Die daraus errechnete Distanz – Luftlinie wohlgemerkt – beträgt etwa achtzig Kilometer, vorausgesetzt, der Ort befindet sich tatsächlich dort, wo er auch eingezeichnet wurde. Mit dieser Strategie werden wir zweifellos das Zielgebiet erreichen können, die Feinsuche wird sich dann ungleich schwieriger gestalten, ein wenig wie die Suche nach der sprichwörtlichen Stecknadel im Heuhaufen.

Wir folgen den ganzen Nachmittag über einer Kombination aus immer schmäler werdenden Wadis in südöstlicher Richtung, die uns an den Rand der Vegetationszone bringen. Bei den letzten Pappeln schlagen wir unser erstes Lager auf. Vor uns zeichnen sich bereits die ersten Dünenkämme ab.

Am nächsten Morgen gibt es kein Halten mehr. Lange bevor die Karawane aufbricht, sind Helil, unsere Gefährten und ich schon unterwegs, ersteigen den ersten höheren Dünenzug. Das Gesichtsfeld öffnet sich, Augen und Wüste finden zueinander, um sich gleich darauf wieder zu verlieren in einem Raum ozeangleicher Weite. In alle Richtungen breiten sich Dünen aus wie Wellenkämme eines wütenden Meeres. Da und dort zeigen sich kleine dunkle Punkte. Das sind Tamarisken, die wüstentauglichsten aller Pflanzen, deren Wurzeln an Feuchtigkeit in mehreren Metern Tiefe herankommen. Nach wenigen Schritten hat sich die Welt auf drei Parameter reduziert: Sand als das Endprodukt von Materie, darüber der Himmel und Wind, der den Sand zu Dünengebilden formt. Wie berauscht laufen wir in diese – wie es scheint – grenzenlose Leere hinein, die sich von Horizont zu Horizont spannt. Jeder folgt seinem eigenen Rhythmus, wählt sein eigenes Tempo und hört nur den eigenen Atem als einziges Geräusch, das die Stille durchbricht. Ich fühle mich sofort wieder daheim in dieser Welt, in der es kaum etwas Größeres als ein Sandkorn gibt. Das Gehen ist längst Routine. Ich orientiere mich am eigenen Schatten, präge mir bestimmte Dünen ein, die auf meiner Marschrich-

Die Karawane schlägt täglich ihr Lager auf, ohne irgendwo Fuß zu fassen. In wenigen Minuten hat sich ein leerer Fleck Wüste in ein Camp verwandelt, in einen Ort der Ruhe und Geborgenheit.

tung liegen, und muss deshalb nur selten den Kompass oder das GPS-Gerät zur Hand nehmen.

Während die Füße wie automatisch laufen, kommen die Gedanken von der Kette los. Es ist heilsam und inspirierend, einmal die Möglichkeit zu haben, Gedanken fortzuspinnen, stundenlang, ohne Störung, ohne künstlichen Lärm. Um die Mittagszeit, als sich die Wüste in einen Backofen verwandelt, wird das Gehen anstrengender. Die Sonne brennt alle Farben aus der Landschaft, sodass der Sand weiß wie Schnee wird. Dann wirft man keinen Schatten mehr, weil die Sonne direkt über einem steht und man nicht nur von oben bestrahlt wird, sondern auch von unten. Die Sandoberfläche heizt sich auf fünfzig bis sechzig Grad auf, selbst jetzt im Herbst, zur angenehmsten Jahreszeit.

Zeit für eine Rast, um auf die Karawane zu warten. Vom Kamm einer hohen Düne bietet sich ein beherrschender Rundblick. Meine Spur ist selbst mit bloßem Auge kilometerweit zu erkennen. Nach und nach tauchen die Gefährten auf, und ganz zum Schluss kommt die Karawane. Sie geht ihren eigenen Weg zwischen den Dünen, folgt einem anderen Rhythmus, hält öfter an als wir, aber nie länger als fünfzehn Minuten, denn sonst werden die bepackten Tiere unruhig. Wie auf einer Schnur aufgefädelt ziehen die Kamele dahin, eine Spur tellergroßer Tritte zurücklassend.

Am Nachmittag wird es wieder angenehmer, dann kommt eine leichte Brise auf, und allmählich kehren auch die Farben wieder zurück. Wenn die Sonne sich auf den Horizont im Westen herabsenkt, wird gelagert. In wenigen Augenblicken verwandelt sich dann ein leeres Stück Wüste in ein Camp, in einen Ort der Ruhe und Geborgenheit. Sobald die Sonne untergegangen ist, wird es kühl. Der Sand kann die Wärme nicht speichern, sie strahlt sofort wieder ab, dorthin, woher sie gekommen ist, in den Weltraum hinaus. Die Kamelführer haben unterwegs trockenes Tamariskenholz gesammelt, und bald ist ein wärmendes Feuer in Gang gebracht.

Mit Einbruch der Dunkelheit wird der Himmel zur Bühne für ein Schauspiel, wie es in keiner anderen Naturlandschaft vorkommt, nicht einmal im Himalaya, wo man glaubt, den Sternen näher als irgendwo sonst zu sein. Die Wüstennacht ist längst Poesie geworden. Der Himmel ist so klar, dass man in einer Nacht mehr Sternschnuppen sieht als zu Hause das ganze Jahr über. Es gibt keinen Dunst, nicht die geringste Feuchtigkeit in der Atmosphäre, sodass man meint, die Sterne seien um Lichtjahre näher gerückt. Da ist auch kein Berg, kein Hindernis, das das Gesichtsfeld begrenzt. Der Himmel spannt sich wie in einem Planetarium in einem Dreihundertsechzig-Grad-Kreis bis zum Horizont. Lange bevor sich der Mond über die Dünen erhebt, wirft er sein Licht wie eine aufsteigende Fackel voraus. In seinem Silberschein beginnt die Sandoberfläche zu funkeln und zu glitzern, als würden Millionen Eiskristalle darauf tanzen. Zu Vollmond ist sein Licht so hell, dass die Sterne ein wenig verblassen. Nur die Venus kann ihm Paroli bieten. Gemeinsam übernehmen sie als heraldisches Gespann die Regie am Nachthimmel.

In den nächsten zwei Tagen kreuzen wir immer höher wachsende Dünenzüge, die mit zwei bis drei Kilometern Abstand voneinander von Nordwest nach Südost verlaufen. Die Flächen dazwischen füllen niedrige Barchans, Mondsicheldünen. Immer noch gibt es Tamarisken. Sie

Selbst mitten in der Wüste finden sich immer wieder grüne Tamarisken, deren meterlange Wurzeln an Wasser gekommen sein müssen. Sie zeigen an, wo sich Erfolg versprechend ein Brunnen graben lässt.

wachsen nicht nur in den Senken, wo sich zuweilen fester Grund zeigt, sondern ragen auch aus Dünen heraus, die sich um sie gebildet haben. Seit vier Tagen haben die Kamele weder etwas zu trinken noch zu fressen bekommen. Ihre Fettspeicher, die Höcker, sind zwar etwas geschrumpft, aber aus Erfahrung weiß ich, dass diese wüstentauglichen Geschöpfe problemlos sechs Tage ohne Flüssigkeitsaufnahme auskommen können. Dann aber brauchen sie Wasser, und zwar große Mengen. Ein durstiges Kamel kann hundert Liter und mehr binnen Minuten in sich hineinpumpen. Doch so weit möchte ich es auf keinen Fall kommen lassen. Zu sehr sind mir die dramatischen Ereignisse gegenwärtig, als ich, nur zweihundertfünfzig Kilometer von hier entfernt, fast meine gesamte Karawane verlor. Damals, im April 2000, war ich angetreten, um das »Todeslager« des Schweden Seven Hedin zu finden, und habe dabei mein eigenes geschaffen. Die Takla Makan ist westlich des Khotan Darya wesentlich trockener, und auch das Dünengelände ist ungleich schwieriger als in jedem anderen Teil der Wüste. Zehn Tage lang fanden wir nicht die geringste Spur von Leben, keine einzige lebende Tamariske, die uns die Chance gegeben hätte, nach Wasser zu graben. Innerhalb von wenigen

Tagen verdurstete ein Kamel nach dem anderen. Am Ende schafften wir es gerade noch, einen rettenden Brunnen auszuheben und mit den letzten beiden zu Tode erschöpften Tieren den Khotan Darya zu erreichen. Ich verließ damals die Wüste mit dem Vorsatz, nie wieder das Leben unschuldiger Tiere aufs Spiel zu setzen.

Wie Sven Hedin beim zweiten Versuch bewegen wir uns nun in einem Bereich zwischen dem Keriya und Khotan Darya, in dem es möglich ist, jederzeit einen Brunnen zu graben. Nicht an jeder beliebigen Stelle freilich. Sinnvoll ist es nur dort, den Spaten anzusetzen, wo es eine tiefe Senke gibt und Tamarisken, die anzeigen, dass Grundwasser vorhanden ist. An einem solchen Platz schlagen wir unser Lager auf. Während sich die Kamele über die Tamarisken hermachen, beginnen die Kamelführer mit dem Graben. Eine Knochenarbeit, die sich die drei brüderlich teilen. Das Loch muss groß genug angelegt werden, damit es vom weichen Sand, der keinen Halt besitzt, nicht wieder verschüttet wird. Nach einer guten Stunde wird der Boden allmählich feucht, nach einer weiteren steht Abdul in einer braunen Pfütze. Die Kamele traben im Passgang heran, vom Wasser angelockt, und strecken ihre Hälse ungeduldig nach unten. Es vergehen noch einmal anderthalb Stunden, bis sich genügend Wasser gesammelt hat, um die Tiere damit zu tränken. Indessen breiten die Karawanenführer eine Plastikplane über eine zuvor ausgehobene Wanne. Als es so weit ist, wird das Wasser aus dem Brunnen in die Wanne geschöpft, und die Kamele haben zu trinken.

Toghraks, wilde Pappeln, ragen seltsam gewunden und vom sandbeladenen Wind gefräst aus dem Wüstensand. Sie zeigen an, dass es hier in antiker Zeit einmal Wasser gab, und bringen uns auf die Spur von Dandan Oilik.

Das »Pompeji der Wüste«

Zwei Tage später stoßen wir auf eine Galerie abgestorbener wilder Pappeln. Es ist deutlich zu erkennen, dass es hier einstmals einen Vegetationsstreifen gab, der von Süden nach Norden verlief. Stehen wir bereits vor einem jener antiken Kanäle, die Dandan Oilik mit Wasser versorgten? Es ist klar, dass ein so exponierter Ort inmitten der Wüste von einer ausgedehnten Oase umgeben gewesen sein muss, mit Feldern und einem

verzweigten System von künstlichen Bewässerungskanälen. Diese aber konnten nicht von einem Seitenarm des Keriya Darya gespeist worden sein, weil die Gegend um Dandan Oilik deutlich höher liegt. Damals dürfte der zu Aurél Steins Besuch sechzig Kilometer vor Dandan Oilik versiegende Chira Darya bis Dandan Oilik geflossen sein und die Oase mit Wasser versorgt haben. Vielleicht hat es aber auch in antiker Zeit eine Querverbindung zwischen Khotan und Keriya Darya gegeben, die die Existenz von Dandan Oilik ermöglicht hat.

Stein zufolge erstreckte sich die Oase einst über zweiundzwanzig Quadratkilometer. Allein die Nord-Süd-Ausdehnung betrug mehr als zwölf Kilometer. Ich bin mir sicher, dass wir den äußersten Rand der Oase erreicht haben, aber an welcher Stelle? Eine systematische Suche steht außer Frage, dafür fehlen uns Zeit und Ressourcen. Wir müssen die Ruinen am nächsten Tag auf Anhieb finden, andernfalls sind wir gezwungen, umzukehren und die Richtung nach Mazar Tagh einzuschlagen. Abdul glaubt, dass sich die Ruinen in westlicher Richtung befinden. Ich hingegen vermute sie weiter im Süden. Wir einigen uns auf einen Kompromiss und peilen einen Südwest-Kurs an.

Am nächsten Morgen beschließe ich, mit Arnold vorauszulaufen, während die Karawane unserer Spur in größerem Abstand folgt. Das soll uns den nötigen Spielraum für die Feinsuche verschaffen. Sollten wir kommunizieren müssen, würde Arnold zurückbleiben und auf die Karawane warten. Auch Met Tochti hat der Eifer eines Schatzsuchers gepackt. Er will auf eigene Faust das Gelände weiter nördlich unserer Route absuchen.

Die Erwartung, auf weitere Zeichen früheren Lebens zu treffen, erfüllt sich nicht. Es folgt wieder Dünengelände mit vereinzelten Tamarisken. Immer wieder steige ich auf eine höhere Düne, nehme das Fernglas zur Hand und suche das Gesichtsfeld bis zum Horizont ab. Weil es keine Zeichen gibt, die sich interpretieren lassen, folge ich inneren Impulsen, vertraue mich ganz der emotionalen Intelligenz an. Der Verstand, unsere intellektuelle Wissensquelle, die wir von Kindesbeinen an trainieren und auf die wir uns sklavisch verlassen, ist hier wenig von Nutzen. Der Kopf braucht etwas zum analysieren. Wenn es aber nichts gibt, dann leistet er keinen Beitrag.

In diesen Momenten bin ich froh, dass es Arnold war, der sich gemeldet hat, als ich fragte, wer mit mir mitkommen wolle. Er ist einfühlsam genug, mein Schweigen zu respektieren, und fit genug, um Schritt zu halten. Er mag sich über meinen undurchschaubaren Zickzackkurs wundern, aber er folgt mir wie ein Schatten, ohne Erklärungen zu verlangen, ohne Fragen zu stellen.

Mir ist jedes Gefühl für Zeit abhandengekommen, deshalb kann ich nicht mehr sagen, wie lange wir schon so gelaufen sind. Irgendwann sehe ich weit südlich unserer Route eine einzelne wilde Pappel, die sich aus einer Düne reckt. Sie zieht mich magisch an. In einer Welt, in der es kaum etwas Größeres als ein Sandkorn gibt, wirkt der Baum überdimensional. Nachdem wir Zeichen für die nachfolgende Karawane in den Sand gemalt haben, schwenken wir nach Süden ab. Eine knappe Stunde später stehen wir neben dem Baum.

Der Blick fällt zunächst ins Leere, dann fängt er sich in einer Senke, auf deren Grund eine spiegelnde Wasserfläche glitzert. Was wie eine Sinnestäuschung anmutet, ist in Wirklichkeit ein künstlich ausgehobener Tümpel. Die Spuren ringsum lassen den Einsatz schwerer Raupenfahrzeuge erkennen, wie sie der chinesische staatliche Ölkonzern zur Prospektion benutzt. Mein erster Gedanke: Entweder haben Ölsucher das Wasserloch gegraben oder Archäologen, die sich hier für längere Zeit aufhielten. Sorgfältig suche ich das Gelände vor uns mit dem Fernglas ab. Und dann sehe ich es. Auf einer erhöhten Kuppe ragen symmetrisch angeordnete Holzstangen aus dem Sand. Keine abgestorbenen wilden Pappeln, wie wir sie vorher sahen, sondern von Menschenhand bearbeitete und eingepflanzte Hölzer.

Wir umgehen die Senke mit dem Wassertümpel und stoßen bald darauf auf ein Scherbenfeld. Überall verstreut liegen rote, graue und schwarze Tonfragmente. Danach überqueren wir einen Graben, den letzten Rest eines antiken Flussbettes, das die Stadt einst mit Wasser versorgte. Dazwischen hat sich ein Dünenzug geschoben, der die Überreste von Dan-

Nur noch die Spitzen der tragenden Pfähle einstiger Gebäude von Dandan Oilik ragen aus dem Sand. Die Fundamente und Mauerreste von Tempeln liegen tief unter den Wanderdünen verborgen.

dan Oilik in eine nördliche und eine südliche Hälfte teilt. Die aus der Entfernung ausgemachten Ruinen befinden sich allesamt im südlichen Teil. Von der alten Stadt ist oberflächlich nicht mehr viel zu sehen, außer ein paar vom Sandstrahlgebläse des Windes zerfressenen Holzpfählen, teils noch aufrecht stehend, teils schon entwurzelt. Die spärlichen Relikte sind dadurch zu erklären, dass die meisten der Oasenbauten einfache Lehmhütten waren, die längst zu Staub zerfallen sind. Einzig die Häuser von höhergestellten Persönlichkeiten und die Klöster verfügten über Holzverstrebungen und Mörtelmauerwerk. Nur diese Art von »Fachwerkgebäuden« konnte der Erosion der Wüste widerstehen. In den Boden gerammte Pfähle aus Pappel- oder Tamariskenholz bildeten das Skelett der reichen Häuser und buddhistischen Schreine, während die Wände aus einem Geflecht von Schilf und Ästen bestanden, die man mit Lehm überzog. Nur an wenigen Stellen sind noch Reste dieser Schilfwände zu erkennen, die mit Bastschnüren an den Pfählen befestigt wa-

ren. Eine ähnliche Bauweise findet sich bis heute bei manchen Häusern in Daheyen.
Als Sven Hedin die Ruinenstätte erreichte, schloss er aufgrund der Vielzahl von Sakralbauten und den figürlichen Funden, dass es sich bei Dandan Oilik um einen buddhistischen Wallfahrtsort handeln musste. Aurél Stein, der vier Jahre später seiner Spur folgte, bestätigte die Vermutung des Schweden durch ausgedehnte Grabungen. Der Brite machte dabei reiche Beute in Form von chinesischen, Sanskrit- und Brahmi-Handschriften sowie Figuren von Buddhas und Bodhisattvas, Münzen und verschiedenen Gebrauchsgegenständen. Zu den bedeutendsten Fundstücken zählen mehrere bemalte Holztäfelchen, darunter eines, das einen antiken Technologieschmuggel belegt. Es lüftet das Geheimnis, wie die Seide aus dem Osten Chinas ins Tarimbecken gelangte. Es zeigt eine chinesische Prinzessin, deren Zofe mit ausgestrecktem Arm auf ihren Haarputz deutet. Die Prinzessin wurde nämlich an den König von Khotan verheiratet, der sie wissen ließ, dass es in seinem Reich keine Seidenproduktion gäbe. Die Braut wollte aber offenbar nicht auf den Luxus von Seide verzichten und soll in ihrem Haar versteckt Seidenraupeneier und Maulbeersamen nach Khotan geschmuggelt haben. So jedenfalls wurde dieses Votivtäfelchen von Archäologen gedeutet.
Die von Stein gefundenen Schriftstücke geben Auskunft über die letzten Tage von Dandan Oilik. Demnach muss die Aufgabe der Stadt Ende des 8. Jahrhunderts erfolgt sein, und zwar infolge der Expansion der Tibeter, die ihren Machtbereich unter ihrem König Trisong Detsen bis ins Tarimbecken ausdehnten. Das letzte Schriftstück, das gefunden wurde, trägt das Datum des Jahres 790. Ein Jahr darauf endete die Präsenz Chinas im Tarimbecken für ein ganzes Jahrtausend.
So gut das Ende von Dandan Oilik belegt ist, so wenig wissen wir über den Anfang. Es gibt keine Quellen zur Stadtgründung, und wir wissen nicht, wer die Väter waren. Es wurden wohl Münzen aus der Han-Zeit gefunden, aber diese können nicht für eine sichere Datierung herangezogen werden, weil Münzen dieses Typus auch noch nach dem Untergang der Han-Dynastie geprägt und verwendet wurden. Zweifellos war

Zu den Fundstücken, die der britisch-ungarische Archäologe Sir Aurél Stein in Dandan Oilik freilegte, zählt dieses bemalte Holztäfelchen, das jene kaiserliche chinesische Prinzessin zeigt, die in ihrem Haarputz versteckt Seidenraupeneier und Maulbeersamen ins Königreich Khotan schmuggelte.

Dandan Oilik eine Oase buddhistischen Glaubens, denn zehn der sechzehn entdeckten Ruinen sind buddhistische Sakralbauten, deren Blütezeit im 6. und 7. Jahrhundert lag. Damals dürften etwa vierhundert Familien den Ort belebt haben und zweihundert bis dreihundert Mönche. Nachdem die Menschen den Ort nach der tibetischen Invasion aufgegeben hatten und die Bewässerungsanlagen nicht mehr instand gehalten wurden, fiel er bald dem wandernden Sand zum Opfer. Im Gegensatz zu Mazar Tagh hatte Dandan Oilik keinerlei strategische Bedeutung und wurde deshalb auch nicht von den tibetischen Invasoren als Stützpunkt genutzt.

Mazar Tagh – eine tibetische Festung auf der Seidenstrasse

Indessen ist auch unsere Karawane eingetroffen und schlägt ihr Lager in der Nähe des Tümpels auf. Die offene Wasserstelle entbindet uns der Pflicht, noch einmal einen Brunnen graben zu müssen. Wir füllen alle unsere Behälter auf, und auch die Kamele können ausreichend trinken, sodass sie die vor uns liegende Wüstenstrecke nach Mazar Tagh problemlos bewältigen sollten. Die Orientierung ist nun ein Kinderspiel, denn die GPS-Daten unseres Zielorts sind mir durch frühere Besuche bekannt. Hinter dem Namen Mazar Tagh verbirgt sich eine antike Festung, die sich auf der Südspitze des gleichnamigen Gebirgszugs befindet. Die isolierten Felsberge erheben sich unmittelbar über dem Ufer des Khotan Darya.

Der nächste Morgen bietet das gewohnte Schauspiel. Der Himmel im Osten beginnt, sich rot zu verfärben, dann durchläuft er die Farbskala über Orange bis hin zu Gelb. Schließlich erhebt sich die Sonne als zitternde Scheibe über den Horizont. Die Kamele kauern noch im Sand. Mit ihren massigen Leibern wirken sie wie Schiffe, die im Hafen liegen, um aufgetakelt zu werden. Wüstenschiff! Wie sinnfällig dieser Name ist. Als wir losmarschieren, zeigt sich keine Wolke am Himmel, kein Lüftchen regt sich. Kurze Zeit später bildet sich eine Windböe, die den Sand aufwirbelt, dann noch eine, die eine Sandfontäne über die Oberfläche tanzen lässt. Ohne dass wir es gemerkt haben, hat sich eine dunkle Wand vor uns aufgebaut, die wie eine Walze heranrollt. Minuten später versinkt alles in einem nebulösen Nichts. Wir sind mitten in einem Buran, einem der berüchtigten Staubstürme der Takla Makan, von denen frühere Reisende berichteten, dass ihnen ganze Karawanen zum Opfer fielen. In jeder anderen Landschaft, die ich kenne, kündigt die Natur einen

Auf dem Weg von Dandan Oilik nach Mazar Tagh trifft uns ein Buran, einer der berüchtigten Sandstürme der Takla Makan. Er hinterlässt seine Spuren auch in den Gesichtern der Menschen.

Wie ein Kap springen die Felsen des Wüstengebirges Mazar Tagh in das kilometerbreite Bett des Khotan Darya vor. Gekrönt wird der Felsvorsprung von den antiken Ruinen der gleichnamigen tibetischen Festung.

Wetterumschwung an. Im Gebirge, am Meer, im Wald, überall gibt es Warnzeichen am Himmel. In der Wüste nicht. Sie bricht alle Gesetze. Statt des Spiels der Farben und Schatten auf den Dünen wehen nun Sandschleier wie zerschlissene Fahnen von den Spitzen. Sandkörner umwirbeln uns von allen Seiten, dringen durch jede Öffnung in der Bekleidung, in den Mund beim Atmen und vor allem in die Augen. Ich schärfe den anderen ein, in Sichtweite zu bleiben, denn alle Spuren sind im Nu ausgelöscht. Wer von der Route abkommt, ist verloren. Um auf die Karawane zu warten, halte ich nach einem geschützten Platz Ausschau. Doch es gibt keinen Schutz, nirgendwo eine Möglichkeit, sich zu verstecken. Ich blicke in die Gesichter meiner Gefährten. Sie tragen ein dickes Make-up aus Sand und Schweiß im Gesicht. Wir kauern uns in eine Senke und beobachten, wie wir selbst Teil der Wüste werden. Wir bilden ein Hindernis, an dem sich der Sand zunächst staut, dann wird er über uns hinweggeschleudert, und da, wo er niederfällt, entsteht eine neue Düne.

Tausendmal schlimmer als der Sandsturm ist das Warten, dieses ohnmächtige Gefühl, nichts anderes tun zu können, als zu warten. Ständig muss ich an die Karawane denken. Sie muss zwar ebenso dem Sturm trotzen, aber die Menschen können hinter den massigen Leibern der Kamele Schutz finden. Sie führt Wasser und Nahrung und kann deshalb überall in der Wüste anhalten und bleiben. Wir aber sind ohne sie verloren, haben keine Lebensbasis, sind ein Nichts, das die Wüste schon im nächsten Augenblick verschlingen kann. Die Karawane braucht uns nicht, umso mehr brauchen wir sie. Zum Glück ist der Sturm nur von kurzer Dauer. Schon nach wenigen Stunden legt er sich wieder. Die Luft ist geschwängert vom feinen Staub, den der Wind in die Atmosphäre geschleudert hat. Die Sonne, eine blasse kraftlose Scheibe, kann mehr erahnt als gesehen werden. Endlich erscheint die Karawane. Wie ein Tausendfüßler windet sie sich über Dünen, verschwindet, um wieder aufzutauchen. Trotz des Sturms haben wir an diesem Tag unser Soll er-

Kerzengerade durchschneidet der vorläufig jüngste Trans-Takla-Makan-Highway die Flugsandwüste. Um das Teerband vor der Versandung durch Wanderdünen zu schützen, wurde das Terrain beiderseits der Straße buchstäblich in Fesseln gelegt.

füllt, knapp zwanzig Kilometer Luftlinie zurückgelegt. Zeit also, um das Lager aufzuschlagen.

Zwei Tage später stehe ich zum x-ten Mal auf einem hohen Dünenkamm und blicke umher. Irgendetwas hat sich verändert, ist nicht mehr wie vorher. Offenbar hat sich mein Auge so an das Bild gewöhnt, dass es nichts anderes mehr wahrnimmt, jedenfalls dauert es eine Weile, bis ich merke, was nun anders ist. Der Horizont im Westen zeigt nicht mehr wie bisher den gelben gezackten Kamm der Wanderdünen, sondern eine dunkle Masse. Das ist das Mazar-Tagh-Gebirge, und davor erstreckt sich, als waagrechter Streifen erkennbar, der Wald des Khotan Darya. Er zeigt das Ende des Sandmeeres an, die Küste, die wir erreichen wollen. Das Ziel scheint zum Greifen nahe, doch das täuscht, laut GPS beträgt die Entfernung noch dreißig Kilometer, Luftlinie, versteht sich.

Am nächsten Tag flacht die Wüste zusehends ab. Die hohen Sanddünen bleiben zurück, gleichzeitig vollzieht sich fließend der Übergang von der Leere zur Fülle, von der Wüste zum Leben. Zuerst kommen die Tamarisken, die die äußerste Grenze des Lebens in der Wüste darstellen, dann die ersten Blumen, schließlich der erste Baum. Insekten bevölkern die

Luft, und zuweilen schreckt ein Hase vor uns auf und flüchtet Haken schlagend in die Büsche. Immer noch laufen wir auf sandigem Grund, und da und dort zeigen sich niedrige Mondsicheldünen. Umso größer ist die Überraschung, als ich plötzlich vor einem Maschendrahtzaun stehe, der mir ohne erkennbaren Anfang, ohne Ende den Weg versperrt. Der Anblick des Zauns inmitten der Weite der Wüste erscheint mir wie ein Schildbürgerstreich. Ist es womöglich ein weiterer Versuch Beijings, die Wüsten zu bändigen? Lächerlich, denke ich. Wie sollte ein Maschendraht dem wandernden Sand Einhalt gebieten? Ich überklettere den Zaun und stehe vor einem schachbrettartigen Geflecht aus Schilfstroh, das sich parallel als breites Band den Zaun entlangzieht. Die Befestigungen müssen mit gewaltigem Einsatz an Arbeitskräften hier eingepflanzt worden sein. Sie sollen dem Flugsand Fesseln anlegen. Das scheint aber nicht ganz zu gelingen, denn an manchen Stellen sind die Strohgeflechte bereits wieder unter dem Wüstensand verschwunden. Dann aber höre ich Motorenlärm und sehe das Oberteil eines Reisebusses, der sich scheinbar mitten durch den gewellten Sand bewegt.

Augenblicke später stehe ich auf einer der Wellen und schaue auf das breite Band einer Straße, die kerzengerade die Wüste durchschneidet und sich in beiden Richtungen am Horizont verliert. Die weißen Markierungen am Mittelstreifen und den Rändern sehen so neu aus, als wären sie erst gestern aufgetragen worden. Doch auf ein weiteres Fahrzeug warte ich vergeblich. Womöglich ist die Straße so neu, dass erst wenige davon wissen. In jedem Fall ist sie noch auf keiner neuen Karte eingezeichnet, und selbst Helil ist überrascht. Er schaltet reflexartig sein Mobiltelefon ein, und siehe da, »China Mobile« sei Dank, es gibt ein Netz. Und das am Khotan Darya, inmitten der Takla Makan, wo vor hundert Jahren Sven Hedin durch den Sand zum rettenden Tümpel kroch. Das neue Teerband stellt neben dem im östlichen Teil der Wüste verlaufenden Trans-Takla-Makan-Highway eine zweite Nord-Süd-Verbindung dar. Sie folgt einer alten Route der Seidenstraße von Aksu nach Khotan, die die Festung am Mazar Tagh bewachte. Abdul und Met Tochti laufen am Zaun entlang, auf der Suche nach einer Lücke, um den bepackten

Kamelen eine Passage zu ermöglichen. Ein Stück entfernt finden sie eine Stelle, wo der wandernde Sand bereits den Zaun überspült hat. Auf der anderen Seite der Straße wiederholt sich das Manöver. Auch hier gibt es in den sandigen Grund verlegte Schilfgeflechte und dahinter den Zaun. Danach tauchen wir förmlich in einen dschungelähnlichen Pappelwald ein.

Plötzlich bricht der Pappelwald ab, als wäre er abgebrannt. Wir stehen am Ufer des Khotan Darya, der sich hier ein gut zwei Kilometer breites Bett geschaffen hat. Und noch einmal erlebe ich eine Überraschung, diesmal eine sehr angenehme. Das Flussbett ist nicht staubtrocken, wie es bei den vorherigen Besuchen der Fall war, sondern führt Wasser. Dafür gibt es nur zwei Erklärungen: Entweder hat in diesem Jahr die Schneeschmelze im Kunlun-Gebirge viel später eingesetzt, sodass es sich noch um Schmelzwasser handelt, oder die exzessive Wasserentnahme in der Khotan-Oase wurde deutlich gedrosselt. Wie dem auch sei, wir freuen uns über ein ausgiebiges Bad im Fluss, die Möglichkeit, um nicht zu sagen Notwendigkeit, den Wüstenstaub abzuwaschen. Aber nicht nur wir, sondern auch die Kamele sind vom plötzlichen Überfluss angetan. Sie verharren wie angewurzelt minutenlang inmitten des Wassers, das ihnen aufgrund ihrer langen Beine nur bis zu den Knien reicht.

Dann geht es noch einmal durch den Pappelurwald, bis wir auf eine staubige Piste treffen, die uns zum Fuße des Festungsberges führt. Dort gibt es einen idyllischen Wassertümpel, in dem sich die dunkelroten Felsen des Mazar Tagh spiegeln, in die der sandbeladene Wind bizarre Rillen und Furchen gefräst hat. Am Rande des Pools schlagen wir unser Lager auf. Während sich die Kamele, nachdem sie ihrer Lasten und Sättel entledigt wurden, sofort über das üppig vorhandene Futter hermachen, stellen wir unsere Zelte auf.

Am späten Nachmittag, als die gröbste Hitze vorbei ist und die Farben in die Landschaft zurückkehren, machen wir uns an den Aufstieg zur Burgruine. Als Erstes gelangen wir auf einen Felsabsatz, auf dem sich eine Steinpyramide befindet, aus der ein ganzes Bündel mit Votivfahnen behangener Holzstangen ragt. Hier soll nach islamischer Überlieferung

jener Heilige ruhen, der dem ganzen Gebirge wie auch der Festung den Namen gab. »Mazar« bedeutet »Heiligengrab«, und »Tagh« ist der Turki-Begriff für »Berg«. »Das Berggrab des Heiligen«, könnte man also sagen. Etwas unterhalb der Festung gibt es ein Ensemble quadratisch angeordneter Holzpfähle. Es könnte der Rest eines buddhistischen Tempels sein, den Aurél Stein 1908 entdeckt, aber nicht ausgegraben hat. Noch vor Stein kam der Russe Nikolai Przhevalsky hier vorbei, als er im Jahr 1885 die Wüste dem Lauf des Khotan Darya folgend von Norden nach Süden durchquerte. Allerdings hat Przhevalsky die Burgruine für den Bau eines islamischen Kriegsherrn gehalten und ihr keine weitere Beachtung geschenkt.

Kamele im Wasser sind ein ungewöhnlicher Anblick. Minutenlang stehen die Tiere wie angewurzelt im Bett des Khotan Darya und lassen sich vom Flusswasser umspülen. Nur in Ausnahmefällen erreicht heute das Wasser des Khotan Darya die Felsen von Mazar Tagh.

Wir folgen einem schmalen Saumpfad zur Festung, der mit allerlei modernen Abfällen dekoriert ist, die davon zeugen, dass der Ort auch heute noch besucht wird. Mit Müll hatte bereits Aurél Stein zu tun. Er bewies Spürsinn, als er sich entschloss, den Spaten nicht bei den Mauerresten der Burgruine anzusetzen, sondern zu ihren Füßen. Er vermutete näm-

lich, dass die ehemaligen Bewohner der Festung ihren Müll entsorgten, indem sie ihn einfach über die Felswand kippten. Damit lag er goldrichtig. Die antike Müllkippe beschäftigte seine Männer drei Tage lang. Sie bot, wie Stein bemerkte, geradezu ideale Bedingungen, um Altertümer zu konservieren. Weder die Feuchtigkeit noch die Kräfte der Erosion konnten hier ihr zerstörerisches Werk entfalten. Steins Ausbeute war beträchtlich. Hunderte Schriften kamen zum Vorschein. Die meisten davon waren in tibetischer Sprache abgefasst, aber auch zahlreiche chinesische Dokumente fanden sich darunter, einige waren in der indischen Brahmi-Schrift geschrieben, andere in Khotanesisch, Sogdisch, Arabisch und Uigurisch. Daraus zog Stein den Schluss, dass die Festung zuletzt von Tibetern bewohnt worden war. Diese Annahme wird von anderen Fundstücken und von historischen Fakten gestützt. Das späteste hier gefundene chinesische Schriftstück ist auf das Jahr 786 datiert. Aus historischen Quellen ist bekannt, dass Khotan 790 und Kucha ein Jahr später von den Tibetern erobert wurde. Innerhalb dieser beiden Jahre muss auch Mazar Tagh den anstürmenden Invasoren in die Hände gefallen sein – nach Belagerung und heftigen Kämp-

Das Sandstrahlgebläse des Windes hat in die Südabstürze des Mazar Tagh tiefe Rillen und Furchen gefräst. Zu seinen Füßen gibt es ein von Tamarisken, die sich im Herbst bunt färben, gesäumtes Wasserbecken.

Der von der Festungsruine etwas abseits stehende Turm dürfte der älteste Teil der Anlage sein, die dazu diente, die exponierte Verbindungsroute zwischen den alten Königreichen Kucha und Khotan entlang des Khotan Darya zu sichern.

fen, wie die von Feuer versengten Balken beweisen. Nach der Zerstörung bauten die Tibeter das Fort wieder auf und erweiterten es um eine zusätzliche Bastion und Stallungen. Doch sie konnten sich nicht länger als ein halbes Jahrhundert so fernab ihres Kernlandes halten. Um 850 verloren sie wieder die Kontrolle über das Tarimbecken, die exponierte Festung wurde verlassen und verfiel.

Schon der äußere Eindruck der Ruine gibt zu erkennen, dass sich seit Aurél Steins Besuch nicht viel verändert hat. Selbst der etwas abseits stehende Turm ist noch genau so, wie von Stein abgelichtet. Er dürfte das älteste Bauwerk sein und könnte aus dem 3. oder 4. Jahrhundert stammen. Seine Bauweise ähnelt den Wachtürmen auf der Seidenstraße bei Dunhuang. Das Fort selbst besteht aus drei Räumen und zwei Wehrtürmen und dürfte in der Tang-Zeit errichtet worden sein, also im 7. oder 8. Jahrhundert. Die Mauern aus Lehmziegeln und Mörtel, die durch regelmäßige Lagen aus Tamarisken- und Pappelholz verstärkt wurden, verweisen auf jene Technik, wie sie in der damaligen Zeit von den Chinesen in den westlichen Provinzen für den Festungsbau angewandt wurde.

Die Lage der Festung ist beherrschend. Von hier aus konnte die Nord-Süd-Transversale entlang des Khotan Darya kontrolliert werden. Diese Wüstenroute dürfte in Zeiten kriegerischer Auseinandersetzungen den Handelskarawanen der Seidenstraße als Alternative gedient haben. An drei Seiten fallen die Felswände senkrecht von der Festung zum Khotan Darya ab, und an der vierten wurde sie durch den einzelnen Wachturm geschützt. Die Aussicht ist überwältigend, vor allem bei Sonnenuntergang. Weit draußen am Horizont leuchten die gerundeten Formen der Dünen wie flüssiges Gold. Davor liegt eine kilometerbreite Pufferzone zwischen Sandwüste und Flusslandschaft, die mit gelbroten Tamarisken übersät ist, während in unmittelbarer Nähe des Gebirges die herbstlich leuchtenden Pappelwälder farbenprächtige Akzente setzen. Immer länger wird der Schatten, den das Mazar Tagh auf die Wüste wirft, immer dramatischer werden die Farbstimmungen. Dann plötzlich erlischt alles, als wäre das Licht ausgeknipst worden, und der kalte Schatten der Nacht fällt auf Wüste und Gebirge.
Am nächsten Morgen sind wir schon früh unterwegs. Eigentlich haben wir uns mit unserem Fahrer am Fuß des Burgfelsens verabredet. Doch Helil hat telefonisch kurzfristig umdisponiert und ihn angewiesen, uns auf der neuen Straße aufzulesen. Um die Mittagszeit sind wir dort und spähen erwartungsvoll in Richtung Süden. Tatsächlich taucht nach ein paar Stunden ein Kleinbus auf, der schon aus weiter Entfernung durch Lichthupe und Warnblinken zu erkennen gibt, dass nun zusammenkommt, was zusammengehört. Ein kurzer Händedruck, ein herzliches »Salam aleikum«, das mit einem ebensolchen »Aleikum salam« beantwortet wird. Dann schwingen sich die drei Karawanenführer auf die Kamele und reiten in Richtung Osten davon. In drei Tagen, so sagten sie uns, würden sie wieder daheim sein. Wir schieben die Teleskopstöcke zusammen, setzen uns in den Bus und fahren in Richtung Norden. Die nächste Haltestelle ist zweihundertfünfzig Wüstenkilometer entfernt. Sie heißt Aksu.
In Zukunft wird es möglich sein, die einst so gefürchtete Todeswüste Takla Makan per Anhalter zu durchqueren. Es lebe die neue Seidenstraße!

Die himmlischen Berge

Geh nicht nur die glatten Straßen.
Geh Wege, die noch niemand ging,
damit du Spuren hinterlässt
und nicht nur Staub.
ANTOINE DE SAINT-EXUPÉRY

Aksu kommt auf der Landkarte moderner Reisender auf der Seidenstraße in der Regel nicht vor, denn es hat weder buddhistische Höhlen wie Kucha oder Dunhuang zu bieten noch eine Altstadt mit Basar oder anderen ausgewiesenen Sehenswürdigkeiten. Trotzdem besitzt Aksu etwas, das es nirgendwo sonst entlang der Seidenstraße gibt. Gemeint ist ein spektakulärer Szenenwechsel, ein dramatischer landschaftlicher Übergang, der auf der Erde seinesgleichen sucht. Innerhalb von nicht einmal dreißig Kilometern vollzieht sich der Wandel vom Sand zum Eis, von extremer Hitze zu Kälte. Fast unvermittelt steigt das Tien-Shan-Gebirge aus der Takla-Makan-Wüste auf, erheben sich über siebentausend Meter hohe Eisgipfel aus dem heißen Wüstensand.

Man findet Aksu auch in keinem der alten Reiseberichte, denn der Ort ist neu. Alt jedoch, sogar uralt, ist die Route, die von dort aus über das »Himmelsgebirge« – eine der meistbesungenen Bergketten – führt. Das Tien-Shan-Gebirge riegelt das Tarimbecken im Norden ab und bildet heute die Grenze zu Kirgistan. »Tien Ma« – »Himmelspferde« – hießen jene besonderen Rösser, die von den Nomaden an den Abhängen des Tien Shan gezüchtet wurden. Sie waren den chinesischen Pferden an Kraft und Schnelligkeit weit überlegen und provozierten das an Beses-

Dieses Wandbild aus den berühmten Mogao-Grotten von Dunhuang zeigt den »Großen Reisenden« Zhang Qian bei seinem Aufbruch in Xian. Kaiser Wudi ließ es sich nicht nehmen, den geheimen Kundschafter selbst zu verabschieden.

senheit grenzende Verlangen eines Kaisers, ihrer habhaft zu werden. Die Folge waren militärische Expeditionen, die letztlich zur Begründung der Seidenstraße führten. Doch der Reihe nach.

Expedition zu den »Himmelspferden«

Man schrieb das Jahr 141 v. Chr. Soeben hatte Wudi, der »Kriegerische«, als sechster Kaiser der Han-Dynastie den Drachenthron in Changan bestiegen. Trotz seiner unumschränkten Machtfülle als »Sohn des Himmels« plagten ihn zwei ernsthafte Probleme: Er litt unter Größenwahn, und er war sterblich. Wie bereits erwähnt, standen Ersterem, der Erfüllung seiner Großmachtträume, die Xiongnu im Wege, denen er ohne fremde Hilfe nicht beikommen konnte; das Problem der Sterblichkeit glaubte er, mithilfe der Alchimie lösen zu können. Dazu hielt er sich einen ganzen Stab von Magiern am Hof, die ihm das Elixier ewigen Lebens brauen sollten. Die Xiongnu, die seine Expansionspläne verhinderten, ließen sich jedoch nicht durch Zaubertränke vertreiben. Deshalb kam

Wie Zacken einer Krone thronen die höchsten Gipfel des Tien Shan über der Oase Aksu. Innerhalb einer Distanz von nur 30 Kilometern steigen die Berge aus dem heißen Wüstensand in das ewige Eis auf.

Han Wudi auf die Idee, einen geheimen Kundschafter loszuschicken, der das Gebiet der feindlich gesinnten Hunnen durchqueren sollte, um in deren Rücken nach Verbündeten zu suchen. Ihm war nämlich zu Ohren gekommen, dass die Yuezhi von den Xiongnu einstmals aus ihrem angestammten Gebiet vertrieben worden waren. Von hunnischen Gefangenen wusste man außerdem, dass der Fürst der Yuezhi erschlagen worden war und der Xiongnu-Herrscher nach altem Brauch aus seinem Schädel eine Trinkschale geschnitzt hatte. Die Yuezhi, so das Kalkül Wudis, müssten deshalb gegen die Xiongnu tiefen Groll hegen.

Mit der heiklen Mission betraute Han Wudi einen jungen Offizier namens Zhang Qian. Im Jahr 138 v. Chr. verließ der Kundschafter des Kaisers in Begleitung einer Eskorte von hundert Soldaten die Hauptstadt Changan. Um »Freiwillige«, wie der Geschichtsschreiber Sima Qian überlieferte, dürfte es sich dabei wohl kaum gehandelt haben, denn es war von vornherein klar, dass es sich um ein Himmelfahrtskommando handelte. Und tatsächlich: Sie kamen nicht weit. Kaum hatten sie die Grenze des Han-Territoriums überschritten, wo nachts ständig die Leuchtfeuer brannten, und sich jenseits des Gelben Flusses befunden, da

gerieten sie in hunnische Gefangenschaft. Aber Zhang Qian hatte Glück im Unglück. Wahrscheinlich schien er den Xiongnu lebend nützlicher als in Form einer Schädelschale, deshalb ließen sie ihn, entgegen der ihnen nachgesagten »barbarischen« Gewohnheiten, am Leben. Stattdessen verheiratete ihn der König mit einer Hunnin, vielleicht in der Hoffnung, er würde dann, um der Familie willen, freiwillig bleiben.

Zehn Jahre verbrachte Zhang Qian bei den Xiongnu und lernte dabei ihre Lebensgewohnheiten wie kein anderer Chinese zuvor kennen, ehe er sich des kaiserlichen Auftrags wieder entsann. Nun zeigte es sich, dass Wudi mit Zhang Qian eine gute Wahl getroffen hatte, da er die Treue zum Kaiser über die eheliche stellte. Jedenfalls gelang ihm mit einigen Getreuen die Flucht. Als sie westlich des Gansu-Korridors das Gebiet der Xiongnu endlich hinter sich gelassen hatten, baute sich ein neues Hindernis vor ihnen auf: Der Tien Shan mit seinen eisgepanzerten Gipfeln, »so hoch, dass kein Vogel sie überfliegen vermag«, versperrte ihnen den Weg nach Norden. Tief eingekerbte Täler, in die reißende Flüsse herabstürzten, griffen wie ausgestreckte Finger einer Hand in die Ebenen. Durch eines dieser Täler, das Muzart-Tal, zog sich ein uralter Weg der Nomaden. Diese Route begann nördlich von Aksu und führte zu einem dreitausendsechshundert Meter hohen vergletscherten Pass hinauf, der einen Übergang östlich der Hauptgipfel des Massivs eröffnete. Für die im Hochgebirge unerfahrenen Chinesen muss dies eine enorme Herausforderung gewesen sein. Der Anblick der gewaltigen Gletscher mit ihren Spalten und Türmen, das Donnern und Krachen herabstürzender Eistrümmer, das Glucksen und Gurgeln unterirdischer Schmelzwasser verbreiteten Angst und Schrecken. Um die Passhöhe zu erreichen, galt es drei aufeinanderfolgende Gletscherstufen zu überwinden, vorbei an den zerschmetterten Gebeinen früherer Reisender und gefrorenen Kadavern verendeter Tiere, die im Eis begraben lagen. Vom tangzeitlichen Reisenden Du Huan ist eine eindrückliche Schilderung dieser Passage überliefert: »Die Stelle, wo Sturzbäche mit gewaltigem Getöse und tintenfarbener Gischt aus dem Gletscher schießen, nennt man das Drachenmaul, und die drohend herabhängenden Eiswülste an den Steilwänden werden als das Rückgrat des Drachens bezeichnet … selbst geflügelte Elfen würden hier nirgendwo Halt finden und zu Tode stürzen.« Die drei Gletscherstufen sind heute durch Abschmelzen verschwunden, sodass der Pass eisfrei überquert werden könnte, wenn es erlaubt wäre. Aber mitten über den Hauptkamm des Tien Shan verläuft nun eine politische Grenze, die China von Kirgistan trennt, und die meisten Pässe, die das Gebirge dem Menschen einst so großzügig eröffnete, sind heute verschlossen.

Die kaiserlichen Annalen geben keinerlei Auskunft darüber, wie viele seiner Männer noch lebten, als Zhang Qian den Abstieg in die kirgisische Steppe begann. In jedem Fall müssen sie am blauen See, dem Issyk Kul, vorbeigekommen sein. Nachdem sie »mehrere Dutzend Tage über Steppen und Gebirge« marschiert waren, so berichten die Quellen, erreichten sie die Stadt Kokand im Ferganatal. Dem Offizier Zhang Qian fielen dort vor allem die besonders guten Pferde auf, die »tausend Li am Tag zurücklegen« und ursprünglich aus den Hochtälern des Tien Shan stammen sollten. Nachdem er sich dem lokalen König gegenüber mit einem Yak-Schweif als kaiserlicher Botschafter ausgewiesen hatte, stellte

Darstellung eines »himmlischen Pferdes«, das den fliegenden Vogel überholt. Das Bronzepferd, das sich heute im Gansu-Museum in Lanzhou befindet, wurde im Grab des Generals Zhang aus der Östlichen Han-Dynastie (25–220) gefunden.

er ihm wertvolle Geschenke in Aussicht, wenn seine Männer ihn zu den Yuezhi brächten. So geschah es. Doch der Herrscher der Yuezhi zeigte kein Interesse an einem Bündnis mit den Chinesen.

Mehr als ein Jahrzehnt war seit Zhang Qians Aufbruch vergangen, noch viel länger war es her, dass die Yuezhi von den Xiongnu vertrieben worden waren. Nun lebten sie mit ihnen in Frieden und sahen keinen Grund, dies zu ändern. Von den Yuezhi erfuhr Zhang Qian von weiter westlich lebenden Völkern, von Persern und von einem Land namens »Lijien« – worunter mit großer Wahrscheinlichkeit Rom zu verstehen ist. Doch seine eigentliche Mission, nämlich dem Kaiser Verbündete im Kampf gegen die Xiongnu zu verschaffen, war gescheitert. Bei der Rückreise geriet er noch ein zweites Mal in die Gefangenschaft der Hunnen, doch die Wirren eines internen Machtkampfs ermöglichten ihm abermals die Flucht, und so stand er nach dreizehn Jahren, längst tot geglaubt, wieder vor den Toren Changans. Von den hundert Begleitern, mit denen er losgezogen war, war noch ein einziger übrig.

Für die Entwicklung der Seidenstraße aber erwies sich die Mission des Zhang Qian von allergrößter Bedeutung. Denn aus seinem Munde erfuhr der staunende Kaiser Wudi zum ersten Mal etwas über die fernen Königreiche im Westen und vom hohen Preis, den die chinesische Seide, die auf indirektem Weg über die Xiongnu dorthin gelangte, auf den Märkten erzielte. Am meisten aber beeindruckte den Kaiser Zhang Qians Bericht über die wunderbare Rasse der »Barbarenpferde«. »Im Lande Kokand«, so ließ er den Kaiser wissen, »gibt es hohe Berge. Dort leben Pferde, die man nicht einfangen kann. Man lässt deshalb am Fuße dieser Berge getigerte Stuten frei, damit sie sich mit den Hengsten aus den Bergen paaren. Diese Stuten werfen sodann Fohlen, die einen blutigen Schweiß absondern. Man nennt sie Fohlen vom Stamm der Himmelsrosse.« Lange Zeit blieben die »Blut schwitzenden« Pferde dem Westen ein Rätsel, bis man in jüngster Zeit feststellte, dass es sich dabei um eine Krankheit handelte. Als Folge von Parasiten, die sich bevorzugt auf den Schultern und dem Rücken festsetzen, entstehen kleine Geschwüre, die dann aufbrechen und leicht bluten.

Noch zweimal schickte Wudi den »Großen Reisenden«, wie Zhang Qians Ehrentitel nun lautete, Richtung Westen. Einmal an der Spitze eines Heeres, um die Xiongnu anzugreifen. Dieser Feldzug endete mit einer vernichtenden Niederlage der Chinesen. Trotz seiner großen Verdienste wurde Zhang Qian für sein Versagen auf dem Schlachtfeld zum Tode verurteilt – das damals übliche Schicksal erfolgloser Generäle. Doch offenbar besann sich der Kaiser eines Besseren und begnadigte ihn, ehe das Urteil vollstreckt wurde. Bald betraute er ihn abermals mit einer Mission – zur Abwechslung wieder als diplomatischer Emissär. Er sollte die Wusun, die westlich von Kokand lebten, zum Kampf gegen die Xiongnu überreden. Doch auch sie erteilten ihm wie schon zuvor die Yuezhi eine Absage. Als Geschenk brachte Zhang Qian dem Kaiser einige Dutzend der begehrten »Himmelsrosse« mit. Die anstrengenden Expeditionen aber hatten die Lebenskraft des »Großen Reisenden« aufgezehrt. Er starb kaum ein Jahr nach seiner Rückkehr.

Zhang Qians Lebensleistung aber sollte seinen Tod überdauern. Er war es, der das Tor zum Westen aufgestoßen hatte, und er gilt deshalb zu Recht als Vater der Seidenstraße. In der Folgezeit kam es zur schicksalhaften Begegnung Chinas mit dem Abendland auf der Seidenstraße. Nach und nach dehnte das Han-Reich seinen Machtbereich nach Westen hin aus, eroberte den für die Seidenstraße so wichtigen Gansu-Korridor und errichtete die sogenannten vier Präfekturen westlich des Huang He (Gelber Fluss). Der Han-Limes, aus dem später die Große Mauer entstand, wurde bis nach Dunhuang erweitert und die gesamte Strecke mit einem beeindruckenden System von Festungen und Wachtürmen überzogen, sodass der Warenverkehr auf dieser Passage der Seidenstraße bis zum Untergang der Dynastie florierte.

Das kriegerische China der Han-Zeit brauchte für seine Feldzüge eine ungeheure Menge an Pferden. Man verstand es damals noch nicht, die Pferde zu beschlagen. Ihre Hufe nützten sich im Feld sehr rasch ab, und die Tiere waren dann unbrauchbar. Darin liegt sicherlich der Grund, dass Wudi keine Mittel scheute, um in den Besitz der »Himmelspferde« zu gelangen. Diese hatten viel härtere Hufe, die sich nicht so schnell abnützten. Zudem waren sie viel besser geeignet, die schweren gepanzerten Reiter zu tragen, als die kleinen mongolischen und chinesischen Pferde. Doch der König von Kokand war weder durch Geschenke noch durch Drohungen dazu zu bewegen, die besonderen Pferde preiszugeben.

Daraufhin entsandte Wudi eine Strafexpedition unter dem General Li Guangli, um die Herausgabe der »Himmelspferde« zu erzwingen. Von den sechstausend Reitern und mehreren zehntausend Fußsoldaten, die der Kaiser dem General mitgab, kamen viele bereits auf dem Weg um, weil es in den Steppen und Gebirgen schwierig war, ein solches Heer zu versorgen. Der Rest, erschöpft und ausgehungert, war außerstande, Kokand einzunehmen. So blieb Li Guangli nur noch der schmachvolle Rückzug nach Dunhuang. Von dort schickte er Boten nach Changan, um vom Kaiser die Erlaubnis zur Rückkehr zu erbitten. Wudi aber befahl der geschwächten Truppe, am Jadetor auszuharren, bis sie Verstärkung erhielten. Mit einem Heer von sechzigtausend Mann und einem Tross von mehr als hunderttausend Lasttieren, die die Versorgung sichern sollten, zog Li Guangli sodann ein zweites Mal gegen Kokand. Etwa die Hälfte der Soldaten erreichte die befestigte Stadt und begann die Belagerung. Da sich die Mauern als uneinnehmbar erwiesen, stauten sie den Fluss, an dem die Stadt lag, und schnitten sie dadurch vom lebensnotwendigen Wasser ab. Nach vierzigtägiger Belagerung zwang die Not leidende Bevölkerung ihren König, die Pferde herauszugeben und mit den Chinesen Frieden zu schließen. Als Gegenleistung dafür, dass die Stadt verschont wurde, musste Kokand dem Kaiser in Changan fortan jährlich ein Kontingent an Pferden liefern. Damit hatte Wudi erreicht, was er wollte, und die Chronik der Han bejubelte den Coup mit poetischen Worten:

Die himmlischen Pferde kommen,
sie kommen aus dem fernen Westen.
Den fließenden Sand haben sie durchquert,
die neun Barbaren sind unterworfen.
Die himmlischen Pferde kommen,
dem Wasser einer Quelle entstiegen,
tausend Li haben sie zurückgelegt,
um gen Osten zu ziehen.
Die himmlischen Pferde kommen,
sie sind die Vermittler der Drachen,
durchschreiten die Pforte des Himmels
und betrachten die Jadeterrasse.

Vom Sand zum Eis

Meine Suche nach den Nachfahren der »Himmelspferde« beginnt im Gästehaus von Aksu. Dort bin ich mit einer kleinen Gruppe von Gefährten verabredet, die aus verschiedenen Richtungen anreisen. Dazu zählen Michael, Eva und Laura aus dem Team der Kulturkarawane. Sie haben den weiten Weg über Khotan genommen und dabei schon etwas Wüstenluft geschnuppert. Günther hingegen fliegt – abgesehen von einem kurzen Zwischenstopp in Beijing – direkt aus Deutschland ein. Als passionierter Höhenbergsteiger interessieren ihn naturgemäß die Berge

mehr als die Wüste. Mit von der Partie ist noch Kurt, ein emeritierter Professor mit Faible für Abenteuerreisen, der mich schon bei der Suche nach Dandan Oilik begleitete. Aus Kashgar stoßen noch die beiden Uiguren-Brüder Keyoum und Abdullah hinzu. Letzterer soll uns auf der Tour als Koch begleiten, während Keyoum für die gesamte Logistik verantwortlich ist. Das ist in diesem Fall eine heikle Angelegenheit. Wegen der Nähe zu Kirgistan sind Sondergenehmigungen verschiedener Behörden erforderlich. Zudem ist das Gebiet selbst für Keyoum Neuland. Als Repräsentant des chinesischen Bergsteigerverbandes in Kashgar, der für die Aktivitäten ausländischer Alpinisten zuständig ist, verfügt er zwar über eine ganze Menge Erfahrung in Bezug auf Organisation, aber in anderen Berggebieten wie zum Beispiel den Regionen von K2 oder Muztagh Ata, die schon seit Jahrzehnten regelmäßig Ziele von Expeditionen sind. Dort gibt es bereits eine funktionierende Infrastruktur, was Transporte, Packtiere, Helfer und Routing anbelangt. Hier nicht.

Der Mt. Tomur (russisch: Pik Pobeda) ist mit seinen 7439 Metern der höchste Gipfel des Tien Shan. Während die Erstbesteigung von der kirgisischen Nordseite her bereits im Jahr 1956 gelang, ist der Gipfel von der Südseite her erst ein einziges Mal im Jahr 1977 erreicht worden.

Der mit siebentausendvierhundertneununddreißig Metern höchste Gipfel des Tien Shan, im Uigurischen Tömür und im Chinesischen Tomur Feng genannt – »der eiserne Berg« –, wurde von seiner Südseite erst ein einziges Mal von chinesischen Bergsteigern im Jahr 1977 bestiegen, und nach Angaben des chinesischen Bergsteigerverbandes gab es seitdem keine einzige erfolgreiche Wiederholung. Ganz im Gegensatz zu seiner Nordseite, wo der Tomur, wie er in Bergsteigerkreisen genannt wird, unter dem kirgisischen Namen Jengish Chokusu beziehungsweise unter seiner russischen Bezeichnung Pik Pobeda schon lange bekannt ist. Beide Namen bedeuten »Berg des Sieges«. Die Erstbesteigung auf der kirgisischen Seite erfolgte bereits im Jahr 1956 durch den Russen Vitaly Abalakov, und seitdem gibt es regelmäßig alpinistische Aktivitäten, wenngleich immer noch mehrheitlich durch russische Bergsteiger. Die Südseite des Tien Shan hingegen ist immer noch ein weitgehend unbeschriebenes Blatt aus bergtouristischer Sicht. Es gibt weder Besteigungsversuche westlicher Alpinisten noch begangene Trekkingrouten zu seinen Füßen. Unser Ziel ist es, der Route der Erstbesteiger bis zum Basislager zu folgen und die Gletscherregion rund um den Tomur zu erkunden. Keyoum versichert, dass er im Besitz aller erforderlichen Papiere sei und einheimische Pferdetreiber an der letzten Hirtensiedlung bereitstünden, die er vorab persönlich rekrutiert habe. Bis spät in die Nacht hinein brüten wir über unseren Karten, weil sich aus seinen Angaben nicht ermitteln lässt, wo genau sich die Hirtensiedlung befindet, die er als Ausgangspunkt auserkoren hat. Das Problem besteht darin, dass es so gut wie keine brauchbaren neuen Karten gibt. Die alten Fliegerkarten, die wir zur Verfügung haben, sind zwar GPS-tauglich, weisen aber keine befahrbaren Straßen aus und auch keine Siedlungen, die in den letzten Jahrzehnten entstanden sind. Bei der Dynamik verkehrstechnischer Erschließung in China ist das ein großes Manko. Aufgrund der Berichte der chinesischen Erstbesteiger und vor allem der Buchveröffentlichung einer groß angelegten wissenschaftlichen Forschungsexpedition im Jahr danach kennen wir die zu erwartende Beschaffenheit des Geländes und wissen, welches der Täler wir hochsteigen müssen, um in das Tomur Sanctuary zu gelangen.

Am nächsten Morgen stehen die Expeditionsfahrzeuge bereit, die uns in das Gebirge bringen sollen. Wir sind etwas überrascht, denn wir hatten PS-starke Geländewagen erwartet, stattdessen packen wir das Gepäck auf das Dach einer uralten Limousine, deren Radstand daraufhin bis in Bodennähe sinkt. Der Rest wird auf den frei bleibenden Sitzen eines Minivans verstaut. Jetzt wird klar, warum Keyoum für die rund fünfzig Kilometer lange Strecke drei Stunden eingeplant hat. Mit dem Vorhaben, noch am Nachmittag mit den Packpferden loszumarschieren, fahren wir los. Vor der Abzweigung von der Hauptstraße nach Norden kommen wir an einem Markt vorbei. Das leckere frische Fladenbrot und das Obst sind zu verlockend, um einfach vorbeizufahren. Hätten wir geahnt, welche Folgen das haben würde, hätten wir sicherlich nicht angehalten. So aber nimmt das Unheil seinen Lauf. Der Anblick von Langnasen in dieser Gegend ist eine solche Seltenheit, dass unsere Anwesenheit nicht nur einen mittleren Volksauflauf provoziert, sondern auch die lokalen Sicherheitskräfte auf den Plan ruft. Das zweite Fahrzeug, in dem Keyoum mit den Papieren sitzt, ist schon vorausgefahren. Also gehen die Ordnungshüter davon aus, dass wir keine Berechtigung für unseren Aufenthalt hier haben, und nehmen uns vorsorglich in Gewahrsam. Eskortiert von einem Polizeifahrzeug geht es zur nächsten Wache. Das gibt uns die seltene Gelegenheit, eine chinesische Polizeistation von innen zu besichtigen. Ein zweifelhaftes Vergnügen, auf das wir gerne verzichtet hätten. In einem vergitterten Raum sind Uiguren wie in einem Käfig eingesperrt. Draußen harren die Verwandten in Ungewissheit aus. Gezielte Desinformation gehört zum System. An den Wänden hängt martialisches Anschauungsmaterial, wie mit Inhaftierten zu verfahren ist. Es ist spürbar, wie nervös die Sicherheitskräfte sind. Das mag auch mit den zunehmenden ethnischen Spannungen zwischen Uiguren und Han-Chinesen als Folge der verfehlten Minderheitenpolitik Beijings zu tun haben.
Als Keyoum endlich eintrifft, steht nach kurzer Diskussion fest, dass wir zurück nach Aksu müssen. Irgendein Papier fehlt in der Sammlung von Dokumenten, die er in einer Mappe bei sich trägt. Mag sein, dass nach den erst wenige Monate zurückliegenden blutigen ethnischen Zusam-

menstößen in Urumqi neue Verordnungen erlassen wurden, von denen Keyoum nichts wusste, oder dass er einfach etwas übersehen hat – wir werden den Grund nie erfahren. Dafür erleben wir ein kafkaskes Szenario. Wir verbringen den ganzen Tag wartend vor Kasernen und Verwaltungsgebäuden, in die grün Uniformierte mit mehr oder weniger Sternen am Revers aus- und eingehen. Zuweilen erscheint Keyoum, wischt sich die Schweißperlen von seinem kahl geschorenen Kopf und tröstet uns mit den Worten, es werde nicht mehr lange dauern, es fehle nur noch eine Unterschrift, aber der zuständige Beamte sei gerade in einer wichtigen Besprechung, in der Essenspause oder weiß der Teufel wo. Von Zeit zu Zeit werden wir von Soldaten in voller Kampfausrüstung von den Eingängen verscheucht, weil unser Herumlungern angeblich die öffentliche Sicherheit störe.

Am späten Nachmittag, als wir uns bereits auf eine weitere Nacht im Gästehaus von Aksu eingestellt haben, erscheint Keyoum freudestrahlend mit der letzten noch fehlenden Unterschrift. Zwei Stunden später sind wir in Wensu, dem letzten Dorf auf dem Weg ins Gebirge. Die untergehende Sonne erzeugt ein Farbspektakel in der umgebenden Canyon-Landschaft. Wir nehmen uns vor, dieser spektakulären Landschaft nach unserer Rückkehr aus den Bergen einen Besuch abzustatten. Es ist schon stockdunkel, als wir vor einer Schranke stehen. Noch einmal werden die Papiere eingehend inspiziert. Doch diesmal gibt es keine Beanstandung. Wir dürfen passieren. Die immer schmäler und auch holpriger werdende Straße endet schließlich in einer barackenähnlichen Siedlung. Das Ambiente ist mir wohlvertraut. Es findet sich überall dort in abgelegenen Gebieten Chinas, wo Viehzüchter zwangskollektiviert wurden.

Hier werden wir bereits von Nazir erwartet, einem hünenhaften Uiguren mit schräg sitzender Schirmkappe und Goldzähnen im Mund. Keyoum stellt ihn uns als den besten Mann für unser Vorhaben vor. Er hat bereits die chinesischen Expeditionen in den 1970er-Jahren begleitet, ist erfahren im Umgang mit Pferden und kennt die Gegend. Allerdings kann auch er nicht garantieren, wie weit wir kommen. In den letzten Wochen

Der Weg entlang des Qiongtailan-Tals, das uns ins Herz des Tien Shan führt, verläuft zum Teil durch dichte Wälder aus urwüchsigen Schrenks Fichten, die bis zum Rand der Gletscher hinaufreichen.

hat es viele Niederschläge gegeben, die die Flüsse anschwellen ließen. Die Folge waren Erdrutsche, die sogar ein Menschleben forderten und die Route an manchen Stellen unpassierbar machten. Immerhin war das Wetter in den letzten Tagen gut, sodass wir hoffen dürfen, dass das Hochwasser wieder zurückgegangen ist. Doch lange Schönwetterperioden sind im Tien Shan selten. Das Gebirge ist berüchtigt für seine wechselhaften Bedingungen, die Stürme und die hohen Niederschlagsmengen. Zudem gibt es am Tomur mehr Gletschereis als am Mount Everest. Achthundertneunundzwanzig einzelne Gletscher haben chinesische Glaziologen in diesem zentralen Teil des Tien Shan gezählt, die eine Fläche von dreitausendachthundertfünfzig Quadratkilometern bedecken. Das Gebirge bildet eine natürliche Barriere, die die feuchte Luft aus dem Westen abblockt. Die Niederschläge nähren die Gletscher.
Am nächsten Morgen steht Nazir mit den Packpferden bereit. Zusätzlich hat er noch zwei Reitpferde dabei, für sich selbst und Abdullah. Während die beiden Uiguren die Pferde bepacken, laufen wir schon voraus. Der gut erkennbare Weg, dem wir ostwärts folgen, überwindet zunächst einen Bergrücken, von dem sich ein fantastischer Blick auf die Puffer-

zone zwischen Gebirge und Wüste bietet. Dann überqueren wir ein grasbewachsenes Hochplateau mit abgezäunten Weidegründen. Dazwischen stehen einzelne Häuser, die die Hirten als Winterquartiere benutzen. Nach kurzem Aufstieg befinden wir uns auf einem Kamm und sehen tief unter uns eines der Haupttäler des zentralen Tien Shan: das Qiongtailan-Tal. Der Fluss hat eine tiefe und breite Furche aus dem Gebirge gehobelt. Wir wissen, dass das Tal uns genau in das Herz des Tien Shan führen wird, zum Beginn des gleichnamigen Gletschers, der den Tomur wie gefaltete Hände umschließt. Hirten hoch zu Ross, die ihre Ziegen vor sich hertreiben, kommen uns entgegen und Adler, die im Aufwind an den Hängen entlanggleiten. Der Pfad führt nun an den Fluss heran, dessen braune Fluten mit riesigen Walzen zu Tal stürzen, wild schäumend und tosend. Immer wieder hört man das dumpfe Krachen von Steintrümmern, die mitgerissen werden. Mein erster Gedanke: Hoffentlich müssen wir den Fluss nicht überqueren. Es wäre ein chancenloses Unterfangen, selbst auf dem Rücken eines Pferdes. Ich erinnere mich, gelesen zu haben, dass ein mit Zelten und Verpflegung bepacktes Pferd aus dem Tross der chinesischen Erstbesteiger ausgerutscht, in den Fluss gestürzt und spurlos verschwunden war.

Gewöhnlich werden im Gebirge bei zunehmender Höhe die Pflanzen kleiner und weniger. Hier ist es genau umgekehrt. Je höher wir steigen, desto üppiger wird die Vegetation. Die Steilhänge zu beiden Seiten des Flusses sind dicht mit Wald bewachsen. Darüber zeigen sich die ersten Eisgipfel. Es hat sogar den Anschein, als würden die Bäume bis zum Rand der Gletscher wachsen. Der Saumpfad führt nun in ständigem Auf und Ab am Ufer entlang. Bisweilen zwingen Erdrutsche uns, ins steinige Flussbett auszuweichen, aber eine Überquerung bleibt uns erspart. Die Nebenflüsse stellen schon genug Herausforderung dar. Bis jetzt fanden wir immer günstig liegende Steinblöcke oder umgelegte Baumstämme, die uns ermöglichten, das andere Ufer trockenen Fußes zu erreichen, doch nun stehen wir vor einem Sturzbach, an dem die querenden Hölzer vom Wasser mitgerissen wurden. Ich klettere am Ufer bergwärts in der Hoffnung, weiter oben eine Engstelle zu finden, an der sich das Hinder-

Immer wieder verlegen Erdrutsche den Weg und zwingen zu Ausweichmanövern. Der Qiongtailan-Fluss ist durch die Regenfälle der letzten Tage so angeschwollen, dass er ein unüberwindliches Hindernis bildet.

nis durch einen Sprung überwinden lässt. Kurt, ein Mann spontaner Entscheidungen, wagt den Sprung gleich unten an der breiten Stelle. Er nimmt Anlauf, ein Satz – und landet im Wasser. Klatschnass klettert er ans jenseitige Ufer. Mit vereinten Kräften gelingt es, neue Holzstämme über die Steine zu legen und daraufhin den Bach zu überqueren.

Trocken bleiben wir an diesem Tag trotzdem nicht, denn bald darauf beginnt es zu regnen. Von der Packtierkarawane ist noch nichts zu sehen, deshalb suchen wir nach einem geeigneten Unterstand, um auf sie zu warten. Als sie endlich auftaucht, ist es an der Zeit, einen geeigneten Lagerplatz zu suchen. Wir finden ihn auf einer Naturterrasse hoch über dem Flussbett. Zu unserer Freude steht dort auch noch eine halb verfallene Hütte, die wir als Unterstand zum Kochen benutzen können. Doch der Regen hört so schnell wieder auf, wie er begonnen hat, und bald ist ein Feuer in Gang gebracht, über dem Kurt seine durchnässten Kleider und Schuhe zum Trocknen aufhängt.

Am nächsten Morgen übergießt die Sonne den Lagerplatz verschwenderisch mit ihrem Licht und lässt die Wassertropfen an den Gräsern wie Kristalle funkeln und glitzern. Ein Stück weiter tauchen wir in einen

Inmitten der Waldzone finden sich immer wieder Wiesen mit ganzen Teppichen aus Edelweiß.

Märchenwald aus meterdicken Schrenks Fichten ein, auf dessen mit Moosen und Flechten bewachsenen Boden die Sonne helle Punkte zaubert. Als wir auf der anderen Seite wieder heraustreten, lässt sich das Tal bis zum Ende einsehen. Dort reiht sich wie Zacken einer Krone Gipfel an Gipfel. Wolkenschleier umspielen die Bergriesen wie Feen.

Ein Bergrutsch, der den Pfad ausgelöscht hat, zwingt uns wieder einmal, in das Flussbett auszuweichen. Aber der Hochwasser führende Fluss drängt ganz an das Ufer heran, sodass es auch dort kein Weiterkommen gibt. Also doch über die Erdrutschstelle nach oben klettern. Über abschüssiges Geröll erreichen wir eine Geländekante. Ganze Teppiche aus Edelweiß breiten sich dahinter aus, so schön, so unberührt, dass ich zögere, darüber zu laufen. Abermals führt der Pfad in das Flussbett hinunter. Aus einem Seitental strömt der bisher wasserreichste Zufluss herab. Die Uiguren reiten auf ihren Pferden einfach hindurch. Ich ziehe mir die Schuhe aus, kremple die Hose hoch und wate hinein. Das Wasser reicht

mir bis zur Hüfte. Ohne die stützenden Stöcke würde mich die Strömung mitreißen. Die anderen zögern, mir zu folgen, und suchen flussaufwärts nach einer leichteren Stelle. Fazit: Ich hätte mir das Bad auch sparen können, denn weiter oben gibt es sogar eine Brücke.

Über mehrere Stufen steigt nun das Gelände an. Dazwischen versprenkelt liegen Almen, auf denen Ziegen und Schafe weiden. Eine uigurische Hirtenfamilie hat hier ihr Sommerlager aufgeschlagen. Von der Höhensonne gegerbte Gesichter schauen uns entgeistert an, als ob wir Außerirdische wären. Noch einmal geht es durch einen Waldgürtel. Das Gelände wird nun zunehmend steiler. Im Zickzackkurs führt der Pfad über eine Geröllhalde bergauf zu einer weiteren Alm, an deren oberem Ende übergangslos der Gletscher beginnt. Zuerst merke ich gar nicht, dass ich mich schon auf dem Eis bewege, weil es völlig von Schutt bedeckt ist. Erst als dieser unter meinen Füßen in Bewegung gerät, sehe ich blaues Eis durchschimmern. Wir schlagen unser Lager auf dem letzten Flecken

In 2500 Metern Höhe gibt es saftige Almen, auf denen uigurische Hirten den Sommer mit ihren Pferden und Ziegen verbringen.

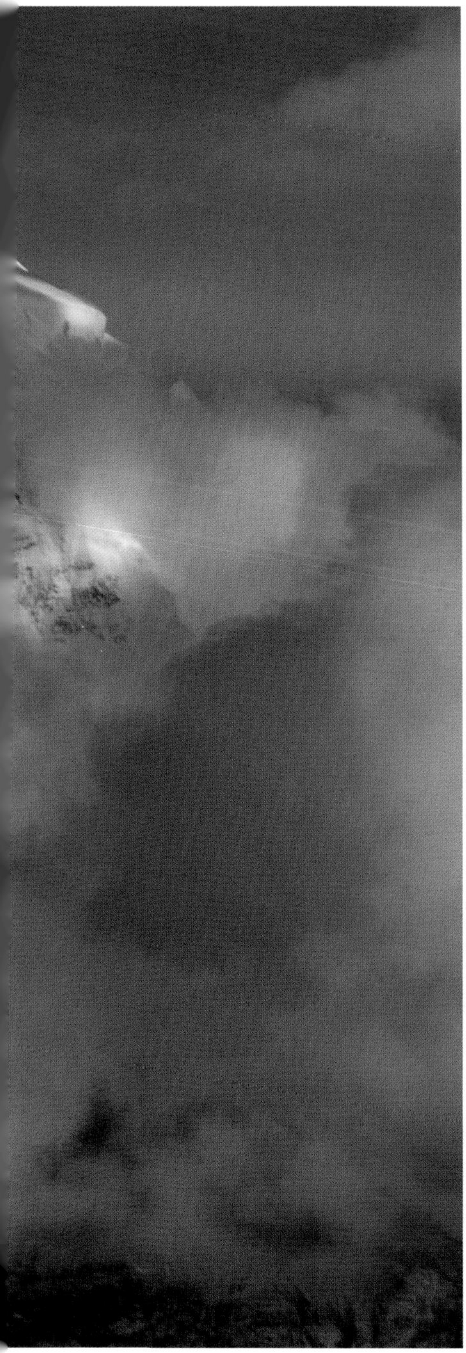

Almwiese auf. Es ist ein idyllisches Plätzchen in dreitausend Metern Höhe, windgeschützt und mit Quellwasser reich gesegnet. Hier wollen wir ein paar Tage bleiben, um den Qiongtailan-Gletscher bis zum Fuß des Tomur zu erkunden. Die chinesischen Erstbesteiger hatten an dieser Stelle ebenfalls eine Basis eingerichtet, von der aus sie das eigentliche Basecamp am oberen Ende des Gletschers versorgten.

Gleich nach Beginn des Gletschers teilt sich dieser in zwei Arme, in einen westlichen und einen östlichen. Allein der westliche Qiongtailan-Gletscher ist mehr als zwanzig Kilometer lang. Noch viel länger sind die Gletscherströme auf der kirgisischen Seite des Gebirges. Sechzig Kilometer weit schiebt sich dort der Inylchek-Gletscher zu Tal. Der deutsche Geograf und Forschungsreisende Gottfried Merzbacher hat ihn 1903 erstmals erkundet auf der Suche nach dem Khan Tengri, dem »Herrscher des Himmels«, den man damals für den höchsten Gipfel im Tien Shan hielt. Merzbacher bezeichnete sein Unterfangen als »Jagd nach einem verzauberten Berg, den man von überallher erblickt, aber nicht erreichen kann«. Der Forscher durchlebte Wechselbäder der Gefühle. Mehrfach schien der Berg zum Greifen nahe, doch immer wieder

Blitzartig kann das Wetter im Tien Shan umschlagen. Vorberge und Gipfel verschwinden unter brodelnden Wolkenmassen, um dann genauso überraschend wieder aufzutauchen.

taten sich neue Täler oder Bergrücken vor ihm auf, die den Weg versperrten. Erst im zweiten Jahr seiner Expedition gelang es ihm, das obere Ende des Inylchek-Gletschers zu erreichen, der sich zuvor in zwei Arme geteilt hatte. Er hatte sich für den nördlichen Strang entschieden. »Dort standen wir plötzlich vor einer weiteren Senkung, ausgefüllt von einem riesigen Eissee, aus dessen tiefblauen Fluten Tausende kleiner, mannigfaltig geformter Eisberge und Schollen herausragten. Ein prachtvoller Anblick!« Merzbacher hatte soeben den später nach ihm benannten Gletschersee entdeckt, dessen Besonderheit darin besteht, dass er sich periodisch einmal im Sommer entleert.

Doch die Freude über den Anblick währte nicht lange. Der See versperrte das Tal, machte ein Weiterkommen unmöglich. Wieder einmal mussten Merzbacher und seine kirgisischen Helfer umkehren. Jetzt probierte er es über den anderen Gletscherstrang und gelangte tatsächlich zum Fuß des Khan Tengri, der bis dahin nicht einmal korrekt kartografiert war. Allerdings schätzte ihn Merzbacher mit siebentausendzweihundert Metern zu hoch, da der Khan Tengri maximal siebentausendundzehn Meter zählt, je nachdem, wie stark die Eiskappe ist, die er trägt. Aufgrund seiner atemberaubenden Gestalt in Form einer frei stehenden Eispyramide hielt man ihn lange für den höchsten Berg des Tien Shan. Erst im Jahr 1936 entdeckte der sowjetrussische Bergsteiger Abalakov vom Gipfel des Khan Tengri einen Berg im Süden, der mit ihm an Höhe wetteiferte. Alle anderen Gipfel lagen unter den Wolken, und nur dieser eine ragte neben dem Khan Tengri, auf dem sie standen, aus den Wolken heraus. Der bis dahin unbekannte Gipfel war der Tomur.

Am nächsten Morgen betreten wir den westlichen Qiongtailan-Gletscher. Nazir lässt es sich nicht nehmen mitzukommen. Wieselflink läuft er voraus, mit Sakko und schwarzen Straßenschuhen! Dabei ist der Gletscher alles andere als bequem zu begehen. Er besteht aus einem Labyrinth aus Eistürmen, die mit lockerem Geröll und Schutt überzogen sind. Sogar größere Felsbrocken geraten in Bewegung, wenn man auf sie tritt. An den steilen Stellen finden die Schuhe kaum Halt. Immer wieder tun sich tiefe Löcher und Schründe auf, die mit Schutt oder Gletscher-

wasser angefüllt sind. Wir fragen uns, wie die chinesischen Bergsteiger den Lastentransport über dieses unangenehme Gelände bewerkstelligt haben. Nazir klärt uns auf, dass dies auf Pferderücken geschah, nachdem eine für die Tiere begehbare Route präpariert worden war. Unsere Hoffnung, wir könnten an einem halben Tag so weit kommen, dass wir einen Blick auf den Tomur erhaschen, erfüllt sich nicht. Da wir keinerlei Biwakausrüstung dabeihaben, müssen wir umkehren.

Nach einem Ruhetag im Lager brechen wir abermals zum Gletscher auf, diesmal in zwei Gruppen. Günther und Abdullah mit Biwakausrüstung und genügend Verpflegung in ihren Rucksäcken wieder in Richtung des Tomur-Basecamps, während ich mit dem Rest des Teams den östlichen Qiongtailan-Gletscher erkunden will. Den schuttbedeckten Gletscher meidend, steigen wir entlang der Seitenmoräne auf. Dort kommen wir über eine Serie von Rampen und Graten zunächst gut voran und gewinnen rasch an Höhe. Immer wieder bieten sich großartige Ausblicke, nicht nur auf den Gletscherstrom unter uns, sondern auch auf zerrissene Gletscherzungen, die aus den Seitentälern herauskommen. Doch die Freude über die vermeintlich einfachere Route ist nicht von Dauer. Noch

Auf einem letzten Fleck Almgrund unmittelbar am Beginn des Qiongtailan-Gletschers schlagen wir unser Lager auf. Wir teilen den idyllischen Platz mit einer Herde von Pferden, die Abkömmlinge jener Rasse von »Himmelsrössern« sein könnten, die Chinas Kaiser so begehrten.

vor Mittag stehen wir vor steilen Felsabbrüchen und Wänden, die uns den Weg versperren und uns zur Umkehr zwingen.
Im Lager wartet eine Überraschung. Überall zwischen den Zelten grasen Pferde; schöne, kräftige Tiere mit langen Mähnen. Sie lassen sich durch unsere Anwesenheit überhaupt nicht stören. Nach einiger Zeit erscheint oben am Kamm ein einzelner Reiter. Seine dunkle Silhouette, die sich scharf gegen den Himmel abzeichnet, scheint direkt aus den Wolken herauszureiten. Augenblicke später ist er wieder verschwunden, als wäre er ein Trugbild gewesen. Die Pferde im Lager sind noch da. Kann es sein, dass sie von jener himmlischen Rasse sind, die einst Zhang Qian im Tien Shan gesehen hat? Es wäre eine schöne Vorstellung, an die ich gerne glauben möchte.

Die letzte Station – das Höhlenkloster von Kizil

Auch Günther hat seinen »Himmelsberg« gefunden. Am nächsten Tag kommt er mit Abdullah vom Gletscher zurück, müde und hungrig, aber voller Freude. Die beiden haben es tatsächlich geschafft, bis zum hinteren Ende des westlichen Qiongtailan-Gletschers zu gelangen und dort zu biwakieren. Für ihre Mühen wurden sie mit einem jener seltenen Augenblicke belohnt, in denen sich der Tomur in seiner ganzen Pracht unverhüllt von Wolken zeigt.
Der Abstieg ins Tal ist nur noch Formsache. Zwei Tage später sind wir bereits wieder auf der Seidenstraße Richtung Osten unterwegs. Nur ein paar Kilometer abseits der Hauptstraße nach Kucha, der nächsten großen Oasenstadt, haben die Kräfte der Erosion, Wind und Wasser, eine spektakuläre Landschaft geschaffen. Schon aus der Ferne leuchten uns bizarr geformte Felskämme in den verschiedensten Brauntönen entgegen, durchzogen von weißen und rostroten Gesteinsbändern. Die Schranke am Eingang des Canyons, die Souvenirbuden und der große Fuhrpark lassen erkennen, dass wir uns nun wieder auf dem touristischen Pfad der Seidenstraße bewegen. Hauptattraktion für die überwie-

gend chinesischen Besucher ist ein phallusähnlicher Felsturm, der von Fahrzeugen belagert wird. Nichtsdestotrotz ist der »Grand Canyon« von Wensu ein sehenswertes Naturwunder. Das zeigt sich vor allem in den kleinen Seitencanyons, die sich nur zu Fuß erkunden lassen. Sie führen in eine labyrinthische Welt hinein. Je tiefer man eindringt, desto enger treten die Felswände zusammen, sodass man sie am Ende mit ausgestreckten Armen berühren kann. Hunderte Meter ragen die ausgewaschenen, polierten und geschmirgelten Felsen in den Himmel, von dem nur noch ein schmaler Schlitz zu sehen ist. An manchen Stellen lässt sich der Canyon ersteigen. Von oben bietet sich ein ganz anderes Bild. Der Vergleich mit einem Meer drängt sich auf, einem Meer roter züngelnder Flammen.

Weiter östlich, knapp vor der Oase Kucha, führt uns die Seidenstraße zu einem anderen Canyon. Zum Naturwunder gesellt sich hier noch ein Kulturwunder. Die Wände sind nämlich von künstlichen Höhlen förm-

Der »Grand Canyon« von Wensu ist ein Naturwunder, das die enormen Kräfte von Erosion, Wind und Wasser geschaffen haben.

Unweit von Dunhuang, entlang einer Felsflucht, haben buddhistische Mönche jahrhundertelang Höhlen und Grotten in den Stein geschlagen. Von den ursprünglich 1000 Höhlen sind heute etwa die Hälfte erhalten. Die darin befindlichen Wandbilder sind ein einzigartiges Bilderbuch der Seidenstraße.

lich durchsiebt. Hier haben buddhistische Mönche jahrhundertelang Grotten in die weichen Canyonwände geschlagen und diese kunstvoll ausgemalt. Das Höhlenkloster von Kizil ist eines von mehreren sogenannten Ming Oi – Tausend-Buddha-Höhlen –, die von nun an den Verlauf der Seidenstraße markieren wie die Überreste antiker Wachtürme. Sie finden sich im Umfeld nahezu jeder bedeutenden Oase: in Korla, Turfan und vor allem in Dunhuang. Wir sind nun in jenem Bereich der Seidenstraße angekommen, in dem China der Islamisierung Einhalt geboten. Hier konnten islamische Eiferer ihr Zerstörungswerk nicht weiter fortsetzen, sodass sich die Zeugnisse der vorislamischen Periode wie nirgendwo sonst auf der Seidenstraße erhalten konnten.

Man muss einmal in Dunhuang von Höhle zu Höhle gegangen sein, die wabenähnlich über- und nebeneinander angeordnet eine Felsflucht durchziehen. Von den ursprünglich tausend Grotten sind heute noch fünfhundert erhalten. Das Wunder zeigt sich im Inneren. Es ist, als ob

man dabei ein Bilderbuch durchblätterte, das Seite für Seite, Höhle für Höhle, achthundert Jahre Leben auf der Seidenstraße zeigt. Da ist nicht nur das religiöse Leben dargestellt, sondern auch der ganz profane Alltag. Man sieht die Karawanen ihres Weges ziehen, aber auch die realen Gefahren, die sie bedrohten durch Wegelagerer und Räuber.

Mit dem Eintritt in das chinesische Kernland endet diese Reise, aber die Kulturkarawane wird weitergehen. Sie kennt keinen Endpunkt, sondern nur Stationen. »Roads of Dialogue« ist als Projekt angelegt und nicht als eine zeitlich und örtlich begrenzte Reise. Weitere Stationen werden folgen. Es werden sich wieder begeisterte Menschen finden, die die Vision zusammenführt, um gemeinsam aufzubrechen. »Denn der Sinn der Dinge liegt nicht im schon angesammelten Vorrat, den die Sesshaften verzehren, sondern in der Glut der Verwandlung, des Voranschreitens oder der Sehnsucht«, wie Antoine de Saint-Exupéry es ausdrückte.

Chronik der Seidenstrasse

China und Zentralasien	**Westliche Welt**
	327 v. Chr. Alexander der Große beendet seinen Zug nach Indien
	216 v. Chr. Römische Niederlage gegen Hannibal im Zweiten Punischen Krieg
210 v. Chr. Tod des Ersten Kaisers Qin Shihuangdi	
206 v. Chr. Beginn der Dynastie der Han	
165 v. Chr. Die Yuezhi lassen sich in Baktrien nieder	
	146 v. Chr. Zerstörung Karthagos
139 v. Chr. Beginn der Reisen des Zhang Qian	
129 v. Chr. Seidenstraße unter Kaiser Wudi erschlossen	
104 v. Chr. Feldzug des Li Guangli	
	100 v. Chr. Hippalos begründet Seefahrt in den Indischen Ozean
50 v. Chr. Erstmals Seide in Rom	
	44 v. Chr. Ermordung Cäsars
	7 v. Chr. Errichtung der römischen Provinz Germanien

China und Zentralasien	Westliche Welt
	16 n. Chr. Dekret in Rom gegen das Tragen von Seide
	64 Brand Roms löst Christenverfolgungen aus
73 n. Chr. China beginnt Eroberung von Turfan	80 Kolosseum in Rom erbaut
97 Reise des chinesischen Gesandten Gan Ying ins Römische Reich	
105 Erfindung des Papiers durch Cai Lun	
163 Das Parthische Reich kontrolliert die Handelsrouten nach China	
166 Römische Kaufleute in China	
220 Sturz der Han-Dynastie – vorübergehender Niedergang der Seidenstraße	
227 Untergang des Kushan-Reiches der Yuezhi	
366 Grotten von Mogao bei Dunhuang	313 Christentum wird Staatsreligion
399 Beginn der Pilgerreise des chinesischen Mönchs Faxian nach Indien	
518 Reise des Chinesen Sung Yun von Dunhuang nach Indien	476 Ende des Weströmischen Reiches

China und Zentralasien	Westliche Welt
550 Geheimnis der Seidenfabrikation gelangt nach Khotan	
552 Ost- und Westtürkisches Reich entstehen Seidenraupe gelangt nach Byzanz	
581 Beginn der Dynastie der Sui	590 Gregor I., der Große, lässt sich zum Papst krönen
618 Beginn der Tang-Dynastie – Blüte der Seidenstraße	
629 Reise Xuanzangs nach Zentralasien und Indien	
631 Die Nestorianer bringen das Christentum nach China	632 Tod Mohammeds
	697 Wahl des ersten Dogen von Venedig
	735 Einführung der christlichen Zeitrechnung
750 Tibetisches Reich erobert die südliche Seidenstraße	
755 Aufstand An Lushans beginnt	
785 Beginn der Materialsammlung des Jia Dan	786 Harun al-Raschid wird Kalif von Bagdad

China und Zentralasien	Westliche Welt
	800 Karl der Große wird zum Römischen Kaiser gekrönt
815 Reise Ibn Wahabs nach China	
845 Große Buddhistenverfolgung in China	
851 Chinesen beherrschen wieder Gansu	
	900 Entdeckung Grönlands durch die Wikinger
907 Beginn der Epoche der Fünf Dynastien	
960 Die Karkhaniden in Kashgar bekennen sich zum Islam	
	1000 Leif Erikson landet in Amerika
1040 Beginn der Eroberungen der Seldschuken	
	1096 Erster Kreuzzug
	1150 Erste Papierherstellung in Europa
	1195 Seekompass wird in Europa verwendet
1215 Chinghis Khan erobert Beijing	
	1241 Mongolen werden von deutsch-polnischem Heer bei Liegnitz geschlagen
1260 Khubilai Khan besteigt den Thron der Mongolen	
1271 Marco Polo in Beijing	

China und Zentralasien	Westliche Welt
1279 Ende der Song-Dynastie	
	1294 Gründung der Hanse
	1339 Beginn des Hundertjährigen Krieges
1368 Ende der mongolischen Yuan-Dynastie und Beginn der Ming-Dynastie	
	1425 Carpini im Auftrag des Papstes am Mongolenhof in Karakorum
1433 Ende der chinesischen See-Expeditionen bis nach Afrika	
	1441 Portugal beginnt den Handel mit Sklaven
	1453 Eroberung Konstantinopels durch die Türken
	1492 Christoforo Colombo entdeckt Amerika
1498 Vasco da Gama entdeckt den Seeweg nach Indien – Niedergang der Seidenstraße	
	1519 Erste Weltumsegelung Magellans
	1543 Begründung des heliozentrischen Weltbildes nach Kopernikus
	1600 Englisch-Ostindische Handelskompanie gegründet
	1618 Beginn des Dreißigjährigen Krieges

China und Zentralasien	**Westliche Welt**
1644 Ende der Ming-Dynastie und erster Mandschu-Kaiser	
1759 Besetzung des Tarimbeckens und der Dsungarei durch Zhaohui	
	1789 Beginn der Französischen Revolution
	1804 Napoleon zum Kaiser gekrönt
1840 Beginn des Opiumkrieges	
1867 Generalgouvernement Turkestan des Russischen Reiches	
1870 Beginn der Forschungsexpeditionen von N. M. Przhevalsky	
1873 Yakub Beg wird Herrscher über Kashgarien	
1884 Gründung der Provinz Xinjiang	
1894 P. K. Kozlov in Dunhuang	
1895 Sven Hedin beginnt seine erste Expedition nach Zentralasien	
1900 Beginn des Boxeraufstandes	

China und Zentralasien	Westliche Welt
1901 Ende der ersten archäologischen Expedition von Sir A. Stein	
1908 Zweite Ostturkestan-Expedition von Graf Otani	
1912 Gründung der Republik China	
1913 Vierte deutsche Expedition nach Ostturkestan	1914 Beginn des Ersten Weltkrieges
1926 Mildred Cable durchquert als erste Frau die Gobi	
1949 Proklamation der Volksrepublik China unter Mao Zedong	1939 Beginn des Zweiten Weltkrieges

Literatur

Baumann, Bruno: »Abenteuer Seidenstraße. Auf den Spuren alter Karawanenwege«, 3. Aufl., München 2001

Baumann, Bruno: »Der Wüstengänger. Meine Reise durch die Sandmeere der Welt«, München 2011

Baumann, Bruno: »Karawane ohne Wiederkehr. Das Drama in der Takla Makan«, 2. Aufl., München 2001

Baumann, Bruno: »Takla Makan. Mein Weg durch die Wüste des Todes«, München 1990

Baumann, Bruno/Liebner, Bernd/Richter, Claus: »Die Seidenstraße. Mythos und Gegenwart«, 3. Aufl., München 2004

Baumer, Christoph: »Geisterstädte der Südlichen Seidenstraße«, Stuttgart 1996

Baumer, Christoph: »Die Südliche Seidenstraße. Inseln im Sandmeer«, Mainz 2002

Bosshard, Walter: »Durch Tibet und Turkestan«, Stuttgart 1930

Boulnois, Luce: »Die Straßen der Seide«, Wien/Berlin/Stuttgart 1964

Diner, Helen: »Seide. Eine kleine Kulturgeschichte«, Leipzig 1940

Fleming, Peter: »Tataren-Nachrichten«, Berlin o. A.

Foltz, Richard: »Religions of the Silk Road«, New York 1999

Grousset, René: »Die Reise nach Westen«, Köln 1986

Haussig, Hans Wilhelm: »Die Geschichte der Seidenstraße in vorislamischer Zeit«, Darmstadt 1983

Haussig, Hans Wilhelm: »Die Geschichte der Seidenstraße in islamischer Zeit«, Darmstadt 1988
Hedin, Sven: »Durch Asiens Wüsten«, Leipzig 1899
Hedin, Sven: »Die Seidenstraße«, Leipzig 1936
Hovey Wriggins, Sally: »Reisende auf der Seidenstraße«, Hamburg 1999

Klieber, Helmut: »Turkestan«, Landsberg a. Lech 1991

Maillart, Ella: »Turkestan Solo«, Stuttgart 1990
Mussajew, Samar/Herzen, Theodor: »Manas«, Bonn 1995

Polo, Marco: »Von Venedig nach China«, Tübingen 1972

Satulowski, D. M.: »Auf den Gletschern und Gipfeln Mittelasiens«, Leipzig 1953
Siegert, Christa Maria (Hrsg.): »Mani´s Lichtschatz«, Birnbach 1999
Simpfendorfer, Ben: »The New Silk Road«, Basingstoke, Hampshire 2009
Stein, Aurél: »Ancient Khotan«, Oxford 1907
Stein, Aurél: »Ruins of Desert Cathay«, 2 Bde., London 1912

Tong, Cheng: »Mount Tuomuer Scientific Expedition«, Urumqi 1982
Trinkler, Emil: »Im Land der Stürme«, Leipzig 1930
Trinkler, Emil: »Wissenschaftliche Ergebnisse der Dr. Trinkler'schen Zentralasien-Expedition«, Berlin 1932

Vámbéry, Hermann: »Mohammed in Asien«, Stuttgart 1983

Wood, Frances: »Entlang der Seidenstraße. Mythos und Geschichte«, Stuttgart 2007

Zorzi, Alvise: »Marco Polo«, Düsseldorf 1984

Bildunterschriften

S. 2: Bunt bemalte Lastwagen mit hölzernen Kabinenaufbauten befahren den pakistanischen Karakorum-Highway, die uralte Verbindung zwischen dem Tarimbecken und dem indischen Subkontinent. Sie durchqueren dabei das Land der Hunza, eine karge Gebirgswüste mit verstreuten Oasen.

S. 8/9: Die »Karawanen« der neuen Seidenstraße sind die Lastwagenkolonnen, die auf abschüssigem Terrain Gebirge überwinden und auf staubigen Pisten Wüsten durchkreuzen. Mit heulenden und rauchenden Motoren bewegt sich dieser Fahrzeugtross in der dünnen Luft von über 4000 Metern Höhe auf dem Karakorum-Highway in Pakistan.

S. 20/21: In der Abenddämmerung, wenn die Tagestouristen verschwunden sind und die Lagunenstadt wieder den Venezianern gehört, hat auch der Gondoliere sein Geschäft beendet und steuert sein Gefährt nach Hause.

S. 56/57: Der Tross der Kulturkarawane auf dem Weg durch das fruchtbare bulgarische Hinterland zwischen Ruse und Varna. Weite Flächen mit wogenden grünen Getreidefeldern wechseln mit Flecken von gelbem Raps und rotem Mohn ab.

S. 110/111: Tagesanbruch in Buchara, von den Wehrmauern des Ark, der Zitadelle, aus gesehen. Lange bevor sich die Sonne über den Kuppeln, Diwans und Minaretten der Altstadt erhebt, durchläuft der Himmel die ganze Farbskala von dunklem Rot über Violett bis hin zu Gelb.

S. 160/161: Doppelt – real und gespiegelt in einem Salzsee – erscheinen die Dünen und das kleine buddhistische Kloster Bardain Jaran Miao am schmalen Vegetationsstreifen, der sich wie ein Gürtel aus grüner Seide um die Ufer legt.

S. 194/195: Der Rawak Stupa zählt zu den eindrucksvollsten Relikten aus buddhistischer Zeit, die der trockene Wüstensand der Takla Makan konservierte und zugleich vor islamischen Bilderstürmern schützte. Erst in jüngster Vergangenheit haben »Schatzsucher« das Bauwerk geplündert.

S. 232/233: Kaum mehr als 50 Kilometer Luftlinie liegen zwischen dem heißen Wüstensand der Takla Makan und den eisgepanzerten Gipfeln des Tien Shan. Davor gibt es Hochalmen, in die Gletscherzungen wie ausgestreckte Finger einer Hand greifen.

BILDNACHWEIS

S. 59: Yangjor Lama
S. 63, 72, 73, 75, 77, 80, 82, 87, 97: Michael Strohmann
S. 92/93: Michael Beck
S. 243: Günther Härter
Alle anderen Fotos: Bruno Baumann

»Grandiose Landschaftsfotos, die Ehrfurcht vor den Bergen und den Mystizismen Asiens wecken.«
Der SPIEGEL
Bruno Baumann
KRISTALLSPIEGEL
Pilgerreise zum heiligen Berg
KAILASH
nymphenburger
Bruno Baumanns Bildband führt uns auf eine besondere Reise zu Tibets heiligem Berg. Seine Fotos lassen die Kraft des Kailashs und die Weite der Landschaft spürbar werden.
148 Seiten mit zahlreichen Fotos
ISBN 978-3-485-01054-2
nymphenburger
www.nymphenburger-verlag.de

Die Seidenstraße
Moskau
Alpen
Budapest
Szeged
Karpaten
Venedig
Donau
Bukarest
Ruse
Varna
Schwarzes Meer
Istanbul
Adriatisches Meer
Kaukasus
Kaspisches Meer
Aral-see
Muynak
Khiva
Türkei
Tunis
Antakya
Tigris
Teheran
Mittelmeer
Euphrat
Bagdad
Persien
Kairo
Ägypten
Nil
N
0
1000 km
Riad
Rotes Meer
Arabien
Routen der alten Seidenstraße
Reiserouten und Fahrstrecken
Geh- und Bikestrecken
Orte
Ruinen